DOMAINES LINGUISTIQUES
sous la direction de Franck Neveu
18

Série *Grammaires et représentations de la langue*
11

Grammaire philosophique du verbe

Marco Fasciolo

Grammaire philosophique du verbe

Préface de Franck Neveu

PARIS
CLASSIQUES GARNIER
2021

Marco Fasciolo est maître de conférences en linguistique générale et française à Sorbonne Université. Il a publié *Rethinking presuppositions : from Natural Ontology to Lexicon* et *La Sintassi del lessico* (avec Gaston Gross).

ISBN 978-2-406-11363-8 (livre broché)
ISBN 978-2-406-11364-5 (livre relié)
ISSN 2271-6297

À Madeleine Baguenier Desormeaux,
Bonne-Maman de La Flèche

À Marguerite De Ponton d'Amécourt
Bonne-Maman de Pescheseul

PRÉFACE

L'ouvrage de Marco Fasciolo, *Grammaire philosophique du verbe*, vient enrichir une littérature linguistique des plus abondantes sur la grammaire verbale, en lui apportant un éclairage didactique indispensable à l'analyse de cette catégorie en français.

Mais, comme le titre le donne à comprendre, l'originalité de la perspective réside ici dans une approche réflexive selon laquelle la grammaire, pour être scientifique, se doit de discuter ses propres présupposés.

Une grammaire « philosophique » n'est toutefois pas seulement une grammaire « critique ». C'est une grammaire « raisonnable », pour reprendre l'adjectif employé par Marco Fasciolo, c'est-à-dire conforme à la raison discursive et aux règles du raisonnement. On est ici très loin des idées endoxales de la tradition grammaticale et de ses préconceptions souvent inexprimées. Derrière la notion de grammaire philosophique, on retrouve le cadre épistémologique développé dans l'œuvre de Michele Prandi, où les travaux de Marco Fasciolo puisent fort légitimement une partie de leur inspiration conceptuelle.

Il ne s'agit pas d'une grammaire empruntant ses notions à la philosophie, mais d'une grammaire dans laquelle le cousinage entre la science du langage et la science de la pensée occupe le centre de la réflexion théorique, et guide les principes descriptifs. Un cousinage très souvent ignoré des linguistes, mais que les philosophies du langage savent rappeler à leur attention.

> Comme les philosophes ont ressenti le besoin de dessiner la trame des concepts parcourant leur expression linguistique, le linguiste s'aperçoit qu'une description rigoureuse du signifié des expressions demande un accès direct, indépendant du codage linguistique, à un système de concepts cohérents et à leurs conditions de cohérence. Ainsi, le cercle ouvert par le tournant linguistique en philosophie se boucle : s'il est impossible d'étudier les concepts comme si l'expression n'existait pas, il n'a pas plus de sens d'étudier l'expression oubliant qu'elle bâtit ses structures sémantiques spécifiques ni sur la « nébuleuse »

> dont parlait Saussure (1916) ni sur le « sable » de Hjelmslev (1943), mais sur une couche solide de concepts partagés. Le dialogue ininterrompu entre l'expression linguistique et les concepts partagés ne se fonde pas sur la primauté de l'un des partenaires, mais connaît une infinité de points d'équilibre, où le dosage exact de codage et de raisonnement motivé par la structure des concepts s'ouvre à la recherche empirique. C'est pour cette tâche que je propose d'emprunter à une noble tradition l'appellatif de « grammaire philosophique ». Prandi (2008 : 1090)

On ne saurait mieux dire ce que recouvre le titre en apparence énigmatique de l'ouvrage de Marco Fasciolo.

Ce livre, comme tous les livres *nécessaires*, se recommande par sa clarté, sa précision et sa concision. Il offre au lecteur un point de vue fort utile sur les critères formels et conceptuels du verbe. Loin de s'égarer dans les méandres des descriptions traditionnelles de la catégorie verbale, le lecteur trouvera ici matière à comprendre et à penser : sur la morphologie, les classes flexionnelles, la valence, les types de prédicats, ainsi que sur les critères textuels et discursifs.

Marco Fasciolo, qui a déjà produit un ensemble de travaux de première importance, notamment *Rethinking presuppositions : from Natural Ontology to Lexicon,* Cambridge Scholars, 2019 ; *La sintassi del lessico* (avec G. Gross), UTET, 2020, illustre, à la suite de Michele Prandi et de nombreux autres linguistes, la richesse de la contribution italienne à la science du langage. La collection « Domaines linguistiques » des éditions Classiques Garnier, qui a su s'imposer par sa qualité scientifique, fait ainsi tout naturellement une place à la Grammaire philosophique du verbe.

Franck NEVEU
Professeur à Sorbonne Université

AVANT-PROPOS

Pour une grammaire *raisonnable*

Le choix du verbe est stratégique. D'un côté, le verbe est au cœur de l'architecture de la phrase, et cela en deux sens. Tout d'abord, dans un sens « distributionnel » : le verbe est le constituant immédiat du Groupe Verbal contrepartie du Groupe Nominal sujet. Ensuite, dans un sens « conceptuel » : le verbe a une vocation naturelle à offrir le pivot prédicatif du procès. Ces deux aspects ne sont pas symétriques : du point de vue de la structure de la phrase, « être un constituant immédiat du Groupe Verbal » est une propriété nécessaire du verbe, alors qu'« être le pivot prédicatif » est une propriété contingente du verbe. L'étude de la première propriété nous conduit à la morphologie. L'étude de la deuxième propriété, et de son interaction avec la première, nous conduit à la syntaxe et à la sémantique. De l'autre côté, le verbe est à la jonction entre la phrase et l'énoncé : la description de ses valeurs chronologiques, aspectuelles et modales s'ouvre en effet sur le texte et sur le discours.

Ainsi, d'un côté, le verbe trace un vecteur qui va de la phrase vers l'intérieur de la grammaire, et, de l'autre côté, il trace un vecteur qui part de la phrase et va vers l'extérieur de la grammaire, vers la communication et la pragmatique. L'étude du verbe trace donc une ligne droite qui traverse pratiquement tous les domaines de la linguistique. Cette ligne droite se définit par une continuité essentielle et une discontinuité fonctionnelle : « continuité essentielle » car l'objet d'étude reste toujours le même, le verbe ; « discontinuité fonctionnelle » car ce même objet est investi, progressivement, de fonctions différentes.

Cette position stratégique du verbe au sein de la linguistique est, bien entendu, parfaitement reconnue par la littérature spécialisée. Cela justifie, d'une part, le grand nombre d'excellents travaux monographiques consacrés au verbe, mais, de l'autre, cela justifie également la question : quelle contribution une énième grammaire du verbe pourrait-elle apporter ?

Dans cet ouvrage, les lectrices et les lecteurs ne trouveront pas une description érudite ou exhaustive du domaine verbal : certains sujets, comme les modes non-finis ou l'accord du participé passé, par exemple, ne seront pas traités. Les lecteurs et les lectrices trouveront en revanche une tentative de description raisonnable du fonctionnement du verbe. Une « description raisonnable » est une description systématique, logiquement cohérente et épistémologiquement rigoureuse dans une mesure adéquate à son objet d'étude. L'objectif d'une telle description n'est pas de réduire la complexité du fonctionnement du verbe à un principe théorique abstrait et unificateur, mais de séparer des paramètres indépendants et d'analyser cette complexité à travers leur combinaison. Pour ce style de description, les observatoires privilégiés sont les conflits, c'est-à-dire les cas où les différents paramètres divergent en se révélant (Prandi 1992, 2017 et Fasciolo & Neveu 2019). Une grammaire « raisonnable », au sens précédent, est une grammaire philosophique.

Ce qui légitime, à nos yeux, l'entreprise d'une grammaire philosophique du verbe est que son style de recherche permet de poser des questions inédites sur un sujet classique. Parfois, ces questions amènent à des résultats nouveaux. D'autres fois, elles amènent à redécouvrir des choses bien connues. Ces dernières, cependant, en plus d'être confirmées, apparaissent sous une autre lumière : comme des réponses à de nouvelles questions.

Un grand merci à Michele Prandi, avec lequel nous avons entretenu un dialogue constant pendant la rédaction de ce livre. Un grand merci également à Georges Kleiber, qui a passé nos arguments à son crible en nous permettant de les améliorer. Finalement, merci beaucoup à Jeanne Fasciolo pour avoir relu notre français et rédigé l'index des notions.

CHAPITRE 1

Introduction.
Le verbe en tant que partie du discours

1.1 LES CRITÈRES DÉFINITOIRES D'UNE PARTIE DU DISCOURS

Le verbe est une partie du discours. Une partie du discours est une classe de mots définie par trois propriétés (Lyons 1977b : § 11.1) :

i) ils occupent la même position dans la structure de la phrase, ils ont la même distribution ;
ii) ils ont les mêmes propriétés grammaticales internes, la même morphologie ;
iii) ils ont des contenus remplissant une fonction caractéristique.

Les propriétés (i) et (ii) se focalisent sur la distribution et la forme des mots : elles délimitent une partie du discours de l'extérieur, en l'opposant aux autres. Nous les qualifierons, respectivement, de « distributionnelle » et « formelle ». La propriété (iii), en revanche, concerne la signification, le contenu des mots : elle met en relief la structuration interne d'une partie du discours. Nous la qualifierons de « conceptuelle » ou « fonctionnelle ».

Dans le cas des verbes, les propriétés (i), (ii) et (iii) se réalisent comme suit :

i) les verbes identifient un constituant immédiat nécessaire du Groupe Verbal (GV) – contrepartie du Groupe Nominal (GN) sujet – dans le noyau de la phrase non-marquée ;
ii) les verbes se conjuguent selon une personne, un temps et un mode ;

iii) les verbes expriment un procès mettant en relation des entités, comme les personnages dans une pièce théâtrale (selon la métaphore de Tesnière, 1966 : B, § 48).

Les propriétés (i) et (ii) – distributionnelle et formelle – délimitent le périmètre de la partie du discours par rapport aux autres et sont partagées par tous ses membres. Ces propriétés garantissent l'intégrité d'une partie du discours. Puisque l'intégrité de la partie du discours est garantie par (i) et (ii), la propriété (iii) – conceptuelle ou fonctionnelle – n'a pas besoin d'être partagée par tous les membres. Cette propriété (iii) identifie donc une fonction caractéristique de la partie du discours, en laissant ouverte la possibilité que, parmi ses membres, certains remplissent également d'autres fonctions. Par là, la propriété (iii) met en évidence un noyau prototypique de membres sur l'arrière-plan d'une périphérie de membres moins prototypiques.

La première partie de ce livre est consacrée aux propriétés (i) et (ii). La propriété (iii) sera abordée dans la deuxième partie.

1.2 ILLUSTRATION DES CRITÈRES

1.2.1 DISTRIBUTION : CONSTITUANT IMMÉDIAT DU GV

Considérons les exemples suivants :

(1a) *Il court.*
(1b) *Ce chien aime les hamburgers.*
(1c) *Ma fille a fait un cauchemar.*
(1d) *La fille du professeur est gourmande.*
(1e) *Le petit chat que nous avons adopté a volé une tranche de saucisson à ma fille.*

Les exemples (1) sont des phrases. Ces phrases ont une complexité différente, mais elles sont toutes constituées de deux parties. D'une part, il y a un GN sujet : *il, ce chien, ma fille, la fille du professeur* et *le petit chat que…*. De l'autre, il y a un GV : *court, aime les hamburgers, a fait un cauchemar, est gourmande, a volé une tranche de saucisson à ma fille.* Le GN et le GV sont les constituants immédiats du noyau de la phrase (nous y reviendrons au § 2.1) :

Phrase = $GN^{SUJET} \leftrightarrow GV$

Affirmer que le verbe est un constituant immédiat du GV signifie affirmer que tout GV est construit autour d'un verbe indépendamment de sa complexité interne ou de la fonction spécifique remplie par ce verbe. Nous consacrerons le § 2 à ce point.

1.2.2 MORPHOLOGIE : NOMBRE, TEMPS ET MODE

La flexion des noms a deux dimensions : genre et nombre. Les verbes, comme les noms, ont la dimension du nombre, mais (en laissant de côté les participes) ils neutralisent le genre. Ce dernier étant offert par les pronoms *il/ils* ou *elle/elles* intégrés dans la conjugaison. En plus des noms, les verbes ont deux dimensions propres : le temps et le mode. Les temps et les modes sont la conjugaison verbale.

(2a) *Le chat / La chatte...* *boit / buvait / boirait.*
(2b) *Les chats / Les chattes...* *boivent / buvaient / boiraient.*

La raison pour laquelle les verbes partagent une dimension flexionnelle avec les noms est claire. Une phrase se définit comme un lien de double implication entre un GN et un GV : l'accord entre le verbe pivot du GV et le nom pivot du GN – le sujet – est une façon de matérialiser ce lien. Nous étudierons la morphologie flexionnelle du verbe aux §§ 3 et 4.

1.2.3 FONCTION : VALENCE

Reprenons les exemples (1a), (1b) et (1e) :

(1a) *Il court.*
(1b) *Ce chien aime les hamburgers.*
(1e) *Le petit chat que nous avons adopté a volé une tranche de saucisson à ma fille.*

En (1a), le verbe *courir* exprime un procès – une action – qui concerne une entité animée, vraisemblablement humaine, identifiée par le pronom *il* : le 'coureur'. En (1b), le verbe *aimer* exprime un procès mettant en relation deux entités : *ce chien* et *les hamburgers*. La première entité est un être animé qui fait l'expérience d'un sentiment ; la seconde entité est un concret qui fait l'objet de ce sentiment. En (1e), le verbe *voler* met en relation trois entités : *le petit chat…*, *une tranche de saucisson* et *ma fille*. La première entité est un être animé qui joue le rôle de voleur ; la deuxième entité est un objet concret qui joue rôle du 'bien' volé et la troisième entité est un être humain qui joue le rôle de la victime du vol.

Dans tous ces cas, le sens du verbe fait participer une ou plusieurs entités à un procès en leur affectant des rôles dans le cadre de ce procès. Cette propriété est appelée « valence » (Tesnière, 1966 : D, § 97) et elle est la fonction élective des significations exprimées par les verbes. Nous étudierons la valence aux §§ 6 à 10.

1.3 LE BIEN-FONDÉ D'UNE PARTIE DU DISCOURS

Sous § 1.1, nous avons insisté sur la différente nature des propriétés (i) et (ii) par rapport à la propriété (iii). Reconnaître cette différente nature permet d'éviter la dissolution de la notion même de partie du discours.

Imaginons que nous définissions les verbes sur la base de la seule propriété (iii) : la valence (*cf.* § 1.2.3). Or, il est facile de constater que, d'une part, tous les verbes ne sont pas capables d'exprimer des procès et que, de l'autre, il y a beaucoup de noms capables d'exprimer un procès. Autrement dit, tous les verbes n'ont pas une valence et il n'y a pas que les verbes qui ont une valence. Considérons les exemples suivants :

(3a) *Paul a voyagé en Islande.*
(3b) *Paul a fait un voyage en Islande.*
(3c) *Le voyage de Paul en Islande.*

Du point de vue de la valence – du point de vue de la capacité à lier des entités dans un procès – le verbe *voyager* en (3a) est beaucoup plus proche du nom *voyage* en (3b) et (3c) que du verbe *faire* en (3b). Si nous définissons les verbes sur la base de la seule propriété (iii), ce constat suffit pour remettre en cause le bien-fondé de la limite entre verbes et noms. C'est là que la pertinence des propriétés (i) et (ii) entre en jeu.

Si nous admettons que l'identité de la catégorie des verbes repose sur les propriétés distributionnelle et formelle (i) et (ii), le fait que la propriété conceptuelle (iii) ne soit pas partagée par tous les verbes ou qu'elle soit possédée également par d'autres parties du discours ne pose plus aucun problème. Au contraire, dans cette perspective, il devient intéressant d'explorer les autres fonctions pouvant être remplies par les verbes.

Revenons aux exemples (3), et ajoutons (3d) :

(3d) *Paul a fait une quiche aux poireaux.*

Les critères (i) et (ii) tracent une limite nette et infranchissable entre les verbes *voyager* et *faire* d'une part, et les noms *voyage* et *quiche* de l'autre. Du point de vue de la valence, cependant, les verbes *voyager* en (3a) et *faire* (3d) sont équivalents au nom *voyage* en (3b) ou (3c), alors que le verbe *faire* en (3b) remplit une toute autre fonction. Loin de remettre en cause la distinction traditionnelle entre verbes et noms, ce fait peut être apprécié seulement à partir de cette distinction. Nous étudierons les autres fonctions des verbes aux §§ 14, 15 et 16.

1.4 LES VALEURS VERBALES : TEMPS, MODE ET ASPECT

Après avoir étudié la position du verbe dans la phrase (critère (i)), sa conjugaison (critère (ii)) et ses différentes fonctions (critère (iii)), une question cruciale reste encore sans réponse : *comment les temps verbaux communiquent-t-ils des informations chronologiques ?* Cette question fait partie de la problématique de la valeur du verbe. Cette problématique a trois facettes :

a) les informations chronologiques communiquées par les temps verbaux (*cf.* § 17) ;

b) la veste linguistique (Aspect) que les temps verbaux peuvent poser sur un certain type de procès (Aktionsart) (*cf.* § 18) ;
c) la présomption de réalité ou non-réalité sous laquelle les modes verbaux nous présentent un certain procès (*cf.* § 19).

Étudier (a) signifie se demander par exemple : *Comment la conjugaison du présent indique-t-elle le temps présent ? Cette conjugaison indique-t-elle toujours ce temps ?*, etc.

Étudier (b) signifie se poser des questions comme : *Quelle est la différence entre décrire la même scène avec un passé simple, plutôt qu'avec un imparfait ? Par exemple, quelle est la différence entre décrire le départ d'un bateau du port en disant* « le navire s'éloigna du port » *plutôt que* « le navire s'éloignait du port » *?*, etc.

Étudier (c), finalement, signifie se poser des questions telles que : *Est-ce que le mode subjonctif confère une valeur de doute ou de non réalisation au procès exprimé ? Est-ce que l'alternance entre les modes indicatif et subjonctif reproduit l'alternance entre réalité et non-réalité ?*, etc.

Toutes ces questions sont étroitement liées et représentent l'un des chapitres les plus complexes et fascinants de la linguistique. Nous les aborderons dans la troisième partie de ce livre. Dans ce chapitre, nous nous arrêtons sur une remarque plus générale.

Nous venons d'affirmer que nous traiterons des mécanismes permettant aux temps verbaux de communiquer des informations chronologiques dans la troisième – et dernière – partie. Or, ce choix peut paraître paradoxal car, intuitivement, la relation entre temps verbal et chronologie semblerait la première question à se poser à propos du verbe. D'autre part, on pourrait se demander : *Mais pourquoi l'étude de la distribution, de la morphologie et des fonctions du verbe ne suffit pas ?*

Revenons aux critères (i), (ii) et (iii) distingués sous § 1.1. Ces critères permettent de décrire exhaustivement le verbe dans le cadre de la phrase. Une phrase construit une signification complexe – un procès – qui lie des entités dans une relation. Par rapport à notre expérience du monde, ce procès peut s'avérer cohérent ou incohérent : le procès construit par la phrase *L'eau du lac reflète la lune*, par exemple, est cohérent ; le procès construit par la phrase *L'eau du lac rêve la lune* est incohérent. Si le procès est cohérent, alors il fonctionne comme un modèle – un type idéal – d'états de choses possibles. Si le procès est incohérent, en revanche, non, et nous sommes confrontés à une métaphore vive. Dans les deux cas, le procès construit par la phrase est une structure relevant de l'ordre eidétique et symbolique. Lorsqu'une phrase arrive à construire une telle structure, sa fonction en tant que phrase est accomplie. Il s'agit de la « fonction idéative » (Halliday, 1970). Du point de vue de la fonction idéative, la phrase est envisagée en tant qu'outil pour penser. Les critères (i), (ii) et (iii) permettent de décrire le verbe par rapport à la fonction idéative.

Mais les phrases ne servent pas seulement à imaginer, dans l'abstrait, des procès cohérents ou incohérents. Les phrases sont avant tout utilisées pour communiquer des messages dans des discours ou dans des textes concrets : c'est la « fonction communicative » (Halliday, *cit.*). Lorsque la phrase est insérée dans un discours ou dans un texte pour communiquer, elle est souvent manipulée dans le but d'en faire un indice – le plus pertinent possible – qui aidera l'interlocuteur à comprendre le message souhaité. Cette fois, la phrase est envisagée en tant qu'outil pour communiquer. Une phrase envisagée en tant qu'outil pour communiquer un message est un énoncé.

Les phénomènes concernant les valeurs des verbes ne se manifestent pas au niveau de la fonction idéative, mais au niveau de la fonction communicative. Le point d'observation à partir duquel on peut les étudier n'est donc pas la phrase, mais le message indiqué par un énoncé dans un texte ou un discours contingents.

Dans cette perspective, le paradoxe susmentionné s'explique aisément : la valeur chronologique est le premier phénomène qui nous frappe à propos du verbe car, dans notre vie quotidienne, les phrases sont immédiatement saillantes en tant qu'outils pour communiquer, en tant qu'énoncés. Dans cette perspective, nous comprenons également pourquoi les critères (i), (ii) et (iii) n'achèvent pas l'étude du verbe : car ils relèvent seulement d'une des orientations possibles de son étude.

1.5 DE LA GRAMMAIRE À LA COMMUNICATION

De manière générale, l'étude du verbe ne peut pas faire abstraction de la phrase. Cependant, nous venons de le voir, la phrase peut être envisagée de deux points de vues : en tant qu'outil pour penser et en tant qu'outil pour communiquer. Chaque alternative confère à l'étude du verbe une orientation différente.

Si la phrase est envisagée en tant qu'outil pour penser, l'étude du verbe est tournée à l'intérieur de la structure $GN^{SUJET} \leftrightarrow GV$ ou, d'une façon plus détaillée, $GN^{SUJET} \leftrightarrow [V \leftrightarrow COMPLÉMENTS]^{GV}$. Les critères (i), (ii) et (iii) sont pertinents dans ce cadre. En ce qui concerne (i), il est clair que la distribution du verbe ne peut pas se concevoir indépendamment de la phrase car le verbe est le pivot d'un de ses constituants : le GV. En ce qui concerne (ii), s'il est vrai que nous n'avons pas besoin d'imaginer des phrases pour réciter les conjugaisons verbales, il est également vrai que nous avons besoin de connaître l'architecture de la phrase pour comprendre pourquoi le verbe a la morphologie qu'il a : pourquoi, par exemple, il a un nombre comme le nom (*cf.* § 1.2.2). C'est la raison pour laquelle les chapitres consacrés à la morphologie suivront le chapitre consacré à la distribution. Quant au critère (iii), la fonction remplie par le verbe a un impact primordial sur l'organisation interne du GV et notamment sur sa complémentation : à ce niveau, l'étude du verbe s'avère donc intimement liée à l'étude de la structure de la phrase. Nous approfondirons cet aspect au § 11.

Si la phrase est envisagée en tant qu'outil pour communiquer – en tant qu'énoncé – l'étude du verbe est tournée vers l'extérieur de la structure de la phrase et s'ouvre à la dimension textuelle ou discursive de l'énoncé. Un énoncé, on l'a vu, est une phrase chargée d'un but contingent : communiquer un message. Pour réaliser ce but, la phrase est adaptée de façon à s'insérer dans une situation communicative concrète, qui, par définition, la dépasse (*cf.* § 1.4). Or, si cela est vrai, pour décrire les valeurs chronologiques, aspectuelles ou modales qu'une forme verbale acquiert dans une telle situation, il faut mettre en relation cette forme verbale avec ce qui est au-delà de l'énoncé où elle apparaît : tout d'abord, le moment et le lieu de l'énonciation, avec ses participants ; ensuite, les autres formes verbales des énoncés qui l'entourent. Autrement dit, les valeurs chronologique, aspectuelle ou modale d'un verbe peuvent être appréciées et décrites seulement en relation avec d'autres verbes dans d'autres énoncés formant un texte dans le cadre du champ où se construit l'interprétation du message. Ce fait – qui aujourd'hui paraît aller de soi, mais qui a été un avancement majeur – a été mis en évidence par les travaux de Weinrich (1964). Nous reviendrons sur ce point aux §§ 17, 18 et 19.

Pour l'instant, nous en tirerons une conclusion méthodologique. L'étude du verbe n'est pas un voyage linéaire – partant de la morphologie et arrivant jusqu'au aux valeurs textuelles et discursives – mais il est orienté par deux étoiles polaires : la structure de la phrase et le message communiqué par un énoncé dans une situation contingente. À un certain moment, il faut abandonner un point de repère et adopter l'autre. C'est seulement en acceptant ce bouleversement de perspective que le verbe peut être étudié à 360 degrés.

PREMIÈRE PARTIE

CRITÈRES FORMELS

CHAPITRE 2

La position du verbe dans la phrase

2.1 LE PRÉDICAT DISTRIBUTIONNEL

Considérons les phrases (1) et (2) :

(1) *Il pleut.*
(2) *Son chat mange du saumon.*

La phrase (1) est une « phrase » au même titre que (2). Si cela est vrai, alors il doit y avoir une même structure partagée aussi bien par (1) que par (2). Or, la phrase (1) est composée par deux mots : *il* et *pleut.* Ces mots, cependant, ne constituent pas la phrase (1) en tant que mots individuels, mais en tant que paradigmes ou classes d'expressions. Les expressions de ces classes peuvent être simples comme *il* et *pleut* ou plus complexes comme *son chat* et *mange du saumon,* ou *le fils de ma voisine* et *pousse le canapé rose contre le mur du salon.* Les expressions pouvant occuper la même position que *il* dans la phrase (1) identifient la classe du Groupe Nominal (GN) ; les expressions pouvant occuper la même position que *pleut* dans la phrase (1) identifient la classe du Groupe Verbal (GV). Le GN et le GV sont les constituants immédiats de la phrase (*cf.* § 1.2.1) :

Phrase = GN ↔ GV

Le GN *son chat,* en lui-même, n'est pas une phrase ; le GV *mange du saumon* non plus ; la phrase (2) est une structure nouvelle qui naît de l'union entre ce GN et ce GV. Dans la phrase, le GN *son chat* et le GV *mange du saumon* s'impliquent donc réciproquement. En ce sens, une phrase est une structure « exo-centrique » (Bloomfield, 1933 : § 12.10).

Les constituants immédiats de la phrase, à leur tour, peuvent être décomposés en sous-constituants jusqu'aux mots simples. En (1), le GN et le GV ne sont pas ultérieurement analysables. En (2), en revanche, oui. Le GN *son chat* est constitué par un Déterminant (*son*) et un Nom (le substantif *chat*). Le GV *mange du saumon* est constitué par un Verbe (*mange*) et un GN (*du saumon*). Ce dernier GN, à son tour, est constitué par un Déterminant (le partitif *du*) et un Nom (le substantif *saumon*).

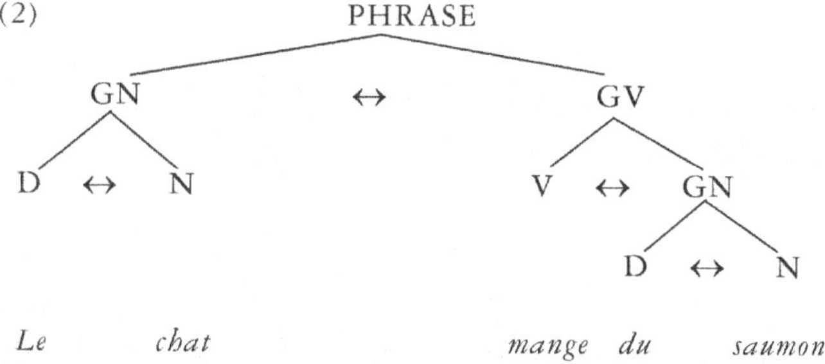

Dans le schéma précédent, nous pouvons visualiser la position du verbe en tant que pivot du GV. Cette analyse de la phrase – en constituants immédiats – a été développée par Bloomfield (1933), Harris (1946), Wells (1947), Chomsky (1957) et Hockett (1958). Nous soulignons ici deux points saillants pour notre discussion.

Tout d'abord, de même que la phrase ne se réduit pas à un GV, de même, le GV ne se réduit pas à un verbe : si certains verbes sont distributionnellement équivalents à un GV (par exemple *pleuvoir* ou *respirer*), d'autres verbes (par exemple *rencontrer* ou *vendre*) ont besoin de compléments pour constituer un GV. Dans tous les cas, cependant, le verbe est toujours un constituant immédiat du GV.

Ensuite, remarquons une asymétrie entre GN et GV. Un GN peut être aussi bien un constituant immédiat de la phrase qu'un sous constituant. En tant que constituant immédiat de la phrase, un GN est identifié comme sujet. Un GV, en revanche, est nécessairement le constituant immédiat de la phrase. En tant que constituant immédiat de la phrase, le GV reçoit l'appellation de « prédicat » et, plus précisément, de « prédicat distributionnel ».

Le sujet et le prédicat distributionnel sont donc, tous les deux, des positions dans le schéma (2) : notamment, les positions de constituants immédiats de la phrase. Entre ces notions, il y a cependant une différence profonde. *Sujet* n'est pas synonyme de GN car en (2) *du saumon* est un GN, mais ce GN n'est pas sujet (il est un COD). *Prédicat distributionnel*, en revanche, est synonyme de GV. Un prédicat distributionnel contient nécessairement un verbe.

2.2 VERBE ET AUXILIAIRE

Examinons maintenant de plus près la position du verbe à l'intérieur du GV :

(3) *Le chat BOIT le lait*	présent, indicatif
(4) *Le chat A BU le lait*	passé composé, indicatif

Dans les exemples précédents, le GV est souligné et le verbe est en majuscules. Par rapport à la structure de la phrase, la forme verbale composée *a bu* occupe la même position que la forme verbale simple *boit.* D'un point de vue distributionnel, ces formes sont donc équivalentes : *a bu* fonctionne en tant que verbe unique exactement comme *boit.* Si cela est vrai, alors la forme *avoir* en (4) ne fonctionne pas comme verbe, mais elle sert à produire un verbe. Nous sommes confronté à un auxiliaire. En (4), l'auxiliaire *avoir* et la forme *bu* sont fonctionnellement analogues, respectivement, à la désinence *-t* et la base *boi-* en (3) : de même que la base *boi-,* le participe passé *bu* porte le contenu notionnel ; de même que la désinence *-t*, l'auxiliaire *avoir* porte les informations de conjugaison.

Les auxiliaires *être* et *avoir* entrent dans la flexion et produisent les formes composées d'un verbe. Remarquons que la catégorie du temps ne s'applique pas à un auxiliaire, mais à un verbe tout entier. En (3), le verbe *boire* est au présent (*boit*). En (4), le verbe *boire* est au passé composé (*a bu*), mais l'auxiliaire *avoir,* lui, à proprement parler, n'est pas au présent. De même, des formes comme *a mangé, avait mangé* ou *aura mangé* identifient – globalement – des temps du verbe *manger* : passé composé, plus-que-parfait et futur antérieur. Les auxiliaires *a*, *avait* et *aura*, quant à eux, ne sont pas pertinents en tant que présent, imparfait et futur du verbe *avoir*, mais ils sont des alternatives formelles par rapport aux morphèmes flexionnels des temps simples.

Comparons en effet les exemples suivants :

(5a) *Paul <u>A du courage</u>*
(5b) *Paul <u>A EU du courage</u>*

En (5a) la forme verbale *a* n'est pas l'équivalent de *a* en (5b), mais bien de la totalité *a eu*. En (5b), la forme *a* de *avoir* est un auxiliaire (de *avoir* !), alors qu'en (5a) cette même forme fonctionne comme un verbe à part entière, au présent, qui s'oppose au passé composé *a eu*. Par conséquent, en (5a), il est sensé de s'interroger sur les informations chronologiques communiquées par *a* ; mais non en (5b). Le présent de *a* en (5a) n'est pas équivalent au présent de *a* en (5b) : en (5b), c'est l'ensemble *a eu* qui remplit, en bloc, la fonction de communiquer un passé en opposition au présent communiqué par *a* en (5a). L'auxiliaire *avoir* partage donc avec le verbe *avoir* la forme, mais non sa distribution. Les mêmes remarques sont valables, *mutatis mutandis* pour *Paul <u>EST malade</u>* et *Paul <u>A ÉTÉ malade</u>.*

À ce point, il est tentant de considérer l'auxiliaire un constituant immédiat d'un Verbe comme un Nom, par exemple, est un constituant immédiat du GN. Après tout, s'il y a des mots simples distributionnellement équivalents à plus que des Noms (pronoms et noms propres), pourquoi ne pas envisager des mots simples distributionnellement équivalents à moins que des Verbes ? Parmi ces derniers, il y aurait justement les auxiliaires. Les classes distributionnelles Noms et Verbes, en effet, sont définies par des positions dans la structure de la phrase et non par la nature de ce qui occupe ces positions.

Le problème de cette démarche est que, même si on peut décomposer *a bu* en auxiliaire et participe passé comme on peut décomposer *le chat* en Déterminant et Nom, les deux cas ne sont pas comparables. La combinaison d'auxiliaire et de participe passé produit une des formes possibles d'un lexème : *a bu*, on l'a vu, est une forme de *boire* au même titre que *boivent*. Mais il n'y a pas de sens à dire que la combinaison de Déterminant et Nom produit une des formes possibles d'un GN : il n'y a pas quelque chose dont *un chat* ou *le chat* seraient des formes comme il y a le lexème *boire* dont *boit* et *a bu* sont des formes. Dans le cas des auxiliaires, la distribution change donc de fonction : elle n'est plus au service de la décomposition d'un constituant en sous constituants (ou vice-versa), mais de la production de formes d'un même constituant ultime.

Le fait que les mots simples ne soient pas tous au même niveau hiérarchique, par ailleurs, ne doit pas surprendre. La notion de mot est virtuellement neutre par rapport à toute hiérarchie, distributionnelle et de constituance. Si, d'une part, il est raisonnable de s'attendre à ce que le niveau des mots simples s'aligne au niveau des constituants terminaux comme Nom, Verbe, etc., de l'autre, il n'est pas logiquement exclu que la notion de mot puisse s'étendre à un niveau immédiatement supérieur ou inférieur : le premier cas est celui des noms propres ou des pronoms par rapport aux noms communs, le second cas est celui des auxiliaires et du participe passé par rapport au verbe.

2.3 LES SEMI-AUXILIAIRES

L'étiquette « semi-auxiliaires » couvre parfois une liste de verbes tels que : *commencer à, terminer de, devoir, pouvoir, se mettre à, venir de, aller...* suivis par un infinitif. La réalité, cependant, est plus complexe.

Tout d'abord, ces constructions se différencient des auxiliaires au sens strict pour deux aspects : elles s'appliquent à un infinitif (et non à un participe) et elles communiquent des informations sémantiques en plus par rapport à *être* ou *avoir*. Observons les exemples (6) :

(6a) *Paul a couru.*
(6b) *Paul commence à courir.*
(6c) *Paul réussit à courir.*

Par rapport à (6a), l'exemple (6b) ajoute l'information que l'action de *courir* de la part de Paul est au début, alors que (6c) ajoute l'idée que cette action paraît avoir été gênée par une quelque sorte de difficulté.

Ensuite, à l'intérieur de la liste précédente, *venir de* et *aller* se séparent de tous les autres pour un aspect crucial : ils n'admettent pas, à leur tour, des auxiliaires. Comparons en effet, les exemples suivants :

(7a) *Le chat A BU le lait.*
(7b) *Le chat A COMMENCÉ à boire le lait.*
(7c) **Le chat EST VENU de boire le lait.*
(7d) **Le chat EST ALLÉ boire le lait.*

L'exemple (7d), en particulier, est révélateur car il est acceptable seulement dans la lecture : *Le chat est allé boire le lait… quelque part.* Dans cette lecture, *aller* ne fonctionne pas comme un semi-auxiliaire.

Or, le fait qu'un verbe puisse recevoir un auxiliaire est la meilleure preuve que ce verbe n'est pas lui-même un auxiliaire. En (7b), l'auxiliaire *avoir* fait partie de la flexion de *commencer*, mais *commencer* ne fait pas à son tour partie de la flexion de *boire*. C'est plutôt le verbe *commencer* qui prend *boire le lait* comme complément (nous y reviendrons au § 16.2).

Inversement, le fait qu'*aller* et *venir de* n'admettent pas d'auxiliaires est une bonne raison pour les intégrer dans la flexion du verbe suivant, en le rapprochant ainsi d'*être* et *avoir*. *Aller* et *venir de* sont donc les seuls qui produisent des constructions comparables à des formes composées et ils méritent donc pleinement la qualification de « semi-auxiliaires » (*semi-* car ils ajoutent des nuances aspectuelles que les auxiliaires n'ont pas). Pour une discussion détaillée de la problématique des semi-auxiliaires, nous renvoyons à Bres&Labeau (2013), Viguier (2017) et Bres&Labeau (2018).

2.4 L'ACCORD SUJET–VERBE

2.4.1 CARACTÉRISTIQUES GÉNÉRALES

Une phrase est constituée par un lien d'implication réciproque entre un GN (le sujet) et un GV (le prédicat distributionnel) (*cf.* § 2.1). Ce lien se matérialise grammaticalement dans le fait que la flexion du verbe pivot du GV s'imbrique avec la flexion du nom pivot du GN sujet : c'est le phénomène de l'accord (*cf.* § 1.2.2). L'accord ne définit pas le sujet, mais l'identifie.

Reprenons l'exemple (2) :

(2) *Son chat* **mange** *du saumon.*

Soulignons tout de suite un point certes archi-connu, mais tellement important qu'il mérite d'être toujours rappelé. En (2), le GN *son chat* n'est pas le sujet parce que le chat est celui qui accomplit l'action de manger (ou parce qu'il est 'agentif'). En (2), le GN *son chat* est le sujet parce qu'il est un constituant immédiat de la phrase ; et ce fait est signalé par le constat que le verbe *manger* fait l'accord avec *chat* (*Ses chats mangent du saumon*) et non, par exemple, avec *saumon* (*Son chat mange des saumons*). Par là, le phénomène de l'accord montre que le sujet est bien une notion distributionnelle et non conceptuelle ou sémantique.

Cette nature distributionnelle du sujet est mise en évidence par les tournures impersonnelles. Observons les exemples (8) :

(8a) *Il pleut des amendes.*
(8b) *Il est arrivé trois graves accidents.*
(8c) *Il nous faut dix pommes.*

En (8), le pronom *il* ne se réfère pas à quelqu'un : il est vide ou impersonnel (nous y reviendrons sous § 7.3). Cela n'empêche pas qu'il soit le sujet : le verbe, en effet, fait l'accord avec *il* et non avec *des amendes*, *de graves accidents* ou *dix pommes*. Inversement, dans les exemples suivants *des amendes* ou *de graves accidents* sont les sujets non pas parce qu'ils sont les protagonistes des scènes exprimées, mais parce qu'ils font l'accord avec le verbe :

(9a) *Des amendes pleuvent.*
(9b) *De graves accidents sont arrivés.*

Les mêmes remarques s'appliquent aux exemples suivants, où les sujets sont soulignés :

(10a) *Plusieurs tiramisus ont été mangés.*
(10b) *On a mangé plusieurs tiramisus.*
(10c) *Nous avons mangé plusieurs tiramisus.*
(10d) *Les tiramisus ne se mangent pas avec le nez.*
(10e) *Les crêpes, ça se mange le week-end.*
(10f) *Il y a trois candidats.*
(10g) *Il nous faut de la patience.*

En ce qui concerne la phénoménologie de l'accord, nous signalons les cas suivants :

- l'accord entre verbe et sujet à l'intérieur d'une proposition complétive objective (§ 2.4.2)
- l'accord entre verbe et sujet dans une proposition relative (§ 2.4.3)
- l'accord entre verbe et sujet avec un complément (§ 2.4.4)
- l'accord entre verbe et sujet coordonné (§ 2.4.5)
- le cas de la construction présentative (§ 2.4.6)

2.4.2 L'ACCORD ENTRE VERBE ET SUJET À L'INTÉRIEUR D'UNE COMPLÉTIVE OBJECTIVE

Observons l'exemple (11a) :

(11) *Marianne joue.*

En (11), le verbe *jouer* fait l'accord avec le sujet *Marianne*. Maintenant, enchâssons la phrase (11) comme COD dans *Jeanne voit…*

(12a) *Jeanne voit que Marianne joue.*

La phrase en (11), enchâssée en (12a), prend le nom de « proposition complétive objective explicite ». « Complétive » signifie qu'elle sature la valence du verbe *voir* (nous y reviendrons sous §§ 5 et 7), « objective » signifie qu'elle occupe la même place qu'un COD (nous y reviendrons sous § 11.2.1.1) et « explicite » signifie que l'accord entre le sujet et le verbe se fait grâce à un mode personnel (doté de conjugaisons). Ce dernier aspect est celui qui nous intéresse ici. Maintenant, contrastons (12a) avec (12b) :

(12b) *Jeanne voit Marianne jouer.*

En (12b), *Marianne jouer* est une « proposition complétive objective implicite ». « Implicite » signifie que l'accord entre sujet et verbe se fait en absence de conjugaison personnelle. Dans les deux cas, *Marianne* reste le sujet du verbe *jouer* : nous sommes confrontés à deux formes d'accord. L'infinitif est en somme une variante d'accord au même niveau que la forme conjuguée.

Sur la base de cette conclusion, observons l'exemple (13a) :

(13a) *Jeanne aime regarder des séries.*

En (13a), l'infinitif de *regarder* est une forme d'accord implicite qui signale que le sujet de la proposition complétive est le même que celui du verbe *aimer.* Cette forme d'accord s'oppose au cas où les sujets du verbe principal et celui de la complétive ne coïncident pas :

(13b) *Jeanne aime qu'on lui propose des séries.*

Considérons encore l'exemple (14) :

(14) *Jeanne aime qu'on lui propose de regarder des séries.*

En (14), l'infinitif de *regarder* signale que son sujet est le même que le référent du pronom *lui.*

2.4.3 L'ACCORD ENTRE SUJET ET VERBE DANS LA PROPOSITION RELATIVE

Observons les propositions relatives soulignées dans les exemples (15) :

(15a) *Je te vois qui fais la grimace.*
(15b) *Je vois mes enfants qui font la grimace.*

En (15), *te* et *mes enfants* sont des COD de *voir.* Le pronom *qui* reprend *te* et *mes enfants* et il leur attribue un nouveau statut : celui de sujet de la proposition relative. Le verbe *faire* finit donc par s'accorder avec le pronom ou le GN repris par *qui.*

2.4.4 L'ACCORD ENTRE LE VERBE ET UN SUJET AVEC UN COMPLÉMENT

Contrastons les couples suivants :

(16a) *Une* ***traduction*** *de tes livres serait souhaitable.*
(16b) **Une* ***traduction*** *de tes livres seront souhaitables.*

(17a) *Une* ***partie*** *de tes livres* **a été traduite.**
(17b) *Une partie de tes* ***livres*** **ont été traduits.**

La structure des GN sujet des phrases (16) et (17) est identique. Dans cette structure, le premier nom est appelé « tête fonctionnelle du GN », alors que le second (avec sa préposition) est appelé « complément ».

Or, dans les exemples (16), le verbe fait l'accord exclusivement avec la tête, alors que, dans (17), il peut faire l'accord aussi bien avec la tête (17a) qu'avec le complément (17b). Nous retrouvons le même phénomène dans les exemples suivants :

(17c) *Une série d'orages s'est abattue / se sont abattus sur Paris.*
(17d) *Une partie des députés a voté / ont voté la loi.*
(17e) *Un tiers des députés a voté / ont voté la loi.*

La raison est à chercher dans la sémantique du mot tête et dans son déterminant. Les têtes des sujets en (17) expriment des quantités et elles n'arrivent pas, toutes seules, à classifier des entités. Par exemple, on ne dirait pas *voilà une partie, voilà une bande, voilà un tiers, voilà une multitude*, mais plutôt *voilà une partie / un tiers des députés, voilà une bande d'oiseaux, voilà une multitude de fleurs*, etc. Le fonctionnement des noms quantificateurs est étudié en détail par Benninger (1999).

À ce propos, contrastons (18a) avec (18b) :

(18a) *Une **foule** d'oiseaux **sont** passés.*
(18b) **Un **vol** d'oiseaux **sont** passés.*
(18c) *Un **vol** d'oiseaux **est** passé.*

Foule est un nom de quantité, *vol*, en revanche, non.

Par ailleurs, remarquons que le déterminant doit être indéfini :

(19a) *Cette partie des députés a voté la loi.*
(19b) **Cette partie des députés ont voté la loi.*

En (19) c'est évidemment la tête du sujet – et non le complément – qui contrôle l'accord avec le verbe.

Ajoutons deux exemples particulièrement intéressants (souvent reportés dans les grammaires) :

(20a) *Moins de deux élèves **passeront** / ***passera** le rattrapage.*
(20b) *Plus d'un Français sur quatre **conduit** / ***conduisent** en état d'ébriété.*

Le sujet de (20a) est logiquement équivalent à *un*, alors que le sujet de (20b) est logiquement équivalent à *plusieurs*. Cependant, l'accord est, respectivement, au pluriel et au singulier.

Que faut-il en conclure ? Nous retiendrons les deux points suivants :

a) l'accord avec le N tête (fonctionnelle) est toujours correct
b) l'accord avec le complément du N est admis seulement si certaines conditions (sémantiques et de détermination) sont remplies (*cf.* les remarques précédentes)

Le point (a) est crucial car il montre que l'accord entre le verbe et la tête fonctionnelle du sujet reste privilégié alors que l'autre est toléré sous condition. Cette remarque peut paraître une évidence, mais elle se révélera cruciale pour les constructions dites « présentatives » (*cf.* § 2.4.6).

2.4.5 L'ACCORD ENTRE LE VERBE ET UN SUJET COORDONNÉ

Observons encore les exemples suivants :

(21a) *Ma fille* ***a*** *mangé un tiramisu.*
(21b) *Ma fille et ma femme* ***ont*** *mangé un tiramisu.*
(21c) *Ma fille, ma femme et moi* ***avons*** *mangé un tiramisu.*

D'un point de vu distributionnel – en tant que sujets – *ma fille*, *ma fille et ma femme* et *ma fille, ma femme et moi* sont équivalents. Le verbe, cependant, est sensible au fait qu'une conjonction implique tous les membres coordonnées.

Le cas de *ou* – qui est une disjonction – est plus nuancé. Par défaut, une disjonction est interprétée comme non exclusive (en se rapprochant ainsi d'une conjonction). Dans ce cas, l'accord se fait au pluriel :

(22a) *Ma femme ou ma belle mère* ***passeront*** *te récupérer.*

Cependant, une disjonction peut aussi exclure l'un des membres. Lorsque l'opposition prévaut, on admet le singulier :

(22b) *La Wii ou la Playstation bouffera tes après-midis.*

2.4.6 LES CONSTRUCTIONS PRÉSENTATIVES

Les §§ 2.4.4 et 2.4.5 ont montré certaines variations possibles dans l'accord entre verbe et sujet. Observons maintenant les exemples (23) :

(23a) *C'est des livres de linguistique*
(23b) *Ce sont des livres de linguistique*

Comparons (23) avec (17) :

(17a) *Une partie de tes livres a été traduite en français.*
(17b) *Une partie de tes livres ont été traduits en français.*

Dans les deux cas, nous constatons une variation de l'accord. Il y a cependant une différence. En (17), l'accord bouge entre la tête fonctionnelle du sujet et son complément, mais il reste à l'intérieur du GN sujet. C'est pourquoi ce type d'exemple ne pose aucune difficulté particulière. En revanche, dans la construction (23) – dite présentative ou rhématique – l'accord bouge entre *ce* et le nom du prédicat distributionnel. Cela pose un problème : est-ce que le sujet est *ce* ou bien *livres de linguistique* ?

C'est ici que le point (a) souligné sous § 2.4.4 nous vient en aide. Remarquons qu'en (23), l'accord entre verbe et *ce* est toujours correct, alors que l'accord entre verbe et *livres de linguistique* n'est qu'une possibilité. Cela suggère, encore une fois, que l'accord peut être sensible à des interférences sémantiques, mais il ne remet pas en cause le fait qu'en (23) le sujet reste bien *ce*. Pour une discussion de la problématique du sujet dans les constructions présentatives, nous renvoyons à Carlier (2004, 2005). Pour une étude complète de la sémantique et de la syntaxe de *ce*, *cf.* Bres (2020).

CHAPITRE 3

La morphologie du verbe

3.1 BASE ET CONJUGAISON

Le terme *mot* est polysémique : il peut signifier *lexème* (*type*, an.), ou bien *forme d'un lexème* (*token*, an.). Considérons la liste suivante :

(0) *léger, légère, légers, légères*

Face à une liste comme (0), on pourrait se demander : sommes-nous confrontés à un seul mot ou à quatre ? (Lyons 1977a : § 1.4). Si nous répondons qu'en (0) il y a un seul mot, nous employons *mot* dans le sens de *lexème*. Ceci est le sens immédiat de *mot*. Si nous répondons qu'en (0) il y a quatre mots, nous employons *mot* dans le sens de *forme* (phonologique ou graphique) *d'un lexème*. Si un lexème se manifeste dans plusieurs formes, on parle de mot variable : c'est le cas de l'adjectif *léger*. S'il y a une correspondance un à un entre une forme et un lexème, on parle de mot invariable : par exemple, *noix* est la seule forme du nom *noix*. Les verbes sont des mots variables. Mais comment peut-on reconnaître que plusieurs formes d'un mot variable sont des manifestations du même lexème ?

Considérons quelques formes du verbe *courir* : *cours, court, courons, courez…* Ces formes partagent une partie (*cour-*) et se différencient pour la fin (*-s, -t, -ons, -ez*). La partie partagée est la base (thème ou radical) ; la partie variable est la désinence ou conjugaison. Notre question paraît donc recevoir une réponse simple : c'est la base qui garantit l'identité du lexème à travers toutes ses formes. Mais observons les verbes *aller* ou *être* : *vais, va, allons, allez, vont* et *suis, es, est, sommes, êtes, sont.* Dans le cas d'*aller*, il n'y a pas une base unique ; dans le cas de *être*, la séparation même entre base et conjugaison est remise en cause. Si cela est vrai, comment expliquer que la distinction entre base et conjugaison est parfois applicable et parfois non ? Et si la présence d'une base univoque ne peut pas toujours garantir l'identité du lexème, qu'est-ce qui la garantit ? Par exemple, comment pouvons-nous reconnaître que *suis* et *es* sont des formes du même verbe *être* ?

La réponse est simple : *parce que nous le savons !* Si cette réponse ne satisfait pas, c'est parce que la question de départ était mal posée. L'identité du lexème à travers ses formes n'est pas un problème que nous résolvons à chaque fois que nous sommes confrontés à l'occurrence d'un verbe, mais bien un présupposé que nous prenons pour acquis en tant que parlants du français. Autrement dit, ce n'est pas que plusieurs formes appartiennent au même lexème parce qu'elles ont une base commune, mais le contraire. La circonstance que plusieurs formes d'un verbe partagent une même base est un reflet – non nécessaire, quoi que possible et raisonnable – du présupposé qu'il s'agit du même lexème.

Partager une langue signifie partager un code arbitraire qui stipule, entre autres, que *court, courons* et *courez* sont des manifestations d'un même verbe (indiqué par l'étiquette *courir*) et que *est, sommes* et *êtes* sont également des manifestations d'un même verbe (indiqué par l'étiquette *être*). En tant que lexèmes, ces verbes sont des valeurs sociales. Une valeur sociale est comme un point de repère qui oriente les pratiques d'une communauté. Partager un lexème signifie donc, tout simplement, être d'accord *a priori* qu'un certain nombre de formes phonologiques, plus ou moins différentes, comptent comme le même lexème, le même objet social. D'une part, cet accord n'a pas besoin que ces suites aient une base commune. De l'autre, ce même accord n'exclut non plus la présence d'une base commune ; au contraire, il l'encourage.

Cette prémisse étant faite, il est parfaitement correct d'analyser un mot variable – un verbe en l'espèce – en deux parties :

i) une partie fixe (radical ou base), qui remplit deux fonctions :
   i.i) elle manifeste l'identité du lexème (ou mot)
   i.ii) elle contient la signification (quand il y en a une)

ii) une partie variable (désinence ou conjugaison), qui contient les informations grammaticales liées à la distribution dans la structure de la phrase.

En somme, en utilisant un verbe pour construire des phrases, ce que nous choisissons de faire varier est la conjugaison sur le présupposé que le verbe – en tant que lexème – reste le même. L'identité de la base reproduit ce présupposé. Par rapport à l'utilisation du verbe, la base est donc envisagée comme l'élément donné *a priori*, alors que le choix de la conjugaison est *a posteriori*. Ce fait n'exclut pas – mais implique – que la forme phonologique de la base puisse subir à son tour des modifications sous la pression de la conjugaison (nous y reviendrons sous § 4.4).

3.2 LES PARAMÈTRES DE LA CONJUGAISON : PERSONNE, TEMPS ET MODE

3.2.1 PERSONNES ET NON-PERSONNES

Dans les grammaires, on l'aura remarqué, la conjugaison des verbes est toujours accompagnée par un pronom personnel : il n'y a pas *finis, finis, finit*..., mais *je finis, tu finis, il finit, nous finissons, vous finissez, ils finissent*. Le pronom personnel peut être considéré comme une partie intégrante de la conjugaison du verbe : la manifestation morphologique de ses propriétés distributionnelles (*i.e.* constituant immédiat du GV faisant l'accord avec le GN sujet pour construire une phrase).

Le lien entre pronom personnel et conjugaison est particulièrement évident en français, où il y a une forte divergence entre graphie et phonétique. Considérons un verbe comme *finir*. D'une part, l'explicitation du pronom personnel est la seule façon pour distinguer phonétiquement les trois premières personnes. De l'autre, si une même forme ne peut pas discriminer entre première, deuxième et troisième personne, on comprend pourquoi en français le sujet ne peut pas être sous-entendu. Dans une langue comme l'italien, en revanche, où les formes verbales sont phonétiquement bien distinctes – *finisco, finisci, finisce* – on peut se permettre de sous-entendre le sujet. Si les pronoms personnels sont une partie intégrante de la conjugaison verbale, on peut dire qu'en fin des comptes le verbe a également des informations de genre : tout simplement, il les charge sur les pronoms personnels (sans compter l'accord du participe).

Quoi qu'il en soit, à propos de la personne, il y a une remarque importante à faire. La liste des pronoms personnels – *je, tu, il, nous, vous, ils* – révèle en filigrane deux axes orthogonaux :

a) un axe centré sur *ceux qui parlent* : locuteur (*je / nous / on*) et interlocuteur (*tu / vous*) ;
b) un axe centré sur *ce dont on parle* : chose, personne, fait, etc. (*il / elle / ils / elles*).

L'axe (b) est parfois appelée « non-personne » (Benveniste 1966a) par opposition à l'axe (a) qui identifierait les véritables « personnes ». Dans cette terminologie, *personne* est synonyme de « acteur de l'échange communicatif contingent » : le locuteur (*je*) et l'interlocuteur (*tu*).

3.2.2 TEMPS SIMPLES ET TEMPS COMPOSÉS

Un temps est un paradigme de conjugaisons qui s'appliquent à une base. Par conséquent, le temps est une propriété du verbe en tant que lexème :

(1) *Je parl**ais**, tu parl**ais**, il parl**ait**, nous parl**ions**, vous parl**iez**, ils parl**aient**.*

L'exemple (1) présente plusieurs formes du lexème *parler*. Ces formes identifient un temps de ce verbe : imparfait (indicatif). Ce temps peut être envisagé comme un ensemble de conjugaisons :

Imparfait = {*-ais, -ais, -ait, -ions, -iez, -aient*}

On distingue les temps simples (comme l'imparfait, le présent ou le passé simple) et les temps composés (comme le passé composé ou le plus-que-parfait). Les premiers sont directement exprimés par les désinences verbales, alors que les seconds sont construits à travers les formes conjuguées des auxiliaires et les formes non conjuguées (participe ou infinitif) des verbes :

(2) ***J'ai parlé**, tu **as parlé**, il **a parlé**, nous **avons parlé**, vous **avez parlé**, ils **ont parlé**.*

L'exemple (2) identifie le passé composé du verbe *parler*.

Si nous comparons les temps simples avec les temps composés en nous focalisant sur les auxiliaires, nous remarquons une correspondance entre chaque temps simple et un temps composé. Généralement, cette correspondance est reproduite graphiquement dans la configuration des tableaux. Voici quelques exemples (concernant le mode indicatif) :

Passé composé = auxiliaire présent + participe passé
Plus-que-parfait = auxiliaire imparfait + participe passé
Passé antérieur = auxiliaire passé simple + participe passé
Futur antérieur = auxiliaire futur simple + participe passé
...

Par exemple, le passé composé est construit à partir du présent (de l'auxiliaire) : il figure donc à côté du présent du verbe ; le plus-que-parfait est construit à partir de l'imparfait (de l'auxiliaire) : il figure donc à côté de l'imparfait ; etc. Ce constat, cependant, ne doit pas induire en erreur. S'il est sans doute correct de dire (par exemple) que le passé composé est construit en utilisant la forme du présent du verbe *avoir* (par exemple, *a chanté*), il faut quand-même rappeler que cette forme n'est plus pertinente en tant que temps présent. Dans *a chanté*, ce qui *est* un temps verbal c'est la totalité « auxiliaire + participé passé » et non ses parties (*cf.* § 2.2).

3.2.3 MODES FINIS ET MODES INDÉFINIS

Un mode est un regroupement de temps, c'est-à-dire un groupe de paradigmes de conjugaisons. Par conséquent, un mode n'est pas une propriété, une forme, du lexème : on ne conjugue pas un verbe directement à un mode, mais seulement à un temps ; ce temps, lui, pourra appartenir à un certain groupe (mode). À l'intérieur de ces groupes, parfois, les temps ont des dénominations parallèles : aussi bien l'indicatif que le subjonctif, par exemple, ont un présent, un imparfait et un plus-que-parfait (nous y reviendrons sous § 3.4).

On distingue quatre modes finis (indicatif, subjonctif, conditionnel et impératif) et trois modes indéfinis (infinitif, participe et gérondif). Les modes finis ont des formes distinctes pour temps, personne et nombre, alors que les modes indéfinis ont des distinctions de temps rudimentaires et ils ignorent souvent la personne et le nombre.

Le mode indicatif, par exemple, comprend au moins huit temps : présent, passé composé, imparfait, plus-que-parfait, passé simple, passé antérieur, futur simple et futur antérieur. Tous ces temps ont six personnes. Le mode infinitif, en revanche, comprend seulement deux temps : présent et passé. Aucun de ces temps n'a de personnes.

Parmi les modes indéfinis, le participe présent a des formes distinctes pour le nombre (*pensant*, *pensants*), alors que le participe passé a des formes distinctes aussi bien pour le nombre que pour le genre (*aimé, aimés, aimée* et *aimées*).

3.3 LES TEMPS VERBAUX : SOCLE GRAMMATICAL *VS.* DÉNOMINATION

Considérons un verbe comme *courir*. Chaque temps simple de *courir* peut être envisagé comme un ensemble de conjugaisons :

(3) INDICATIF
(3a) présent = {*-s, -s, -t, -ons, -ez, -ent*}
(3b) imparfait = {*-ais, -ais, -ait, -ions, -iez, -aient*}
(3c) futur = {*-rai, -ras, -ra, -rons, -rez, -ront*}
(3d) passé simple = {*-us, -us, -ut, -umes, -utes, -urent*}

(4) SUBJONCTIF
(4a) présent = {*-e, -es, -e, -ions, -iez, -ent*}
(4b) imparfait = {*-usse, -usses, -usse, -ussions, -ussiez, -ussent*}

(5) CONDITIONNEL
(5a) présent = {*-rais, -rais, -rait, -rions, -riez, -raient*}

Il est crucial de séparer le socle grammatical – les ensembles de conjugaisons – des dénominations traditionnelles des temps verbaux : le premier définit les temps verbaux ; les secondes, en revanche, renvoient à des valeurs (chronologiques, modales ou aspectuelles) que les temps verbaux peuvent acquérir dans un texte ou un discours (*cf.* § 1.4). Des dénominations comme « futur » ou « présent » renvoient à des valeurs chronologiques. Une dénomination comme « imparfait » renvoie à un Aspect particulier. Une dénomination comme « présent conditionnel » renvoie à des valeurs chronologiques *et* modales. Une dénomination comme « passé simple » renvoie à des valeurs chronologiques *et* à la composition morphologique. Et ainsi de suite.

Or, il peut bien s'avérer qu'un ensemble de conjugaisons – un temps – ait une affinité élective avec une certaine valeur, mais cela n'empêche pas que chacun des ensembles précédents puisse acquérir plusieurs valeurs différents et irréductibles indépendamment de son étiquette. D'une part, ce n'est pas parce qu'un temps s'appelle « présent » ou « futur » qu'il doit nécessairement situer des événements dans un présent ou dans un futur. De l'autre, ce n'est pas parce qu'un temps a un certain nom (par exemple, « futur » ou « imparfait ») que tous ses emplois peuvent être réduits à une seule valeur 'mère' en rapport avec son nom. Si le premier aspect est généralement reconnu par les auteurs, le second l'est beaucoup moins.

En somme, les informations chronologiques, aspectuelles et modales ne sont pas des signifiés codés par des conjugaisons, mais elles sont, justement, des valeurs activées dans le cadre de certaines configurations textuelles ou discursives contingentes (*cf.* §§ 1.4, et §§ 17 à 19).

3.4 TEMPS *VS.* MODES

Nous avons affirmé qu'un mode est un regroupement de temps (§ 3.2.3). Mais qu'est-qui justifie un tel regroupement ? Par exemple, qu'est-ce qui justifie de rassembler les ensembles de conjugaisons de (3a) à (3d) dans un même groupe appelé « indicatif » ? Cette question est délicate et nous ne pourrons y répondre que dans la troisième partie de ce livre.

Cependant, une chose émerge déjà avec clarté. Même si les conjugaisons des temps regroupés dans un mode peuvent manifester certaines ressemblances, il semble difficile d'ancrer la définition d'un mode à un socle morphologique clair : autrement dit, un mode n'est pas un paradigme de temps comme un temps est un paradigme de conjugaisons. De ce point de vue, ce n'est pas par hasard que les exercices de conjugaison consistent à réciter les différentes personnes d'un temps, et non les différents temps d'un mode. Le fait qu'un mode contienne un temps de plus ou de moins ne remet pas en cause son identité : si nous décidons d'inclure le présent conditionnel (5a) dans le mode indicatif (3), par exemple, l'indicatif n'est pas détruit, mais tout simplement étendu. Une telle extension, par ailleurs, est proposée par plusieurs auteurs. En revanche, le fait qu'un temps ait une personne en plus ou en moins remet en cause son intégrité : il serait absurde, par exemple, d'inclure la troisième personne du présent conditionnel (5a) dans l'imparfait (3b) ! Cette différence est montrée, en filigrane, par le phénomène de la défectivité. Il y a bien des modes finis et des modes indéfinis (*cf.* § 3.2.3) ; mais, à l'intérieur des modes finis, le subjonctif n'est pas considéré « défectif » sous prétexte qu'il n'a pas un futur. En revanche, si le temps d'un verbe n'a pas toutes ses personnes, ce temps (pour ce verbe) est bien défectif.

En somme, entre les temps et les modes, il y a une rupture. Ce fait, bien entendu, n'est pas une nouveauté et va de soi pour tous les auteurs. Cela est précisément une raison pour l'approfondir.

Pour comprendre le fonctionnement d'un temps verbal, il est certes indispensable d'étudier la palette de valeurs textuelles et discursives qu'il peut assumer : son côté « fonctionnel », pour ainsi dire. Cependant, l'identité du temps lui-même repose sur un paradigme grammatical de désinences. Autrement dit, si nous définissons un temps verbal exclusivement sur la base de critères morphologiques, nous n'aboutissons pas à une *compréhension* de ce temps, mais nous avons quand même *identifié* un objet linguistique. En revanche, dans le cas des modes, il n'y a pas une identité morphologique *a priori*, comparable à celle des temps, mais, au mieux, un réseau de ressemblances de famille parmi des conjugaisons (nous reviendrons sur ce point au § 4.1.2). Si cela est vrai, alors, dans la définition des modes, les critères fonctionnels jouent un rôle plus essentiel : ils ne permettent pas seulement de *comprendre* un objet linguistique identifiable indépendamment, mais ils collaborent à la constitution de cet objet. En ce sens, la description des temps et des modes doit manifester un équilibre différent entre critères morphologiques et critères fonctionnels. Nous décrirons le socle morphologique des temps sous § 4. En revanche, pour la description de leur valeur, ainsi que pour la définition des modes, il faudra attendre le §§ 17, 18 et 19.

Pour l'instant, nous en retiendrons la morale suivante. Comme souligné au § 1.5, le verbe peut être étudié à 360 degrés seulement en basculant d'un modèle de référence centré sur la structure de la phrase et la grammaire, à un modèle de référence centré sur le message et le texte. Or, dans ce cadre, temps et mode sont des notions qui ne sont pas au même niveau. La notion de temps verbal naît sous le premier modèle et sa description se complète sous le second. La notion de mode, en revanche, naît directement à la jonction des deux modèles : la morphologie, à elle seule, n'est pas suffisante pour la définir.

CHAPITRE 4

Gabarit verbal et classes flexionnelles

4.1 LA STRUCTURE DE LA CONJUGAISON

4.1.1 LE GABARIT VERBAL

En tant que mot variable, un verbe peut être décomposé en une base et une conjugaison (*cf.* § 3.1). La base n'est pas ultérieurement analysable, mais la conjugaison a une structure interne. Cette structure est constituée par des positions distributionnelles qui peuvent être occupées par des éléments (par exemple des phonèmes). La combinaison de ces éléments identifie les différentes formes verbales. Pour une analyse de la structure de la conjugaison, nous renvoyons également à Pinchon & Coute (1981) et Le Goffic (1997).

Considérons à titre d'exemple la 4P (première personne plurielle) de l'imparfait subjonctif du verbe *courir* : *courussions.* Si nous laissons de côté la base (*cour-*) et effaçons le *u* et le *ss*, nous obtenons *cour-ions* : 4P du présent subjonctif. Si, à partir de *courions,* nous insérons un *r* juste avant le *i,* nous obtenons *cour-rions* : 4P du présent conditionnel. Si, à partir de *courrions*, nous effaçons le *i*, nous obtenons *cour-rons* : 4P du futur indicatif. Ces commutations peuvent être systématisées dans le tableau suivant :

cour	*u*	*ss*	*i*	*ons*
cour	0	0	*i*	*ons*
cour	0	*r*	*i*	*ons*
cour	0	*r*	0	*ons*

La première colonne abrite la base. Les quatre autres colonnes identifient les positions du gabarit de la conjugaison verbale : elles peuvent être remplies ou vides. En appliquant le critère distributionnel précédent à la conjugaison des temps simples, nous obtenons le tableau suivant.

courir /kuʁiʁ/

Base	1	2	3	4 personne	Ex. formes	Temps
Cour kuʁ	0 0	0 0	0 0	s, s, t 0, 0, 0, ons, ez, ent ɔ̃, e, 0	cour000s, cour000s, cour000t kuʁ0000, kuʁ0000, kuʁ0000 cour000ons, cour000ez, cour000ent kuʁ000ɔ̃, kuʁ000e, kuʁ0000	Présent Indicatif
Cour kuʁ	0 0	0 0	ai^{1,2,3} ɛ i^{4,5}/ai^{6} i/ɛ	s, s, t 0, 0, 0 ons, ez, ent ɔ̃, e, 0	cour00ais, cour00ais cour00ait kuʁ00ɛ0, kuʁ00ɛ0, kuʁ00ɛ0 cour00ions, cour00iez cour00aient kuʁ00iɔ̃, kuʁ00ie, kuʁ00ɛ0	Imparfait Indicatif
Cour kuʁ	u y	0 0	0 0	s, s, t 0, 0, 0 mes, tes, (r)ent m, t, 0	couru00s, couru00s, /couru00t kuʁy000, kuʁy000, kuʁy000 courû00mes, courû00tes, couru00rent kuʁy00m, kuʁy00t, kuʁy00ʁ0	Passé Simple Indicatif
Cour kuʁ	0 0	r ʁ	0 0	ai, as, a ɛ, a, a ons, ez, ont ɔ̃, e, ɔ̃	cour0r0ai, cour0r0as, cour0r0a kuʁ0ʁɛ, kuʁ0a, kuʁ0a cour0r0ons, cour0r0ez, cour0r0ont kuʁ0ʁ0ɔ̃, kuʁ0ʁ0e, kuʁ0ʁ0ɔ̃	Futur Simple Indicatif
Cour kuʁ	0 0	r ʁ	ai^{1,2,3,6}/i^{4,5} ɛ/i	s, s, t 0, 0, 0 ons, ez, ent ɔ̃, e, 0	cour0rais, cour0rais,cour0rait kuʁʁɛ0, kuʁʁɛ0, kuʁʁɛ0 cour0rions, cour0riez cour0raient kuʁ0ʁjɔ̃, kuʁ0ʁje, kuʁ0ʁɛ0	Présent Conditionnel
Cour kuʁ	0 0	0 0	0^{1,2,3,6}/i^{4,5} 0/i	e, es, e 0, 0, 0 ons, ez, ent ɔ̃, e, 0	cour000e, cour000es, cour000e kuʁ0000, kuʁ0000, kuʁ0000 cour00ions, cour00iez, cour000ent kuʁ00jɔ̃, kuʁ00je, kuʁ0000	Présent Subjonctif
Cour kur	u y	ss^{1,2,4,5,6}/0^{3} s/0	0^{1,2,3,6}/i^{4,5} 0/i	e, es, t 0, 0, 0 ons, ez, ent ɔ̃, e, 0	couruss0e, couruss0es, courû00t kuʁys00, kuʁys00, kuʁy000 courussions, courussiez, couruss0ent kuʁysjɔ̃, kuʁysje, kuʁys00	Imparfait Subjonctif

Le *0* indique une position du gabarit qui reste vide. Les exposants [1,2,3, etc.] indiquent les personnes auxquelles l'élément en question s'applique. Nous noterons les personnes de 1P (1ère personne du singulier) à 6P (3ème personne du pluriel). À chaque exemple, nous avons indiqué la transcription phonologique (nous reviendrons sur le rapport entre graphie et phonologie au § 4.1.3).

Chaque conjugaison est identifiée par une configuration spécifique du gabarit : une suite de valeurs dans les cases 1 à 4. Des valeurs comme *u*, *r*, *ai*, en isolation, ne signifient pas « passé simple », « futur » ou « imparfait ». En revanche, des configurations comme *-âmes*, *-rais* ou *-ait* signifient « passé simple indicatif, 4P », « présent conditionnel, 1P » et « imparfait indicatif, 3P ». Ces configurations du gabarit sont des morphèmes (suffixes). Ces morphèmes sont les éléments des ensembles au § 3.3.

Conduisons immédiatement quelques observations sur les différentes positions de ce gabarit en procédant à rebours de la colonne 4 à la 1.

- La colonne 4 identifie les informations de personne.
- Les valeurs des colonnes 3 et 2 sont identiques pour tous les verbes. Dans la colonne 3, nous remarquons une alternance systématique entre les valeurs *ai* ou *0* d'une part (personnes I, II, III et VI) et la valeur *i* de l'autre (personnes IV et V). La colonne 3, à la différence de 2, est directement sensible à la personne, qui la suit.
- La colonne 1 reçoit comme valeur une voyelle (probablement liée à l'infinitif).
  Comme on le verra (*cf.* § 4.2), cette voyelle est fixe seulement pour les verbes ayant l'infinitif en *-er* ; dans tous les autres cas, elle n'est pas systématiquement prévisible (même si ses variations restent limitées). Parfois, cette voyelle est intégrée dans la base : on parle alors de « base étendue ».

4.1.2 FAMILLES DE TEMPS *VS.* MODES

Le gabarit précédent nous permet de comparer les temps verbaux.

i) **Passé simple indicatif et imparfait subjonctif**
   Ils partagent la même voyelle dans la case 1. Même si cette voyelle peut varier, nous l'incluons dans la conjugaison (et non dans la

base) parce qu'elle collabore justement à la définition de ces deux temps verbaux.

ii) **Présent conditionnel et futur simple indicatif**
Ils partagent la consonne *r* dans la colonne 2. Cette consonne est liée à la consonne *r* présente dans tous les infinitifs.

iii) **Présent conditionnel et imparfait indicatif**
Ils partagent la colonne 3 et notamment l'alternance *ai/i*.

iv) **Présent subjonctif et imparfait subjonctif**
Ils partagent la colonne 3 et notamment l'alternance *0/i*.

Les points (ii) et (iii) sont particulièrement importants car ils impliquent que le présent conditionnel est une sorte de « futur indicatif + imparfait indicatif » :

(1)	cour –	r	ai	s	1P présent conditionnel
(2)	cour –	r	0	ai	1P futur indicatif
(3)	cour –	0	ai	s	1P imparfait indicatif

Les formes (1) et (2) partagent le même *r*, qui n'a rien à voir avec le *r* de la base. Les *ai* en (1) et (2), en revanche, ne sont pas comparables : *ai* en (1) correspond effectivement à *ai* en (3), mais *ai* en (2) est une désinence de personne comme *s* en (1) et en (3).

Si nous regroupons les gabarits des formes simples du verbe *courir* selon leurs ressemblances, nous remarquons qu'ils tendent à constituer deux familles de temps verbaux :

(4)	0 r 0 ai	0 r 0 as	0 r 0 a	0 r 0 ons	0 r 0 ez	0 r 0 ont	futur	indicatif
	0 r ai s	0 r ai s	0 r ai t	0 r i ons	0 r i ez	0 r ai ent	présent	conditionnel
	0 0 ai s	0 0 ai s	0 0 ai t	0 0 i ons	0 0 i ez	0 0 ai ent	imparfait	indicatif
	0 0 0 s	0 0 0 s	0 0 0 t	0 0 0 ons	0 0 0 ez	0 0 0 ent	présent	indicatif
(5)	u ss 0 e	u ss 0 es	û 0 0 t	u ss i ons	u ss i ez	u ss 0 ent	imparfait	subjonctif
	0 0 0 e	0 0 0 es	0 0 0 e	0 0 i ons	0 0 i ez	0 0 0 ent	présent	subjonctif

Ces familles ne correspondent aux modes que partiellement : si (5) reproduit les temps attribués au subjonctif, (4) comprend une bonne partie des temps de l'indicatif, mais également le présent conditionnel.

Le présent conditionnel, par ailleurs, joue un rôle clé pour l'homogénéité de la famille (4). Le passé simple, quant à lui, a un statut incertain :

u 0 0 s u 0 0 s u 0 0 t û 0 0 mes û 0 0 tes u 0 0 rent passé simple indicatif

Si les désinences personnelles des trois premières personnes rapprochent le passé simple de (4), la présence de la voyelle *u* le rapproche plutôt de (5).

Nous comprenons par là que les critères morphologiques ne sont pas suffisants à définir les modes comme nous les connaissons (§ 3.4) et qu'il faudra alors y associer d'autres critères (*cf.* § 19).

4.1.3 LE RAPPORT ENTRE ÉCRIT ET ORAL

Jusqu'à maintenant nous nous sommes focalisés exclusivement sur la dimension de l'écriture en ignorant complètement l'oral. Nous croyons que le gabarit précédent nous permet également de dire quelque chose à propos du rapport entre ces deux niveaux.

De premier abord, l'écrit semblerait remplir uniquement la fonction de signaler et de reproduire des sons. Cette idée suggère l'hypothèse que, dans une langue, l'oralité jouit d'une priorité logique par rapport à l'écriture, cette dernière étant reléguée au rang d'instrument pour fixer la première. Une telle hypothèse, par ailleurs, paraît corroborée par le fait qu'une langue n'a pas besoin d'être écrite.

Le gabarit verbal, cependant, nous raconte une histoire différente. Si nous observons la colonne 4, nous pouvons constater que la personne peut avoir une marque graphique sans aucun correspondant phonique :

(6a) *c ou r s*
(6b) *k u ʁ 0*

(7a) *c ou r ai s*
(7b) *k u ʁ ɛ 0*

Or, si l'écriture est un instrument au service de l'oralité, comment ces marques se justifient-elles ?

Ce constat suggère que c'est l'écriture (quand il y en a une) qui jouit d'une priorité logique par rapport à l'oralité. La fonction de l'écriture n'est pas seulement de fixer l'oralité, mais plutôt de reproduire les distinctions grammaticales les plus saillantes. Ces distinctions sont tellement profondes que l'oralité, à son tour, peut choisir de les reproduire ou de les passer sous silence sans les affecter. Le cas de la neutralisation de la personne à l'oral est justement un exemple de ce phénomène. Cette hypothèse non seulement explique pourquoi il y a des marques graphiques sans correspondant phonique, mais elle prévoit l'absence d'une marque phonique sans support graphique. Or, pour la conjugaison verbale, cela paraît se vérifier.

Par ailleurs, le fait qu'une langue puisse être exclusivement orale ne prouve pas que l'écriture est au service de l'oralité, mais que l'oralité n'a pas besoin de l'écriture. Si cela est vrai, la fonction de l'écriture ne peut pas être seulement celle de fixer l'oralité (qui n'en a pas besoin), mais une autre. Cette autre fonction est de reproduire nos intuitions grammaticales (*cf.* Hagège 1985 : 78).

C'est pourquoi, dans la suite, nous ne distinguerons pas deux codes (oral *vs.* écrit), mais nous étudierons un seul code – une seule grammaire – qui se manifeste de la façon la plus claire dans l'écriture.

4.2 LES DIFFÉRENTS TYPES DE GABARITS SELON L'INFINITIF

En principe, rien n'empêche de regrouper les verbes selon leurs infinitifs. Dans ce paragraphe, nous ferons deux choses. Tout d'abord, nous utiliserons l'infinitif comme *pivot* pour circonscrire des groupes de verbes. Ensuite, nous observerons si chaque groupe ainsi identifié se caractérise pour un gabarit de conjugaison spécifique.

Ce faisant, on constate tout de suite que les conjugaisons verbales sont – pour l'écrasante majorité – identiques. Les seules différences concernent :

i) la voyelle dans la case 1
ii) les trois premières personnes du présent de l'indicatif (case 4)

4.2.1 INFINITIF ÉCRIT *-ER* (*-/e/* À L'ORAL)

i) La voyelle dans la case 1 est fixe : *ai/a/è*
ii) Les trois premières personnes du présent de l'indicatif sont fixes : *e, es, e.*

parler /parʁle/

Base	1	2	3	4 personnes	Ex. formes	Temps
parl paʁl	0 0	0 0	0 0	e, es, e 0, 0, 0 ons, ez, ent ɔ̃, e, 0	parl000e, parl000es, parl000e paʁl0000, paʁl0000, paʁl0000 parl000ons, parl000ez, parl000ent paʁl000ɔ̃, paʁl000e, paʁl0000	Prés. Ind.
parl paʁl	0 0	0 0	ai^{1,2,3,6}/i^{4,5} ɛ/i	s, s, t 0, 0, 0 ons, ez, ent ɔ̃, e, 0	parl00ais, parl00ais, parl00ait paʁl00ɛ0, paʁl00ɛ0, paʁl00ɛ0 parl00ions, parl00iez, parl00aient paʁl00jɔ̃, paʁl00je, paʁl00ɛ0	Imp. Ind.
parl paʁl	ai^{1}/è^{6}/a^{2,3,4,5} ɛ/a	0 0	0 0	0, s, 0 0, 0, 0 mes, tes, (r)ent m, t, (ʁ)0	parlai000, parla00s, parla000 paʁlɛ000, paʁla000, paʁla000 parlâ00mes, parlâ00tes, parlè00rent paʁla00m, paʁla00t, paʁlɛ00ʁ0	Passé S. Ind.
parle paʁlə	0	r ʁ	0 0	ai, as, a ɛ, a, a ons, ez, ont ɔ̃, e, ɔ̃	parle0r0ai, parle0r0as, parle0r0a paʁlə0ʁ0ɛ, paʁlə0ʁ0a, paʁlə0ʁ0a parle0r0ons, parle0r0es, parle0r0ont paʁlə0ʁ0ɔ̃, paʁlə0ʁ0e, paʁlə0ʁ0ɔ̃	Futur S. Ind.
parle paʁlə	0 0	r ʁ	ai^{1,2,3,6}/i^{4,5} ɛ/i	s, s, t 0, 0, 0 ons, ez, ent ɔ̃, e, 0	parle0rais, parle0rais, parle0rait paʁlə0ʁɛ0, paʁlə0ʁɛ0, paʁlə0ʁɛ0 parle0rions, parle0riez, parle0raient paʁlə0ʁjɔ̃, paʁlə0ʁje, paʁlə0ʁɛ0	Prés. Cond.
parl paʁl	0 0	0 0	0^{1,2,3,6}/i^{4,5} 0/i	e, es, e 0, 0, 0 ons, ez, ent ɔ̃, e, 0	parl000e, parl000es, parl000e paʁl0000, paʁl0000, paʁl0000 parl00ions, parl00iez, parl000ent paʁl00jɔ̃, paʁl00je, paʁl0000	Prés. Subj.
parl paʁl	a a	ss^{1,2,4,5,6}/0^{3} s/0	0^{1,2,3,6}/i^{4,5} 0/i	e, es, t 0, 0, 0 ons, ez, ent ɔ̃, e, 0	parlass0e, parlass0es, parlâ00t paʁlas00, paʁlas00, paʁla000 parlassions, parlassiez, parlass0ent paʁlasjɔ̃, paʁlasje, paʁlas00	Imp. Subj.

Tous les verbes en *-er* partagent le précédent gabarit de conjugaison, avec la seule exception d'*aller*.

Contrastons les formes suivantes :

parlais (indicatif, imparfait, 1P) :	*parl – 0 / 0 / ai / s*
parlai (indicatif, passé simple, 1P) :	*parl – ai / 0 / 0 / 0*
parlerai (indicatif futur, 1P) :	*parle – 0 / r / 0 / ai*
parlerais (conditionnel présent, 1P) :	*parle – 0 / r / ai / s*

Comme on le voit, le *ai* de l'imparfait indicatif et du présent conditionnel sont fonctionnellement équivalents. Mais le *ai* du passé simple et celui du futur occupent des positions toutes autres.

Les trois premières personnes du présent indicatif et subjonctif sont identiques :

parles (indicatif, présent, 2P) :	*parl –0 / 0 / 0 / es*
parles (subjonctif, présent, 2P) :	*parl –0 / 0 / 0 / es*

La différence est que, dans le cas du subjonctif, le 0 de la case 3 est en alternance avec un *i* (pour les 4P et 5P), mais cela n'est pas vrai dans le cas de l'indicatif. Quoi qu'il en soit, cette ressemblance entre les présents du subjonctif et de l'indicatif est une particularité des verbes en *-er* (et de certains verbes en *-ir*, *cf.* § 4.2.4). Dans tous les autres cas, la différence entre ces temps se manifeste clairement. Par ailleurs, remarquons que le gabarit du présent subjonctif a la même structure que celui du présent indicatif tout verbe confondu, à savoir : « BASE – 0/0/0/personne ». Or cela est un argument pour considérer le présent subjonctif comme étant, justement, en opposition au présent indicatif : c'est-à-dire, un *autre* présent, appartenant à une autre famille.

4.2.2 INFINITIF ÉCRIT *-RE* (-/ʁə/ À L'ORAL)

i) La voyelle dans la case 1 varie : *i, u*
ii) Les trois premières personnes du présent indicatif sont fixes : *s, s, t/0*

L'alternance entre *t* et 0 peut être imputée à des raisons phonétiques. La valeur 0 apparaît lorsque la consonne qui devrait précéder le *t* de la 3P du présent indicatif est occlusive : **defendt,* **vainct,* **confondt,* etc.

conclure /kõklyʁ/

Base	1	2	3	4 personnes	Ex. formes	Temps
conclu kõkly	0 0	0 0	0 0	s, s, t 0, 0, 0 ons, ez, ent ɔ̃, e, 0	conclu000s, conclu000s, conclu000t kõkly0000, kõkly0000, kõkly0000 conclu000ons, conclu000ez, conclu000ent kõkly000ɔ̃, kõkly000e, kõkly0000	Prés. Ind.
conclu kõkly	0 0	0 0	$ai^{1,2,3,6}/i^{4,5}$ ε/i	s, s, t 0, 0, 0 ons, ez, ent ɔ̃, e, 0	conclu00ais, conclu00ais, Conclu00ait kõkly00ε0, kõkly00ε0, kõkly00ε0 conclu00ions, conclu00iez, conclu00aient kõkly00jɔ̃, kõkly00jɔe, kõkly00ε0	Imp. Ind.
concl kõkl	u y	0 0	0 0	s, s, t 0, 0, 0 mes, tes, (r)ent m, t, (ʁ)0	conclu00s, conclu00s, conclu00t kõkly000, kõkly000, kõkly000 conclû00mes, coclû00tes, conclu00rent kõkly00m, kõkly00t, kõkly00ʁ0	Passé S. Ind.
conclu kõkly	0 0	r ʁ	0 0	ai, as, a ε, a, a ons, ez, ont ɔ̃, e, ɔ̃	conclu0r0ai, conclu0r0as, conclu0r0a kõkly0ʁ0ε, kõkly0ʁ0a, kõkly0ʁ0a conclu0r0ons, conclu0r0ez, conclu0r0ont kõkly0ʁ0ɔ̃, kõkly0ʁ0e, kõkly0ʁ0ɔ̃	Futur S. Ind.
conclu kõkly	0 0	r ʁ	$ai^{1,2,3,6}/i^{4,5}$ ε/i	s, s, t, 0, 0, 0 ons, ez, ent ɔ̃, e, 0	conclu0rais, conclu0rais, conclu0rait kõkly0ʁε0, kõkly0ʁε0, kõkly0ʁε0 conclu0rions, conclu0riez, conclu0raient kõkly0ʁjɔ̃, kõkly0ʁie, kõkly0ʁε0	Prés. Cond.
conclu kõkly	0 0	0 0	$0^{1,2,3,6}/i^{4,5}$ 0/i	e, es, e 0, 0, 0 ons, ez, ent ɔ̃, e, 0	conclu00e, conclu00es, conclu00e kõkly0000, kõkly0000, kõkly0000 conclu00ions, conclu00iez, conclu000ent kõkly00jɔ̃, kõkly00je, kõkly0000	Prés. Subj.
concl kõkl	u y	$ss^{1,2,4,5,6}/0^{3}$ s/0	$0^{1,2,3,6}/i^{4,5}$ 0/i	e, es, t 0, 0, 0 ons, ez, ent ɔ̃, e, 0	concluss0e, concluss0es, conclû00t kõklys00, kõklys00, kõkly000 conclussions, conclussiez, concluss0ent kõklysjɔ̃, kõklysje, kõklys00	Imp. Subj.

défendre /defɑ̃dʁ/

Base	1	2	3	4 personnes	Ex. formes	Temps
défend defɑ̃(d)	0 0	0 0	0 0	s, s, 0 0, 0, 0 ons, ez, ent ɔ̃, e, 0	défend000s, défend000s, défend0000 defɑ̃0000, defɑ̃0000, defɑ̃0000 défend000ons, défend000ez, défend000ent defɑ̃d000ɔ̃, defɑ̃d000e, defɑ̃d0000	Prés. Ind.
défend defɑ̃d	0 0	0 0	ai^{1,2,3,6}/i^{4,5} ɛ/i	s, s, t, 0, 0, 0 ons, ez, ent ɔ̃, e, 0	défend00ais, défend00ais, défend00ait defɑ̃d00ɛ0, defɑ̃d00ɛ0, defɑ̃d00ɛ0 défend00ions, défend00iez, défend00aient defɑ̃d00jɔ̃, defɑ̃d00je, defɑ̃d00ɛ0	Imp. Ind.
défend defɑ̃d	i i	0 0	0 0	s, s, t, 0, 0, 0 mes, tes, (r)ent m, t, (ʁ)0	défendi00s, défendi00s, défendi00t defɑ̃di000, defɑ̃di000, defɑ̃di000 défendî00mes, défendî00tess, défendi00rent defɑ̃di00m, defɑ̃di00t, defɑ̃di00(ʁ)0	Passé S. Ind.
défend defɑ̃d	0 0	r ʁ	0 0	ai, as, a, ɛ, a, a ons, ez, ont ɔ̃, e, ɔ̃	défend0r0ai, défend0r0as, défend0r0a defɑ̃d0ʁ0ɛ, defɑ̃d0ʁ0a, defɑ̃d0ʁ0a défend0r0ons, défend0r0ez, défend0r0ont defɑ̃d0ʁ0ɔ̃, defɑ̃d0ʁ0e, defɑ̃d0ʁ0ɔ̃	Futur S. Ind.
défend defɑ̃d	0 0	r ʁ	ai^{1,2,3,6}/i^{4,5} ɛ/i	s, s, t, 0, 0, 0 ons, ez, ent ɔ̃, e, 0	défend0rais, défend0rais, défend0rait defɑ̃d0ʁɛ0, defɑ̃d0ʁɛ0, defɑ̃d0ʁɛ0 défend0rions, défend0riez, défend0raient defɑ̃d0ʁjɔ̃, defɑ̃d0ʁje, defɑ̃d0ʁɛ0	Prés. Cond.
défend defɑ̃d	0 0	0 0	0^{1,2,3,6}/i^{4,5} 0/i	e, es, e, 0, 0, 0 ons, ez, ent ɔ̃, e, 0	défend000e, défend000es, défend000e defɑ̃d0000, defɑ̃d0000, defɑ̃d0000 défend00ions, défend00iez, défend000ent defɑ̃d00jɔ̃, defɑ̃d00je, defɑ̃d0000	Prés. Subj.
défend defɑ̃d	i i	ss^{1,2,4,5,6}/0^{3} s/0	0^{1,2,3,6}/i^{4,5} 0/i	e, es, t 0, 0, 0 ons, ez, ent ɔ̃, e, 0	défendisse, défendisses, défendî0t defɑ̃dis0, defɑ̃dis0, defɑ̃di00 défendissions, défendissiez, défendissent defɑ̃disjɔ̃, defɑ̃disje, defɑ̃dis0	Imp. Subj.

4.2.3 INFINITIF ÉCRIT -*OIR* (-/waʁ/ À L'ORAL)

i) La voyelle dans la case 1 varie : *u, i*
ii) Les trois premières personnes du présent indicatif sont fixes, avec une variante
- *s, s, t* : comme les verbes en -*re*
- *x, x, t* : variante

Cf. page suivante.

devoir /dəvwaʁ/

Base	1	2	3	4 personnes	Ex. formes	Temps
doi^{1,2,3} dwa dev^{4,5} dəv doiv^{6} dwav	0 0	0 0	0 0	s, s, t 0, 0, 0 ons, ez, ent ɔ̃, e, 0	doi000s, doi000s, doi000t dwa0000, dwa0000, dwa0000 dev000ons, dev000ez, doi000vent dəv000ɔ̃, dəv000e, dwav0000	Prés. Ind.
dev dəv	0 0	0 0	ai^{1,2,3,6}/i^{4,5} ɛ/i	s, s, t 0, 0, 0 ons, ez, ent ɔ̃, e, 0	dev00ais, dev00ais, dev00ait dəv00ɛ0, dəv00ɛ0, dəv00ɛ0 dev00ions, dev00iez, dev00aient dəv00jɔ̃, dəv00je, dəvɛ0	Imp. Ind.
d d	u y	0 0	0 0	s, s, t 0, 0, 0 mes, tes, (r)ent m0, t0, ʁ0	du00s, du00s, du00t dy000, dy000, dy000 dû00mes, dû00tes, du00rent dy00m, dy00t, du00ʁ	Passé S. Ind.
dev dəv	0 0	r ʁ	0 0	ai, as, a ɛ, a, a ons, ez, ont ɔ̃, e, ɔ̃	dev0r0ai, dev0r0as, dev0r0a dəv0ʁ0ɛ, dəv0ʁ0a, dəv0ʁ0a dev0r0ons, dev0r0ez, dev0r0ont dəv0ʁ0ɔ̃, dəv0ʁ0e, dəv0ʁ0ɔ̃	Futur S. Ind.
dev dəv	0 0	r ʁ	ai^{1,2,3,6}/i^{4,5} ɛ/i	s, s, t, 0, 0, 0 ons, ez, ent ɔ̃, e, 0	dev0rais, dev0rais, dev0rait dəv0ʁɛ0, dəv0ʁɛ0, dəv0ʁɛ0 dev0rions, dev0riez, dev0riont dəv0ʁjɔ̃ dəv0ʁje dəv0ʁjɔ̃	Prés. Cond.
Doiv^{1,2,3,6} dwav dev^{4,5} dəv	0 0	0 0	0^{1,2,3,6}/i^{4,5} 0/i	e, es, e 0, 0, 0 ons, ez, ent ɔ̃, e, 0	doiv000e, doiv000es, doiv000e dwav0, dwav0, dwav0 dev00ions, dev00iez, doiv000ent dəv00jɔ̃, dəv00je, dwav0	Prés. Subj.

d d	u y	ss^{1,2,4,5,6}/0^{3} s/0	0^{1,2,3,6}/i^{4,5} 0/i	e, es, t, 0, 0, 0 ons, ez, ent ɔ̃, e, 0	dusse, dusses, dû00t dys00, dys00, dy000 dussions, dussiez, dussent dysjɔ̃, dysje, dys00	Imp. Subj.

vouloir /vulwaʁ/

Base	1	2	3	4 personnes	Ex. formes	Temps
veu^{1,2,3} vø voul^{4,5} vul veul^{6} vøl	0 0	0 0	0 0	x, x, t 0 0 0 ons, ez, ent ɔ̃, e, 0	veu000x, veu000x, veu000t vø0000, vø0000, vø0000 voul000ons, voul000ez, veul000ent vul00ɔ̃, vul00e, veul0	Prés. Ind.
voul vul	0 0	0 0	ai^{1,2,3,6}/i^{4,5} ε/i	s, s, t 0, 0, 0 ons, ez, ent ɔ̃, e, 0	voul00ais, voul00ais, voul00ait vul00ε0, vul00ε0, vul00ε0 voulions, vouliez, voulaient vul00jɔ̃, vul00je, vul00ε0	Imp. Ind.
voul vul	u y	0 0	0 0	s, s, t 0, 0, 0 mes, tes, (r)ent m0, t0, ʁ0	voulu00s, voulu00s, voulu00t vuly000, vuly000, vuly000 voulû00mes, voulû00tes, voulu00rent vuly00m0, vuly00t0, vuly00ʁ	Passé S. Ind.
voud vud	0 0	r ʁ	0 0	ai, as, a ε, a, a ons, ez, ont ɔ̃, e, ɔ̃	voud0r0ai, voud0r0as, voud0r0a vud0ʁ0ε, vud0ʁ0a, vud0ʁ0a voud0r0ons, voud0r0ez, voud0r0ont vud0ʁ0ɔ̃, vud0ʁ0e, vud0ʁ0ɔ̃	Futur S. Ind.
voud vud	0 0	r ʁ	ai^{1,2,3,6}/i^{4,5} ε/i	s, s, t 0, 0, 0 ons, ez, ent ɔ̃, e, 0	voud0rais, voud0rais, voud0rait vud0ʁε0, vud0ʁε0, vud0ʁε0 voud0rions, voud0riez, voud0riont vud0ʁjɔ̃, vud0ʁje, vud0ʁε0	Prés. Cond.

veuill^{1,2,3,6} vøj voul^{4,5} vul	0 0	0 0	0^{1,2,3,6}/i^{4,5} 0/i	e, es, e 0, 0, 0 ons, ez, ent ɔ̃, e, 0	veuill000e, veuill000es, veuill000e vøj0000, vøj0000, vøj0000 voul00ions, voul00iez, veuill000ent vul00jɔ̃, vul00je, vøj0000	Prés. Subj.
voul vul	u y	ss^{1,2,4,5,6}/0^{3} s/0	0^{1,2,3,6}/i^{4,5} 0/i	e, es, t, 0, 0, 0 ons, ez, ent ɔ̃, e, 0	vouluss0e, vouluss0es, voulû00t vulys00, vulys00, vuly000 voulussions, voulussiez, vouluss0ent vulysjɔ̃, vulysje, vulys00	Imp. Subj.

voir /vwaʁ/

Base	1	2	3	4 personnes	Ex. formes	Temps
voi^{1,2,3,6} vwa voy^{4,5} vwaj	0 0	0 0	0 0	s, s, t 0, 0, 0 ons, ez, ent ɔ̃, e, 0	voi000s, voi000s, voi000t vwa0000, vwa0000, vwa0000 voy000ons, voye000z, voi000ent vwaj000ɔ̃, vwajɔ000e, vwa0000	Prés. Ind.
voy vwaj	0 0	0 0	ai^{1,2,3,6}/i^{4,5} ɛ/i	s, s, t 0, 0, 0 ons, ez, ent ɔ̃, e, 0	voy00ais, voy00ais, voy00ait vwaj00ɛ0, vwaj00ɛ0, vwaj00ɛ0 voy00ions, voy00iez, voy00aient vwaj00j0ɔ̃, vwaj00j0e, vwaj00ɛ0	Imp. Ind.
v v	i i	0 0	0 0	s, s, t 0, 0, 0 mes, tes, (r)ent m0, t0, (ʁ)0	vi00s, vi00s, vi00t vi000, vi000 vi000 vî00mes, vî00tes, vi00rent vi00m, vi00t, vi00ʁ	Passé S. Ind.
ver və	0 0	r ʁ	0 0	ai, as, a ɛ, a, a ons, ez, ont ɔ̃, e, ɔ̃	ver0r0ai, ver0r0as, ver0r0a və0ʁ0ɛ, və0ʁ0a, və0ʁ0a ver0r0ons, ver0r0ez, ver0r0ont və0ʁ0ɔ̃, və0ʁ0e, və0ʁ0ɔ̃	Futur S. Ind.

ver və(ʁ)	0 0	r ʁ	ai^{1,2,3,6}/i^{4,5} ε/i	s, s, t, 0, 0, 0 ons, ez, ent ɔ̃, e, 0	ver0rais, ver0rais, ver0rait vε0ʁε0, vε0ʁε0, vε0ʁε0 ver0rions, ver0riez, ver0raient vε0ʁjɔ̃, vε0ʁje, vε0ʁε0	Prés. Cond.
voi^{1,2,3,6} vwa voy^{4,5} vwaj	0 0	0 0	0^{1,2,3,6}/i^{4,5} 0/i	e, es, e 0, 0, 0 ons, ez, ent ɔ̃, e, 0	voi000e, voi000es, voi000e vwa0000, vwa0000, vwa0000 voy00ions, voy00iez, voi000ent vwaj00jɔ̃, vwaj00je, vwa0000	Prés. Subj.
v v	i i	ss^{1,2,4,5,6}/0^{3} s/0	0^{1,2,3,6}/i^{4,5} 0/i	e, es, t, 0, 0, 0 ons, ez, ent ɔ̃, e, 0	visse, visses, vî00t vis00, vis00, vi000 vissions, vissiez, viss0ent visjɔ̃, visje, vis00	Imp. Subj.

4.2.4 INFINITIF ÉCRIT *-IR* (-/*iʁ*/ À L'ORAL)

i) La voyelle dans la case 1 varie : *i, in, u*
ii) Les trois premières personnes du présent indicatif ont deux formes irréductibles
- *s, s, t* : comme les verbes en *-re*
- *e, es, e* : comme les verbes en *-er*

Cf. page suivante.

finir /finiʁ/

Base	1	2	3	4 personnes	Ex. formes	Temps
fini^{1,2,3} fini finiss^{4,5,6} finis	0 0	0 0	0 0	s, s, t 0, 0, 0 ons, ez, ent ɔ̃, e, 0	fini000s, fini000s, fini000t fini0000, fini0000, fini0000 finiss000ons, finiss000ez, finiss000ent finis000ɔ̃, finis000e, finis0000	Prés. Ind.
finiss finis	0 0	0 0	ai^{1,2,3,6}/j^{4,5} ɛ/i	s, s, t 0, 0, 0 ons, ez, ent ɔ̃, e, 0	finiss00ais, finiss00ais, finiss00ait finis00ɛ0, finiss00ɛ0, finiss00ɛ0 finiss00ions, finiss00iez, finiss00aient finis00jɔ̃, finis00je, finis00ɛ0	Imp. Ind.
fin fin	i i	0 0	0 0	s, s, t 0, 0, 0 mes, tes, (r)ent m, t, 0	fini00s, fini00s, fini00t fini000, fini000, fini000 finî00mes, finî00tes, fini00rent fini00m, fini00t, fini00ʁ0	Passé S. Ind.
fini fini	0 0	r ʁ	0 0	ai, as, a, ɛ, a, a ons, ez, ont ɔ̃, e, ɔ̃	fini0r0ai, fini0r0as, fini0r0as fini0ʁ0ɛ, fini0ʁ0a, fini0ʁ0a fini0r0ons, fini0r0ez, fini0r0ont fini0ʁ0ɔ̃, fini0ʁ0e, fini0ʁ0ɔ̃	Futur S. Ind.
fini fini	0 0	r ʁ	ai^{1,2,3,6}/j^{4,5} ɛ/i	s, s, t, 0, 0,0, ons, ez, ent ɔ̃, e, 0	fini0rais, fini0rais, fini0rait fini0ʁɛ0, fini0ʁɛ0, fini0ʁɛ0 fini0rions, fini0riez, fini0raient fini0ʁjɔ̃, fini0ʁje, fini0ʁɛ0	Prés. Cond.
finiss finis	0 0	0 0	0^{1,2,3,6}/j^{4,5} 0/i	e, es, e 0, 0, 0 ons, ez, ent ɔ̃, e, 0	finiss000e, finis000es, finiss000e finis0000, finis0000, finis0000 finiss00ions, finis00iez, finiss000ent finis00jɔ̃, finis00je, finis0000	Prés. Subj.
fin fin	i i	ss^{1,2,4,5,6}/0^{3} s/0	0^{1,2,3,6}/j^{4,5} 0/i	e, es, t, 0, 0, 0 ons, ez, ent ɔ̃, e, 0	finiss0e, finiss0es, finî00t finis00, finis00, finis00 finissions, finissiez, finiss0ent finisjɔ̃, finisje, finis00	Imp. Subj.

Contrastons les positions des *ss* et des *i* dans formes suivantes :

finisses (subjonctif, imparfait, 2P) :	*fin –*	i / ss / 0 / es
finisses (subjonctif présent, 2P) :	*finiss –*	0 / 0 / 0 / es
finissais (indicatif imparfait, 2P) :	*finiss –*	0 / 0 / ai / s
finis (indicatif passé simple, 2P) :	*fin –*	i / 0 / 0 / s
finiras (indicatif, futur simple, 2P) :	*fini –*	0 / r / 0 / as
finirais (conditionnel, présent, 2P) :	*fini –*	0 / r / ai /s

Le *-ss* de l'imparfait indicatif et du subjonctif présent ne sont pas fonctionnellement équivalents au *-ss* du subjonctif imparfait : les uns sont des variations de la base de *finir*, alors que l'autre fait partie de la conjugaison et elle est partagée par tous les verbes. De même, le *i* du passé simple indicatif et de l'imparfait subjonctif ne sont pas comparables au *i* du futur simple indicatif et du présent conditionnel : les premières collaborent à la construction d'une conjugaison verbale, alors que les autres aident la conjugaison à s'appuyer sur la base. Comparons par exemple la prononciation de *finrai* avec *finirai*.

Cf. page suivante.

offrir /ofʁiʁ/

Base	1	2	3	4 personnes	Ex. formes	Temps
offr ofʁ	0 0	0 0	0 0	e, es, e 0, 0, 0 ons, ez, ent ɔ̃, e, 0	offr000e, offre000es offr000e ofʁ0000, ofʁ0000, ofʁ0000 offr000ons, offr000ez, offr000ent ofʁ000ɔ̃, ofʁ000e, ofʁ0000	Prés. Ind.
offr ofʁ	0 0	0 0	$ai^{1,2,3,6}/i^{4,5}$ ɛ/i	s, s, t 0, 0, 0 ons, ez, ent ɔ̃, e, 0	offr00ais, offr00ais, offr00ait ofʁ00ɛ0, ofʁ00ɛ0, ofʁ00ɛ0 offr00ions, offr00iez, offr00aient ofʁ00jɔ̃, ofʁ00jɔe, ofʁ00ɛ0	Imp. Ind.
offr ofʁ	i i	0 0	0 0	s, s, t 0, 0, 0 mes, tes, (r)ent m, t, (ʁ)0	offri00s, offri00s, offri00t ofʁi000, ofʁi000, ofʁi000 offrî00mes, offrî00tes, offri00rent ofʁi00m, ofʁi00t, ofʁi00ʁ0	Passé S. Ind.
offri ofʁi	0 0	r ʁ	0 0	ai, as, a ɛ, a, a ons, ez, ont ɔ̃, e, ɔ̃	offri0r0ai, offri0r0as, offri0r0a ofʁi0ʁ0ɛ, ofʁi0ʁ0a, ofʁi0ʁ0a offri0r0ons, offri0r0ez, offri0r0ont ofʁi0ʁ0ɔ̃, ofʁi0ʁ0e, ofʁi0ʁ0ɔ̃	Futur S. Ind.
offri ofʁi	0 0	r ʁ	$ai^{1,2,3,6}/i^{4,5}$ ɛ/i	s, s, t 0, 0, 0 ons, ez, ent ɔ̃, e, 0	offri0rais, offri0rais, offri0rait ofʁi0ʁɛ0, ofʁi0ʁɛ0, ofʁi0ʁɛ0 offri0rions, offri0riez, offri0raient ofʁi0ʁjɔ̃, ofʁi0ʁje, ofʁi0ʁɛɔ0	Prés. Cond.
offr ofʁ	0 0	0 0	$0^{1,2,3,6}/i^{4,5}$ 0/i	e, es, e 0, 0, 0 ons, ez, ent ɔ̃, e, 0	offr000e, offr000es, offr000e ofʁ0000, ofʁ0000, ofʁ0000 offr00ions, offr00iez, offr000ent ven00jɔ̃, ofʁ00je, ofʁ0000	Prés. Subj.
offr ofʁ	i i	$ss^{1,2,4,5,6}/0^{3}$ s/0	$0^{1,2,3,6}/i^{4,5}$ 0/i	e, es, t 0, 0, 0 ons, ez, ent ɔ̃, e, 0	offriss0e, offriss0es, offrî00t ofʁis00, ofʁis00, ofʁi000 offrissions, offrissiez, offriss0ent ofʁisjɔ̃, ofʁisje, ofʁis00	Imp. Subj.

Observons les différentes positions des *i* :

offrissions (subjonctif imparfait, 4P) :	*offr* – i / ss / i / ons
offrirons (indicatif futur simple, 4P) :	*offri* – 0 / r / 0 / ons
offrîmes (indicatif passé simple, 4P) :	*offr* – i / 0 / 0 / mes
offririons (conditionnel présent, 4P) :	*offri* – 0 / r / i / ons

Ajoutons encore un exemple :

Cf. page suivante.

venir /vəniʁ/

Base	1	2	3	4 personnes	Ex. formes	Temps
vien^{1,2,3} vjɛ̃ ven^{4,5} vən vienn^{6} vjɛ̃n	0 0	0 0	0 0	s, s, t 0, 0, 0 ons, ez, ent ɔ̃, e, 0	vien000s, vien000s vien000t vjɛ̃0000, vjɛ̃0000, vjɛ̃0000 ven000ons, ven000ez, vienn000ent vən000ɔ̃, vən000e, vjen0000	Prés. Ind.
ven vən	0 0	0 0	ai^{1,2,3,6}/i^{4,5} ɛ/i	s, s, t 0, 0, 0 ons, ez, ent ɔ̃, e, 0	ven00ais, ven00ais, ven00ait vən00ɛ0, vən00ɛ0, vən00ɛ0 ven00ions, ven00iez, ven00aient vən00jɔ̃, vən00je, vən00ɛ0	Imp. Ind.
v v	in ɛ̃	0 0	0 0	s, s, t 0, 0, 0 mes, tes, (r)ent m, t, (ʁ)0	vin00s, vin00s, vin00t vɛ̃000, vɛ̃000, vɛ̃000 vîn00mes, vîn00tes, vin00rent vɛ̃00m, vɛ̃00t, vɛ̃00ʁ0	Passé S. Ind.
viend vjɛ̃d	0	r ʁ	0 0	ai, as, a ɛ, a, a ons, ez, ont ɔ̃, e, ɔ̃	viend0r0ai, viend0r0as, viend0r0a vjɛ̃d0ʁ0ɛ, vjɛ̃d0ʁ0a, vjɛ̃d0ʁ0a viend0r0ons, viend0r0ez, viend0r0ont vjɛ̃d0ʁ0ɔ̃, vjɛ̃d0ʁ0e, vjɛ̃d0ʁ0ɔ̃	Futur S. Ind.
viend vjɛ̃d	0	r ʁ	ai^{1,2,3,6}/i^{4,5} ɛ/i	s, s, t 0, 0, 0 ons, ez, ent ɔ̃, e, 0	viend0rais, viend0rais, viend0rait vjɛ̃d0ʁɛ0, vjɛ̃d0ʁɛ0, vjɛ̃d0ʁɛ0 viend0rions, viend0riez, viend0raient vjɛ̃d0ʁjɔ̃, vjɛ̃d0ʁje, vjɛ̃d0ʁɛ0	Prés. Cond.
vienn^{1,2,3,6} vjen ven^{4,5} ven	0	0 0	0^{1,2,3,6}/i^{4,5} 0/i	e, es, e 0, 0, 0 ons, ez, ent ɔ̃, e, 0	vienn000e, vienn000es, vienn000e vjen0000, vjen0000, vjen0000 ven00ions, ven00iez, vienn000ent ven00jɔ̃, ven00je, vjen0000	Prés. Subj.
v v	in ɛ̃	ss^{1,2,4,5,6}/0^{3} s/0	0^{1,2,3,6}/i^{4,5} 0/i	e, es, t 0, 0, 0 ons, ez, ent ɔ̃, e, 0	vinss0e, vinss0es, vîn00t vɛ̃s00, vɛ̃s00, vɛ̃000 vinssions, vinssiez, vinss0ent vɛ̃sjɔ̃, vɛ̃sje, vɛ̃s00	Imp. Subj.

4.3 GROUPES DE VERBES ET CLASSES FLEXIONNELLES

Les observations conduites sous § 4.2, peuvent être synthétisées comme suit :

Groupe I : verbes avec infinitif en -*er*
– voyelle du passé simple et de l'imparfait subjonctif fixe : *ai/è/a*
– formes des 1P-3P du présent indicatif fixes : *e, es, e*

Groupe II : verbes avec infinitif en -*re*
– voyelle du passé simple et de l'imparfait subjonctif variable : *i, u*
– formes des 1P-3P du présent indicatif fixes : *s, s, t/0*

Groupe III : infinitif verbes avec en -*oir*
– voyelle du passé simple et de l'imparfait subjonctif variable : *i, u*
– formes des 1P-3P du présent indicatif fixes avec variante :
  – formes : *s, s, t/0*
  – formes : *x, x, t*

Groupe IV : verbes avec infinitif en -*ir*
– voyelle du passé simple et de l'imparfait subjonctif variable : *i, in, u*
– formes 1P-3P du présent indicatif irréductibles :
  – formes : *s, s, t*
  – formes : *e, es, e*

Comme nous l'avons souligné au § 4.2, en principe, il est tout à fait légitime de regrouper les verbes selon l'infinitif. Le point crucial, cependant, est de voir si ces groupes identifient également des classes flexionnelles. Pour ce faire, nous proposons de classer les groupes de verbes sur la base de deux paramètres indépendants ;

i) la forme de l'infinitif
ii) le gabarit de la conjugaison (trois premières personnes du présent indicatif et la voyelle de la case 1)

Nous choisissons de maintenir la pertinence du paramètre (i) car la forme infinitive reste la forme de citation des verbes : il est donc tout à fait naturel de classer les verbes sur la base de leur infinitif. Le point important n'est pas de nier ce fait, mais de reconnaître que cela n'implique pas forcément qu'à une forme de l'infinitif correspond une classe flexionnelle. Cette correspondance n'est qu'une parmi les possibilités logiques. D'où, justement, la séparation des paramètres (i) et (ii).

Commençons par le groupe I. Ici, (i) et (ii) convergent. Si on laisse de côté le verbe *aller*, l'infinitif en *-er* circonscrit des verbes prenant les formes *e,es,e* aux trois premières personnes du présent de l'indicatif et ayant une voyelle fixe au passé simple et à l'imparfait du subjonctif. De ce point de vue, le groupe I identifie bien une classe flexionnelle définie par l'équilibre entre nos paramètres : d'une part, il y a un infinitif unique qui fonctionne comme un « chapeau » pour la classe ; de l'autre, tous les verbes sous ce chapeau ont le même gabarit de conjugaison.

Passons maintenant aux groupes II et III. Ici, nous sommes confrontés à une divergence entre les paramètres (i) et (ii). Les infinitifs sont différents (*-re* vs. *-oir*), mais la structure du gabarit – si on considère les formes *x,x,t* comme des variantes de *s,s,t* – est identique. Si nous regroupons II et III ensemble, nous pouvons donc identifier un macro groupe (II + III) défini par un déséquilibre entre nos paramètres : les verbes de ce macro groupe partagent un même gabarit de conjugaison, mais il n'y a pas un « chapeau » unique qui les rassemble. Par là, nous sommes confrontés à une classe flexionnelle en l'absence d'infinitif unique. Remarquons, par ailleurs, que si le macro groupe « II + III » identifie une classe flexionnelle, cette classe flexionnelle est quand-même plus faible que celle des verbes en *-er* car la voyelle du passé simple et de l'imparfait subjonctif est variable (*i* et *u*).

Nous arrivons, finalement, au groupe IV. Ce groupe manifeste un déséquilibre entre les paramètres (i) et (ii) contraire au précédent. D'une part, le groupe IV (verbes en *-ir*) n'a aucune identité flexionnelle propre car les formes des trois premières personnes du présent de l'indicatif sont irréductibles (*s,s,t vs. e,es,e*). De l'autre, la seule propriété qui constitue le groupe IV est notamment le partage de l'infinitif en *-ir*. Cette fois, nous sommes confrontés à un infinitif unique en l'absence de classe flexionnelle. Remarquons qu'à l'intérieur du groupe IV, il y a la sous classe des verbes avec la base en *-ss-* (par ex. *finir*, *finissons*). Cette sous classe peut être considérée comme une classe flexionnelle en elle-même : les grammaires la présentent en effet comme un groupe de verbes à part entière (traditionnellement appelé le deuxième groupe), opposé au premier. Ce choix est certainement justifié dans une perspective didactique, où le but est d'identifier les régularités les plus saillantes pour faciliter l'apprentissage. La contrepartie de ce choix, cependant, est qu'on se retrouve avec des verbes ayant le même infinitif (*-ir*) dans des groupes différents (deuxième et troisième).

Quoi qu'il en soit, pour notre discours, nous nous contenterons de distinguer trois groupes majeurs de verbes, dont le premier s'oppose aux autres, en bloc. Groupe I, défini par : infinitif unique (*-er*), gabarit unique (*e,es,e*) et voyelle fixe (*a,è,ai*). Groupe II+III, défini par : infinitif différent (*-re* et *-oir*), gabarit unique (*s,s,t,* variante *x,x,t*) et voyelle variable (*i,u*). Groupe IV, défini par : infinitif unique (*-ir*), gabarit différent (*s,s,t* et *e,es,e*), et voyelle variable (*i,in,u*).

Les observations précédentes ont été conduites sur la base de l'écriture. Si nous considérons l'oral, la situation paraît se simplifier. Tout d'abord, l'infinitif en *-er* se réalise phonétiquement comme [e], alors que tous les autres infinitifs (*-ir, -re, -oir*) se réalisent comme [ʁ]. Ensuite, les différences concernant les premières personnes du présent indicatif sont neutralisées. Cela permet de distinguer deux seuls groupes : les verbes en *-er,* qui identifient une classe flexionnelle ; et les verbes en *-r* qui sont un ensemble hétérogène. Malgré son élégance, nous n'adopterons pas cette solution pour deux raisons. La première raison est que cette perspective présuppose la priorité de l'oralité sur l'écriture : selon nous, ce présupposé est problématique (*cf.* § 4.1.3). La seconde raison est qu'une telle perspective nous paraît annuler trop rapidement certaines différences phonologiques et phonétiques. Des verbes comme *finir*, *courir*, *pouvoir* ou *devoir* ont sans doute une représentation du type : *finiʁ, kuʁriʁ, puvwaʁ, dəvwaʁ.* Mais *croire* ou *défendre* admettent quand même le e muet – *kʁaʁə, defãdʁə* – ce qui n'est pas vrai pour les autres : **finiʁə, *kuʁriʁə, *puvwaʁə,* etc. Encore une fois, cela est visualisé par l'écriture. Arrêtons-nous un moment sur la conjugaison de l'infinitif : *manger, devoir, coudre…* Son pivot est la lettre r. Par rapport à ce pivot, on peut distinguer deux cas de figure :

- base + ***er, ir, oir*** : verbes où le *r* de l'infinitif est précédé par une voyelle, comme *manger, finir, devoir.*
- base + ***re*** : verbes où le *r* de l'infinitif est suivi par une voyelle (phonétiquement un *e* muet), comme *coudre, défendre, suivre.*

4.4 LA VARIABILITÉ DE LA BASE

Si nous revenons aux tableaux présentés au § 4.2, nous remarquons qu'aussi bien la base que la conjugaison varient. Or, sous § 3.1, nous avions affirmé que la base est présupposée comme étant stable et partagée, alors que la conjugaison est l'élément variable. Comment concilier ces faits ? En somme, en fin de compte, qu'est-ce qui est censé être stable et qu'est-ce qui est censé varier ?

Ici, le point crucial est de comprendre que la base et la conjugaison ne sont pas au même niveau. La base se place au niveau du partage du même lexème : la régularité de la base est un reflet – possible, mais non nécessaire – du présupposé que plusieurs formes sont… formes d'un même verbe. L'éventuelle irrégularité de la base ne remet pas en cause cet accord (*cf.* § 3.1). La conjugaison, en revanche, se place au niveau de l'emploi de ce lexème pour produire les différentes formes : la régularité des schémas de conjugaison a pour fonction de produire les différents temps verbaux, sur le présupposé du partage du même verbe. L'irrégularité de ces schémas constituerait un obstacle à l'emploi : nous comprenons donc pourquoi les conjugaisons sont globalement très régulières (*cf.* § 4.2). En somme, pour garantir le partage d'un même verbe, la régularité de la base n'est pas requise ; mais, pour produire les différents temps d'un verbe, la régularité des schémas de conjugaison est souhaitée. Si cela est vrai, il est clair que, pour maximiser sa régularité, la conjugaison peut exercer une pression sur la base en la modifiant car, de toute façon, la régularité de la base n'est pas requise pour partager l'identité du verbe (*cf.* § 3.1).

Les tableaux sous § 4.2 montrent également des solidarités et des oppositions entre les bases à travers les différentes conjugaisons. Ces solidarités et ces oppositions sont virtuellement arbitraires. Cependant, cela n'empêche pas qu'elles puissent être (en partie) justifiées *a posteriori* à partir de l'idée que la base doit s'adapter à des caractéristiques phonétiques de la conjugaison. Les 4P et 5P du présent indicatif, par exemple, sont *-ont* et *-ez :* des voyelles. Nulle surprise donc que les bases qui reçoivent ces personnes s'opposent à celles des 1P à 3P (où la désinence n'a pas de voyelle) et qu'elles soient solidaires avec les bases de l'imparfait indicatif (où la désinence de personne est précédée par une autre voyelle *-ai-*). De même, les bases du futur simple indicatif et du conditionnel présent doivent être compatibles avec un *-r-* : plusieurs variations des bases peuvent se comprendre de cette façon. Cela ne signifie pas que ces variations soient systématiquement prévisibles : pour un examen détaillé des rapports entre les bases, nous renvoyons à Bonami&Boyé (2003) et Boyé (2011).

De manière générale, parfois, la base s'adapte à une conjugaison à travers des ajustements phonétiques sur une même forme (défends vs défendons : /defɑ̃d-0/ vs. /defɑ̃d-ɔ̃/) ; parfois, la base fait l'objet d'une véritable érosion (vois vs vîmes : /vwa-0/ vs /v-im/) ; parfois, la base change de forme (nais vs naquit : /nɛ-0/ vs. /nak-i/, vais vs allons : /vɛ-0/ vs /al-ɔ̃ /) en exploitant des options offertes par l'histoire de la langue. Quand cela arrive, l'identité du mot n'a plus aucun ancrage lexical et repose uniquement sur le présupposé – tautologique et partagé par les parlants – qu'il s'agit du même mot (*cf.* 3.1). Dans ce cas, un étranger doit simplement apprendre par cœur les différentes bases, qui lui paraîtront semblables à des mots différents. Faire cela signifie combler avec un saut les siècles d'histoire qui le séparent des parlants natifs.

Pour des personnes ne partageant pas une même histoire, la langue doit être parfaitement régulière car il n'y a aucun accord préalable, aucun passé partagé, capable de fonder des conventions. Imaginons, par exemple, que nous inventions, ici et maintenant, une langue : très probablement sa grammaire sera tout à fait régulière, transparente et explicite. Ce qui permet à des parlants natifs de ne pas pas avoir besoin de ces régularités et d'accepter, par exemple, des variations de bases imprévisibles et parfois extrêmes, est le fait que l'identité des mots repose sur un accord qui s'est constitué tout au long d'une histoire. Lorsqu'un apprenant tombe sur les irrégularités d'une langue, comme les différentes bases verbales, il, ou elle, est donc en train de toucher aux limites d'une communauté linguistique partageant une histoire qui n'est pas la sienne. De ce point de vue, l'irrégularité – le fait qu'il y ait des choses à « apprendre par cœur » – n'est pas déraisonnable, mais c'est la meilleure preuve de l'existence d'un code linguistique partagé.

Nous concluons ce chapitre en soulignant trois conséquences de la nature différente entre la base et la conjugaison.

Première conséquence. Dans une perspective didactique, il peut être très utile de classer les verbes selon le nombre de bases. Cependant, d'un point de vue grammatical, le nombre de bases n'est pas pertinent pour la classification flexionnelle – *i.e.* basée sur la conjugaison – des verbes. Ou, en d'autres termes, la classification basée sur des propriétés de conjugaison est logiquement prioritaire par rapport à une éventuelle sous-classification prenant en compte les bases.

Deuxième conséquence. Affirmer que la conjugaison présuppose le partage de l'identité du mot revient à affirmer que la conjugaison est bien un affixe – et précisément un suffixe – de la base. Mais la base n'est pas un affixe : en particulier, elle n'est pas un préfixe de la conjugaison. Si cela est vrai, à la différence de la conjugaison, la base n'est pas un morphème ou un objet grammatical. Par ailleurs, intuitivement, on dira que les désinences *s* ou *t* signifient « 1ère / 2ème personne » ou « 3ème personne » (pour les verbes en *-ir, -re* ou *-oir*), mais on ne dira pas que les bases *v* ou *d* signifient *vivre* ou *devoir.*

Troisième conséquence. Nous apprenons des règles de conjugaison, mais nous n'« apprenons » pas, au même sens, des règles pour produire des bases. Le fait qu'un verbe a plusieurs bases est plutôt quelque chose que nous avalons en apprenant sa conjugaison.

DEUXIÈME PARTIE

CRITÈRES CONCEPTUELS

CHAPITRE 5

La notion de valence

Les propriétés concernant la distribution et la morphologie permettent de délimiter le périmètre du territoire des verbes. Cela a fait l'objet de la première partie de ce livre. Les propriétés concernant le contenu, en revanche, permettent d'esquisser une cartographie de ce territoire. C'est l'objet de la deuxième partie de ce livre.

Par rapport au type de contenu, les verbes peuvent remplir plusieurs fonctions. Ces fonctions permettent de distinguer des régions : certaines sont plus centrales, d'autres plus périphériques. Toutes les fonctions verbales, cependant, se définissent par rapport à la valence : soit parce qu'elles l'impliquent, soit parce qu'elles l'excluent. Notre premier pas sera donc de préciser cette notion. Le chapitre présent est consacré à la notion de valence en général. Nous nous concentrerons sur la valence verbale à partir du § 7.

5.1 VALENCE

Nous avons déjà introduit la notion de valence (*cf.* § 1.2.3) :

(1a) *Sa mère lui **a conseillé** d'accepter le job.*

Intuitivement, dans l'exemple (1a), le sens du verbe *conseiller* paraît relier *elle*, *lui* et *accepter le job* dans une relation à trois places : *sa mère* est le 'conseiller', *lui* est le 'conseillé' et *accepter le poste* est le 'thème du conseil'.

Observons maintenant (1b) :

(1b) *Sa mère lui a donné le **conseil** d'accepter le job.*

En (1b), *sa mère*, *lui* et *accepter le job* participent exactement à la même relation qu'en (1a). La source de cette relation, cependant, n'est plus le verbe, mais le nom *conseil*. La propriété pour laquelle le contenu d'un mot est capable de faire participer une ou plusieurs entités à un procès prend le nom de valence. Ce procès peut être une propriété, une action, un événement, etc.

La valence est la caractéristique non pas d'une partie du discours en tant que telle, mais bien d'un type de contenu : *cf.* critère (iii) au § 1.1. Par conséquent, des mots appartenant à des parties du discours différentes peuvent avoir une valence. Inversement, à l'intérieur d'une même partie du discours, il peut y avoir des mots qui ont une valence et d'autre qui n'en ont pas. Ce constat était à la base de l'objection (fallacieuse) contre l'idée de partie de discours (*cf.* § 1.3).

La notion de valence a été originairement élaborée par Tesnière (1966 : D § 97) à propos du verbe. Cela n'est pas étonnant car il s'agit de la fonction élective des verbes, même si tous les verbes n'ont pas une valence (*cf. donner* en (1b)) et il n'y a pas que les verbes qui ont une valence (*cf. conseil* en (1b)). De même, il y a des oiseaux qui ne volent pas (poules) et des animaux qui volent, mais qui ne sont pas des oiseaux (mouches). Cependant, voler reste une propriété cruciale pour caractériser les oiseaux. La valence pour les verbes est comme le vol pour les oiseaux.

5.2 LE PRÉDICAT CONCEPTUEL

La notion de valence est tellement importante qu'elle a été identifiée avec l'une des définitions possibles de prédicat.

Nous avons déjà rencontré la définition distributionnelle de prédicat : le GV constituant immédiat de la phrase. Le prédicat distributionnel, on l'a vu, s'oppose au sujet : le GV est la contrepartie du GN constituant immédiat de la phrase en tant que structure exo-centrique (*cf.* § 2.1). En ce sens, le prédicat est une notion qui se manifeste *au-delà* du lexique.

Or, une deuxième définition de prédicat est : « terme source de la valence » : il s'agit du prédicat conceptuel. Le prédicat conceptuel ne s'oppose pas au sujet, mais aux arguments ou actants : les entités impliquées dans le procès en jeu. En (1), par exemple, *sa mère*, *lui* et *accepter le job* sont les arguments – ou actants – de *conseiller* ou *conseil*. En ce sens, le prédicat dévient une notion *du* lexique : on peut parcourir un dictionnaire et dire quels mots sont des prédicats conceptuels et quels mots ne le sont pas. Cette notion de prédicat (également appelé « prédicat sémantique ») est adoptée, entre autres, par Fillmore (1968), Gross (1981), Gross (2012) e Mel'čuk (2012). C'est en ce sens que, dans l'Avant-propos, nous avons parlé de *pivot prédicatif*.

Il est important de ne pas confondre les actants ou arguments avec les catégories grammaticales de la structure de la phrase (*cf.* § 2.1), et notamment le sujet. Revenons par exemple à (1b) :

(1b) *Sa mère lui a donné le* ***conseil*** *d'accepter le job*

En (1b), le GN *sa mère* est à la fois sujet de la phrase *et* argument ou actant du nom *conseil*. Les notions de « sujet » et « argument / actant » sont virtuellement indépendantes : la première indique la position d'un GN dans la structure de la phrase ; la seconde indique qu'un GN désigne une entité impliquée par le contenu du terme porteur de la valence. D'une part, la position de sujet n'a pas besoin d'être remplie par un argument : c'est le cas des sujets dits « impersonnels », comme dans *Il pleut*. De l'autre, un argument n'a pas besoin d'une catégorie comme le sujet pour se manifester :

(1c) *Le conseil de sa mère (d'accepter le job)*

En (1c), *sa mère* exprime exactement le même argument ou actant qu'en (1b). Cependant, cette fois, *sa mère* n'est plus un sujet (GN constituant immédiat de la phrase, contrepartie du GV). Comme nous l'avons souligné *supra*, la valence est une notion conceptuelle et non formelle : cela signifie qu'il n'y a aucun sens à affirmer que le sujet – en tant que sujet – soit un actant du verbe ou, par exemple, qu'un Déterminant soit un actant d'un Nom sous prétexte qu'un Nom a besoin d'un Déterminant pour produire un GN.

5.3 DEUX CONCEPTIONS DE LA PHRASE

Les notions de prédicat distributionnel et conceptuel renvoient à deux visions de la phrase radicalement différentes. Le prédicat distributionnel nous fait envisager la phrase comme une structure formelle et bipartite : $GN^{SUJET} \leftrightarrow GV$ (*cf.* § 2.1). Le prédicat conceptuel, en revanche, nous fait envisager la phrase comme une structure conceptuelle mono-centrique : les arguments s'éloignent progressivement d'un centre (la source de la valence). Ici, le modèle de référence est la logique moderne inaugurée par Frege et appelée justement « logique des prédicats » : à savoir, *P(arg.0, arg 1, arg2...)*.

Dans la conception de la phrase issue du prédicat distributionnel, il y a un lien nécessaire entre verbe et prédicat : le GV (*cf.* § 2.1). Dans la conception de la phrase issue du prédicat conceptuel, en revanche, le lien entre verbe et prédicat est contingent (*cf.* les propriétés du verbe mentionnées dans l'Avant-propos). Un reflet de ce clivage est l'existence d'une opposition au niveau de la notion de sujet, parallèle à l'opposition entre les deux définitions de prédicat. D'une part, on l'a vu, le sujet est défini comme « GN constituant immédiat de la phrase » (*cf.* § 2.1) : le sujet dit « grammatical ». De l'autre, le sujet est parfois identifié avec le premier argument du verbe (ou du terme porteur de la valence) : le sujet dit « logique ».

Les visions de la phrase que nous venons de mentionner, à leur tour, renvoient à deux paradigmes de recherche opposés : un paradigme formel-distributionnel et un paradigme fonctionnel-cognitif. Dans le premier paradigme, la langue est conçue comme une structure autonome que les locuteurs doivent accepter – indépendamment de leurs concepts partagés et de leurs buts – comme on accepte les lois de la physique ou le code génétique. Dans le second paradigme, en revanche, la langue est conçue comme dépositoire d'outils ductiles, qui se justifient par rapport à l'expression de structures conceptuelles préalables ou aux buts communicatifs des locuteurs. Parmi les auteurs qui penchent vers le paradigme formel-distributionnel, nous rappelons Bloomfield (1933), Harris (1946, 1970), Hockett (1958), Chomsky (1957 et 1965), Dubois (1968), Gross (1968) et Ruwet (1968). Parmi les auteurs qui penchent vers le paradigme fonctionnel-cognitif, nous rappelons Langacker (1987), Martinet (1985), Lazard (1994), Dik (1997), Givón (2001), Croft & Cruse

(2004). Bien entendu, cette partition est très schématique : nous renvoyons à Cruse (1995), Darnell, Moravcsik, Noonan, Newmeyer et Wheatley (1999) et Thomas (2020) pour une discussion approfondie. Pour une présentation synthétique en français, *cf.* François (2003 : ch. I). Ici, notre seul but est de signaler l'existence de deux idées de langue – l'une contre l'autre armée – qui combattent pour s'approprier la définition de la phrase et du prédicat. Mais la phrase et le prédicat résistent : ils ne se laissent décrire complètement ni par l'une, ni par l'autre de ces idées de langue.

Face à ce constat, force en est de reconnaître que la phrase et le prédicat sont des objets intrinsèquement hybrides. À partir de cette prémisse, l'enjeu n'est plus d'établir qui, parmi les paradigmes précédents, a raison, mais de déterminer empiriquement les limites où un type de description doit s'arrêter pour laisser la place à l'autre. C'est l'approche proposée par Prandi (2004), que nous développerons au § 11 en décrivant les types de GV à verbe prédicatif.

La première étape dans cette direction consiste à faire des choix terminologiques clairs.

5.4 CHOIX TERMINOLOGIQUES

Nous réservons l'étiquette *prédicat* au prédicat conceptuel ; et nous désignerons le prédicat distributionnel pour ce qu'il est : le GV contrepartie du sujet dans la structure de la phrase. La notion de *sujet*, quant à elle, restera synonyme de GN constituant immédiat de la phrase. Nous n'emploierons donc pas la dénomination *sujet logique*, mais nous parlerons tout simplement de « premier argument du prédicat ». Ces choix terminologiques visent à mettre en valeur l'indépendance entre le GV et le prédicat (conceptuel). Reconnaître cette indépendance est la condition préalable pour décrire leurs interactions. Les interactions possibles entre GV et prédicat (conceptuel). constituent le cadre où, au § 6, nous étudierons les fonctions verbales.

Observons les exemples suivants, où le GV est souligné et le prédicat est en gras :

(2a) *Paul* ***voyage***.

(2b) *Paul fait un* ***voyage.***
(2c) *Paul* ***respecte*** *ses parents.*
(2d) *Paul a du* ***respect*** *pour ses parents.*
(2e) *Paul* ***aime*** *Marie.*
(2f) *Paul est* ***amoureux*** *de Marie.*
(2g) *Paul est* ***gourmand****.*
(2h) *Paul est* ***contre*** *ce projet.*

Tout d'abord, on le voit, le prédicat bouge. Le prédicat peut tomber sur un verbe, sur un nom, sur un adjectif ou sur une préposition, mais il reste toujours à l'intérieur du GV, sans jamais concerner le sujet. Dans le cadre du noyau de la phrase, le GV fixe donc les limites où le prédicat – la source de la valence – peut tomber (*cf.* nous en offrirons un argument au § 14.1).

Ensuite, face aux exemples (2), nous pouvons distinguer deux cas de figure majeurs.

– **Le prédicat est le verbe.** Ce verbe remplit alors une fonction prédicative et nous sommes confrontés à un prédicat verbal : *cf.* point (i) au § 6.1. Nous commençons à aborder la fonction prédicative remplie par les verbes (ou plus simplement les verbes prédicatifs) au § 7.
– **Le prédicat est autre chose que le verbe** : nom, adjectif, préposition ou adverbe. Cette fois, ce sont le nom, l'adjectif, la préposition, etc. qui remplissent une fonction prédicative. Dans tous ces cas, nous parlerons de prédicats nominaux. Dans les prédicats nominaux, le verbe remplit une fonction de support : *cf.* point (ii) au § 6.2. Nous étudierons les verbes remplissant cette fonction (ou plus simplement les verbes supports) au § 14.

La place où tombe le prédicat à l'intérieur du GV détermine donc la nature du GV lui-même : un GV à prédicat verbal ou un GV à prédicat nominal. À l'intérieur de ce dernier, selon la partie du discours qui accueille le prédicat, on pourrait distinguer : GV à prédicat... nominal au sens strict, adjectival, prépositionnel ou adverbial. Dans la tradition grammaticale, cependant, tous ces cas sont génériquement appelés « prédicats nominaux » et ils sont opposés en bloc aux prédicats verbaux. Cette partition n'est pas infondée, mais elle est cohérente avec le fonctionnement du verbe : prédicatif dans un cas, support dans tous les autres cas.

CHAPITRE 6

Les fonctions du verbe

Si nous laissons de côté les auxiliaires (§ 2.2), nous pouvons identifier deux types de fonctions verbales : primaires et secondaires. Ces fonctions nous permettent de tracer la topographie verbale annoncée au § 5.

6.1 FONCTIONS PRIMAIRES

Les fonctions verbales primaires sont les suivantes.

i) **Fonction prédicative**. Ex. : *tousser, voler un objet à quelqu'un, boire une boisson, aller quelque part*, etc. Les verbes qui remplissent une fonction prédicative – les verbes prédicatifs – sont les verbes ayant une valence. Cette fonction est la fonction élective des verbes. Nous l'étudierons aux §§ 7-10.

ii) **Fonction support**. Ex. : *faire un voyage, donner un conseil, prendre une décision* etc. Les verbes qui remplissent une fonction support – les verbes supports – ne relient pas des entités dans un procès, mais ils se mettent à disposition d'un autre élément – typiquement un nom – qui, lui, relie des entités dans un procès. Dans les exemples précédents, c'est le nom – et non le verbe – qui remplit une fonction prédicative, qui a une valence. Un cas particulier de verbe support est la copule, qui s'applique non pas à un nom, mais à un adjectif : *être intelligent*. Nous étudierons la fonction support au § 14.

iii) **Fonction attributive**. Ex. : *devenir grand, paraître fatigué, trouver quelqu'un intelligent, sortir de la maison saoul, nommer quelqu'un président* etc. Les verbes qui remplissent une fonction attributive – les verbes attributifs – cumulent des caractéristiques des verbes prédicatifs *et* des verbes supports. Ils se comportent comme verbes prédicatifs par rapport au sujet ou au COD, et ils se comportent comme des supports par rapport à l'adjectif ou au nom soulignés. Nous les étudierons sous § 15.

Nous appelons les fonctions de (i) à (iii) « primaires » car, on l'a vu au § 5.4, elles définissent des types de GV : les verbes prédicatifs (i) identifient les GV à prédicat verbaux, les verbes supports (ii) identifient les GV à prédicats nominaux, les verbes attributifs (iii), quant à eux, identifient des GV mixtes, à prédicat verbal *et* nominal. Dans tous ces cas, la phrase présente une seule forme verbale.

La raison pour laquelle nous n'avons pas inclus la fonction auxiliaire devrait être claire. Contrastons les exemples suivants :

(1) *Marco boit une bière.* — présent indicatif
(2) *Marco a bu une bière.* — passé composé indicatif

En (1), le verbe *boire* remplit une fonction prédicative, en liant *Marco* et *bière* dans une action. En (2), la même fonction prédicative est remplie – globalement – par la forme composée *a bu*. L'auxiliaire *avoir* sert donc à produire une forme verbale qui – elle – peut remplir une des fonctions de (i) à (iii). Mais si cela est vrai, alors la fonction auxiliaire n'est pas au même niveau que ces dernières.

6.2 FONCTIONS SECONDAIRES

Les fonctions verbales secondaires sont les suivantes.

iv) **Fonction factitive.** Ex. : *faire tomber quelqu'un, faire manger quelque chose à quelqu'un, faire faire un voyage à quelqu'un, faire devenir intelligent quelqu'un faire sortir quelqu'un de la maison soul*, etc. Le verbe *faire* dans ces exemples remplit une fonction factitive. Nous l'étudierons au § 16.

v) **Fonction aspectuelle.** Ex : *commencer à courir, se mettre à courir, finir de courir, être en train de courir, être sur le point de prendre une décision* etc. Les verbes qui remplissent cette fonction – les verbes aspectuels ou constructions aspectuelles – focalisent une phase (début, milieu, fin) du procès. Parmi ces verbes, nous retrouvons les semi-auxiliaires *venir de*… et *aller*… (*cf.* § 2.3). Nous étudierons les constructions aspectuelles au § 17.

vi) **Fonction modale.** Ex. *Il peut soulever 100kg, il doit soulever 100kg, il doit être rentré, il doit prendre une décision* etc. Nous l'étudierons au § 18.

Nous appelons les fonctions de (iv) à (vi) « secondaires » car, à la différence des précédentes, elles ne définissent pas un type de GV, mais s'appliquent à un GV à prédicat verbal ou nominal. Dans tous ces cas, la phrase présente deux formes verbales. Cela justifie la qualification de « constructions verbales ».

6.3 ESQUISSE D'UNE TOPOGRAPHIE VERBALE

Sur la base des fonctions identifiées aux §§ 6.1 et 6.2, l'organisation interne du territoire des verbes – sa cartographie – a l'aspect suivant. Au centre, il y a un noyau dur, identifié par les verbes remplissant une fonction prédicative. Autour de ce noyau, il y a la couronne des verbes supports et attributifs. À ce point commence la périphérie, occupée par les constructions factitives, aspectuelles et modales.

Avant d'aborder l'examen de chacune de ces régions, il nous paraît utile de rappeler que les fonctions que nous venons de distinguer sont, justement, des fonctions. Une fonction n'est pas un objet : la même fonction peut être remplie par plusieurs objets et le même objet peut être employé pour plusieurs fonctions. D'une part, des verbes comme *devoir* ou *commencer* remplissent toujours une fonction modale ou aspectuelle, mais cela n'empêche pas que ces fonctions puissent être également remplies par d'autres éléments non-verbaux. De l'autre, des verbes comme *faire* ou *prendre* fonctionnent comme verbes supports dans *faire une promenade* ou *prendre une décision*, mais ils fonctionnent comme verbes prédicatifs dans *faire un gâteau* et *prendre une bière.*

CHAPITRE 7

La valence verbale

Les chapitres de 7 à 11 sont consacrés aux verbes remplissant une fonction prédicative, c'est-à-dire les verbes ayant une valence. Tout d'abord, sous § 7, nous illustrons les paramètres de la valence. Ensuite, nous étudions ces paramètres un par un.

7.1 PARAMÈTRES : NOMBRE, NATURE ET RÔLE DES ARGUMENTS

Les arguments sont les entités conceptuellement nécessaires pour concevoir le procès exprimé par le verbe prédicatif. Observons l'exemple (1) :

(1) *Dans son atelier,* ***Armand*** *a mangé* ***un tiramisu*** *avec une fourchette.*

L'action de quelqu'un de manger quelque chose peut être conçue indépendamment du lieu où elle a été accomplie, de la raison pour laquelle elle a été accomplie et de l'outil utilisé pour l'accomplir. En revanche, cette action n'est pas concevable sans quelqu'un qui mange et quelque chose qui est mangé. C'est pourquoi, en (1), *Armand* et *un tiramisu* sont des arguments du verbe, mais *dans son atelier* et *avec une fourchette* non.

La valence d'un verbe prédicatif peut être décrite à travers trois paramètres :

i) le nombre des arguments
ii) la nature des arguments
iii) le rôle joué par les arguments dans le cadre du procès.

Le paramètre (i) implique la délimitation entre les éléments qui sont des arguments du verbe et ceux qui ne le sont pas : en (1), on l'a vu, *Armand* et *un tiramisu* sont des arguments du procès *manger*, mais non *dans son atelier* ou *avec une fourchette*. Nous étudierons ce paramètre au § 8.

Le paramètre (ii) se réfère au fait que le premier argument du procès exprimé par *manger* est un être humain, alors que le second est un objet concret. Nous étudierons ce paramètre au § 9.

Le paramètre (iii) signale que, par rapport au procès de *manger*, le premier argument humain joue le rôle d'agent (il fait l'action), alors que le second argument concret joue le rôle de patient (il subit l'action). Nous étudierons ce paramètre au § 10.

Entre les paramètres (i) à (iii) il y a une coupure majeure. Les paramètres (i) et (ii) se situent en amont par rapport à la signification du verbe : ils déterminent une acception d'un verbe prédicatif polysémique. Le paramètre (iii), en revanche, se situe en aval par rapport à la signification : les rôles des arguments sont déterminés *après* qu'une acception du verbe a été identifiée sur la base de (i) et (ii). Voici un exemple. Le verbe *regarder* a deux acceptions différentes selon que ses arguments soient deux humains, ou un bâtiment et un lieu :

(2a) *Paul regarde Marie.*
(2b) *Les fenêtres de mon hôtel regardent la lagune de Venise.*

Or, l'argument exprimé par le sujet joue le rôle d'agent seulement dans l'acception où *regarder* signifie une action : à savoir, (2a).

En parlant des paramètres (i), (ii) et (iii), par ailleurs, nous nous référons exclusivement au procès exprimé par le verbe prédicatif. Si nous revenons à l'exemple (1) (*Dans son atelier, **Armand** a mangé **un tiramisu** avec une fourchette*), il est clair que *son atelier* et *une fourchette* ont une nature (un lieu et un outil) et jouent des rôles (locatif et instrument). Cependant, ils ne sont pas des arguments du procès *manger* : leurs rôles ne sont donc pas impliqués par ce procès spécifique. La preuve, tout événement arrive dans un lieu et toute action peut être accomplie à l'aide d'un outil.

7.2 CLASSES DE VERBES SELON LA VALENCE

Le paramètre (i) – le nombre des arguments – est sans doute le plus important et il offre un critère pour classer les verbes prédicatifs. Ce classement, cependant, n'est pas sémantique. Même si, *a posteriori*, on peut essayer de dégager des tendances générales, ces dernières ne sont pas systématiques. Par exemple, ce n'est pas parce qu'un verbe a deux arguments que son sens exprime nécessairement une action qui modifie un objet, ce n'est pas parce qu'un verbe a trois arguments que son sens exprime nécessairement le déplacement d'un objet d'un point à l'autre, etc. La seule chose que les significations des verbes à un, deux, trois ou quatre arguments ont en commun est… le nombre des arguments.

Par rapport au nombre d'arguments, nous pouvons distinguer les classes de verbes suivantes.

7.2.1 VERBES MONO-VALENTS

(3a) ***Paul*** *nage.*
Paul : humain, agent

(3b) ***Paul*** *souffre.*
Paul : humain, expérient (passif)

(3c) ***Paul*** *tousse.*
Paul : humain, expérient (actif)

(3d) ***Les roses*** *fanent.*
Les roses : végétal, siège (passif)

(3e) ***Les roses*** *poussent.*
Les roses : végétal, siège (actif)

(3g) ***Le vent*** *souffle.*
Le vent : phénomène naturel, force
…

7.2.2 VERBES BI-VALENTS

(4a) ***Paul*** *a débloqué la* ***serrure.***
Paul : humain, agent
Serrure : objet concret, patient

(4b) ***La clé*** *a débloqué* ***la serrure.***
La clé : outil, instrument
serrure : objet concret, patient

(4c) ***Le vent*** *a ouvert* ***la fenêtre.***
le vent : phénomène naturel, cause
la fenêtre : objet concret, patient

(4d) ***Le boulanger*** *prépare* ***un gâteau.***
le boulanger : humain, agent
un gâteau : objet concret, objet créé

(4e) ***Marie*** *va à* ***Venise.***
Marie : humain, agent
Venise : lieu, destination
…

7.2.3 VERBES TRI-VALENTS

(5a) ***Paul*** *a offert* ***un billet pour la finale*** *à* ***sa sœur.***
Paul : humain, agent
billet pour la finale : objet concret, patient
sa sœur : humain, destinataire

(5b) ***Un étudiant*** *a volé* ***un livre*** *au* ***professeur.***
Un étudiant : humain, agent
Un livre : objet concret, patient
Professeur : humain, maléficiaire

(5c) ***Paul*** *a demandé à* ***sa femme*** *de* ***passer prendre les enfants.***
Paul : humain, agent
sa femme : humain, destinataire
passer prendre les enfants : action, thème

(5d) ***Paul** a poussé **le canapé** vers **le mur.***
Paul : humain, agent
le canapé : objet concret, patient
le mur : objet concret, destination

(5e) ***Les loups** sont descendus de **la montagne** jusqu'au **village.***
les loups : animé, agent
la montagne : lieu naturel, source
village : lieu humain, destination
...

7.2.4 VERBES TÉTRA-VALENTS

(6a) ***J'ai** vendu **ma moto** au **voisin** à **1 200 Euros.***
Je : humain, agent-vendeur
ma moto : objet concret, patient-bien
voisin : humain, destinataire-acheteur
1 200Euro : somme d'argent, prix

(6b) ***Il** a déplacé **ses livres** du **bureau** au **salon.***
Il : humain, agent
ses livres : objet concret, patient
bureau : lieu, source
salon : lieu, destination

Observons incidemment un exemple comme le suivant :

(7) ***Il** habite en **France** à **Paris,** dans **le sixième arrondissement,** à **un carrefour,** devant **un magasin de chaussures.***

En (7), le verbe *habiter* n'a pas huit arguments, mais deux. Les expressions *en France, à Paris, dans le sixième arrondissement, à un carrefour,* etc. identifient un seul argument. Comparons (7) avec (6b). En (6b), *du bureau* et *au salon* identifient deux positions par rapport au procès de *déplacer* : on déplace quelque chose de quelque part à quelque part. En (7), en revanche, toutes ces expressions précisent la même position prévue par *habiter* : on habite quelque part. Cette fois, nous sommes confrontés à un argument unique, télescopique.

7.2.5 VERBES ZÉRO-VALENTS

(8a) *Il pleut.*
(8b) *Il grêle.*
(8c) *Il neige.*
...

Dans les verbes dits « zéro-valents », le pronom sujet *il* ne contient aucun argument : il s'agit du *il* impersonnel (*cf.* § 2.4.1).

7.3 LE PARADOXE DES VERBES ZÉRO-VALENTS : CONSTRUCTIONS IMPERSONNELLES

Les verbes zéro-valents soulèvent un paradoxe. Si un verbe prédicatif est un verbe doué de valence et si la valence implique des arguments, alors, en toute logique, l'idée même d'un verbe prédicatif zéro-valent s'avère contradictoire. En effet, à bien y regarder, les verbes dits « zéro-valents » ont un argument.

Observons les exemples (9) :

(9a) *Au mois de novembre, **les grèves** pleuvent.*
(9b) ***La pluie** pleut.*

Certes, l'exemple (9a) est métaphorique, alors que (9b) est redondant. Cependant, ces exemples sont grammaticalement corrects et montrent que *pleuvoir* prévoit une place pour un argument : *il pleut* signifie justement quelque chose comme (9b). De même, *il fait beau* (qui est un prédicat nominal) signifie quelque chose comme ***le temps** fait beau.* On peut donc faire l'hypothèse que, dans les verbes dits « zéro-valentes », l'argument n'est pas contenu dans *il,* mais reste implicite ou inféré.

Ce phénomène n'est pas isolé, mais il est partagé par les verbes mono-valents :

(10a) ***Paul** dort (sereinement).*
(10b) ***Paul** dort **d'un sommeil** (serein).*

L'exemple (10a) montre que *dormir* est clairement monovalent. L'exemple (10b) montre que *dormir* prévoit un second argument – appelé argument interne – qui est normalement laissé implicite. Le verbe *dormir* peut donc être considéré comme un verbe bivalent avec son second argument implicite. Dans cette perspective, il n'y a rien d'étonnant à envisager les verbes zéro-valents comme des verbes monovalents dont l'argument reste implicite. Il y a, cependant, une différence importante.

Dans le cas des verbes zéro-valents, le *il* impersonnel intervient pour garantir la position sujet de la structure de la phrase $GN^{SUJET} \leftrightarrow GV$. En revanche, aucun pronom impersonnel n'existe pour caler la position de COD à l'intérieur du GV. Pour reprendre nos exemples, il y a bien *il pleut*, mais il n'y a pas quelque chose comme **Paul dort ça*. Autrement dit, l'impersonnel est seulement sujet. Cette remarque est importante pour l'étude de la structure de la phrase en général et de celle du GV en particulier. Nous y reviendrons au § 11.

Pour l'instant, remarquons que si l'impersonnel est seulement sujet, le sujet impersonnel n'est pas limité aux verbes zéro-valents :

(11a) *Il* ***nous*** *est arrivé* ***un accident***.
(11b) *Il* ***me*** *faut de la* ***bière***.
(11c) *Il y a eu* ***un accident***.
...

Le verbe *arriver* ou les verbes *falloir* et *avoir* dans les constructions *il y a* ou *il faut* sont des verbes prédicatifs. En (11a) et (11b) *arriver* et *falloir* sont des verbes bivalents : leurs arguments sont *nous* et *accident*, et *me* et *bière*. En (11c) *avoir* est monovalent : son argument est *accident*. Dans ces constructions, il y a bien des arguments, mais aucun ne remplit le sujet *il*. Nous sommes confrontés à une divergence entre valence verbale et structure de la phrase.

Contrastons encore les exemples (12) :

(12a) ***Des bonbons*** *pleuvent*.
(12b) *Il pleut* ***des bonbons***.

Dans les deux cas, *des bonbons* est l'argument du verbe *pleuvoir*. Cet argument occupe la position de sujet dans la phrase (12a), mais non dans (12b) où le sujet est le *il* impersonnel. Dans ce cas, nous sommes confrontés à une sorte de torsion entre structure de la phrase et valence verbale.

Ces divergences ou torsions montrent bien que le sujet – qui est une catégorie grammaticale – est indépendant de la notion d'argument et donc de la valence.

La littérature sur les verbes impersonnels est très vaste. Nous signalons, entre autres, Ruwet (1990), Paykin-Arrouès (2003) et Daviet-Taylor & Bottineau (2010).

CHAPITRE 8

Nombre des arguments

8.1 DÉLIMITATION DES ARGUMENTS PAR SUPPRESSION

Le paramètre principal de la valence, on l'a vu, est le nombre des arguments : il est donc crucial de distinguer entre arguments et non-arguments (*cf.* § 7.1).

De prime abord, on pourrait raisonner comme suit. Si les arguments sont les entités nécessaires pour concevoir le procès exprimé par le verbe prédicatif, leur suppression devrait priver le verbe de sens. Cette hypothèse, en effet, est vérifiée pour un verbe comme *rencontrer* :

(1a) *Paul a rencontré Marie sous le porche.*
(1b) *Paul a rencontré Marie.*
(1c) **Paul a rencontré.*

En (1a), *Marie* est bien un argument de *rencontrer*, mais *(sous) le porche* non. Bien que raisonnable, cependant, le critère de la suppression ne fonctionne pas toujours, pour deux raisons principales :

a) la pertinence variable des informations dans le texte ou dans le discours : qui relève de la distinction entre phrase et énoncé (*cf.* § 1.4)
b) la polysémie.

Commençons par (a). Une phrase est un outil pour penser : une structure eidétique qui dessine, dans l'abstrait, le schéma d'un procès. Un énoncé est une phrase adaptée à une situation communicative contingente dans le but de communiquer un message. Si cela est vrai, il est tout à fait raisonnable qu'un énoncé puisse ne pas expliciter des arguments du procès. Cela ne signifie pas que ces arguments n'existent pas, mais que leur explicitation n'est pas pertinente dans la situation communicative en jeu. Observons l'exemple suivant :

(2) *A-t-elle vendu son appartement ?*

En principe, parmi ses arguments, le verbe *vendre* implique un agent, un patient et un destinataire. Dans un énoncé, cependant, le destinataire peut ne pas être exprimé s'il n'est pas le focus du message: c'est le cas de (2). Généralement, dans les ventes immobilières, on est plus intéressés au fait d'avoir vendu (ou pas) le bien plutôt qu'aux personnes auxquelles on l'a vendu. Par conséquent, il est sensé de s'attendre à ce qu'en corpus le verbe *vendre* apparaisse plus fréquemment avec deux arguments (agent et patient) plutôt qu'avec trois (agent, patient et destinataire). Or, ce genre de faits n'est pas une objection contre l'idée qu'un verbe prédicatif a une valence tranchée, mais une preuve du fait que cette valence est présupposée au niveau de la phrase et elle peut être dévoilée partiellement au niveau de l'énoncé. Le fait de voir une tête sortir d'un buisson n'est pas une preuve qu'il y a des têtes qui flottent sans corps, mais qu'il y a quelqu'un, avec tout son corps, caché derrière le buisson. Ce rapport entre phrase et énoncé est décrit clairement par Prandi (2019). Quoi qu'il en soit, de manière générale, lorsqu'un verbe prédicatif a plus de deux arguments, tous les arguments au-delà du deuxième peuvent ne pas être exprimés pour des raisons énonciatives. Le critère de la suppression n'est donc pas toujours fiable.

Passons maintenant à (b). Observons les exemples suivants :

(3a) *Paul prie Marie de lui prêter le vélo.*
(3b) *Paul prie.*

L'emploi de *prier* en (3a) est trivalent : quelqu'un prie quelqu'un de faire quelque chose. Dans cet emploi, *prier* est synonyme de *demander*. En revanche, l'emploi de *prier* en (3b) est monovalent (ou avec un objet interne) : quelqu'un prie une divinité. Cette fois, *prier* est synonyme de *dire des prières* (*à une divinité*). En supprimant le deuxième et troisième argument de (3a) nous obtenons donc tout simplement l'emploi (3b) : nous passons d'une acception à l'autre du verbe polysémique *prier*. Le critère de la suppression s'avère, encore une fois, peu fiable.

Nous en tirerons une conclusion double. Tout d'abord, la question *Quelle est la valence du verbe prédicatif X ?* peut être posée exclusivement pour une acception spécifique de ce verbe : l'alternance entre (3a) et (3b), par exemple, n'affecte pas le fait que chaque emploi de *prier* a bien *sa* valence. Ensuite, pour répondre à cette question, il faut procéder en deux étapes. Premièrement, il faut chercher, en corpus, des attestations du verbe prédicatif en jeu exhibant la suite la plus longue de candidats arguments. Deuxièmement, une fois qu'une telle suite a été identifiée, il faut évaluer le statut d'argument de chaque complément avec une batterie de tests dédiés, indépendamment du *corpus*. Cela signifie que la fréquence avec laquelle un complément suit un verbe prédicatif n'est pas pertinente pour déterminer son statut d'argument. Le verbe *vendre*, par exemple, peut apparaître plus fréquemment avec deux arguments qu'avec quatre ; le verbe *manger* peut apparaître plus fréquemment avec un adverbe comme *trop* qu'avec son deuxième argument ; le verbe *frapper* peut apparaître systématiquement avec un complément « instrumental » en plus de son deuxième argument, etc. Ces faits, cependant, ne rendent pas le verbe *vendre* bi-valent (ou prototypiquement bi-valent) et ne transforment non plus l'adverbe *trop* et le complément instrumental en arguments de *manger* ou de *frapper*.

En somme, lorsqu'on s'interroge sur les arguments d'un verbe prédicatif, il est crucial de séparer la pertinence communicative, d'une part, de la pertinence conceptuelle – la valence – de l'autre. La première établit ce qui doit être omis ou exprimé au niveau de l'énoncé ; la seconde établit les participants logiquement essentiels au procès au niveau de la phrase. Les modifications apportées par la première donnent pour acquis la structure fixée par la seconde.

8.2 DÉLIMITATION DES ARGUMENTS PAR EXTRACTION

Un meilleur critère pour tester si un constituant est ou pas un argument du verbe prédicatif est offert par l'extraction. Ce critère répond aux exigences avancées au § 8.1. Son objet n'est pas l'énoncé, mais la phrase exprimant la suite la plus longue des arguments où on identifie une acception précise du verbe. Son fonctionnement est le suivant. Si – pour une acception spécifique du verbe dans le cadre de la phrase – un complément est un argument, alors le verbe ne peut pas supporter que ce complément lui soit extrait. C'est pourquoi les compléments exprimant des arguments sont appelés « essentiels ».

Le test de l'extraction peut être effectué à travers des reprises anaphoriques. Il y en a deux types : avec *cela arrive* (*avoir lieu*, ou équivalents) et avec *le faire* (*cf.* Prandi 2007). Si un constituant peut être extrait de la phrase grâce, au moins, à l'une de ces reprises, alors il n'est pas un argument. Ce test identifie donc les arguments d'une façon négative : si la reprise anaphorique ne marche pas, alors le complément est un argument.

Voici quelques exemples :

(4a) *Paul est allé à Rome pour son travail.*
(4b) *Paul est allé à Rome. Il l'a fait pour son travail.*
(4c) **Paul est allé. Il l'a fait à Rome.*

Le fait que l'enchaînement (4b) soit perçu comme bien formé ou cohérent prouve que (*pour*) *son travail* n'est pas un argument d'*aller* en (4a). Le fait que l'enchaînement (4c) soit perçu comme incohérent, en revanche, prouve qu'(*à*) *Rome* est bien argument d'*aller* en (4a).

Observons (5) :

(5a) *Paul a rencontré Marie à Rome.*
(5b) *Paul a rencontré Marie. Cela est arrivé à Rome.*

Le fait que l'enchaînement (5b) soit cohérent prouve que, cette fois, *à Rome* n'est pas un argument de *rencontrer.*

Les reprises avec *le faire* et *cela arrive* montrent, d'une façon particulièrement efficace, la différence entre les groupes prépositionnels de localisation, de mouvement ou de déplacement fonctionnant comme arguments d'un verbe prédicatif et les mêmes groupes prépositionnels fonctionnant comme circonstances. Voilà un autre exemple :

(6a) *Paul et Marie habitent à Rome.*
(6b) *Paul et Marie se sont embrassés à Rome.*

En (6), le fonctionnement de la préposition *à* est exactement le même. Et pourtant, le groupe prépositionnel *à Rome* identifie un argument en (6a) et une circonstance en (6b) :

(6a) **Paul et Marie habitent. Cela arrive à Rome.*
(6b) *Paul et Marie se sont embrassés. Cela est arrivé à Rome.*

La différence entre (6a) et (6b) ne concerne donc pas le fonctionnement de la préposition, mais la saturation du verbe prédicatif.

Pour les GN en position de COD, en revanche, ces tests sont superflus car les COD identifient des arguments par définition (*Paul aime Marie. Paul mange un tiramisu, Paul écrit un poème, Paul console sa sœur*, etc.).

8.3 PRÉCISIONS SUR LES EXTRACTIONS

Les extractions avec les reprises anaphoriques *cela arrive* et *le faire* doivent être maniées *cum grano salis*, et appellent un certain nombre de précisions.

Tout d'abord, elles ne s'appliquent pas aux adverbes de manière qui modifient le verbe prédicatif. Observons l'exemple suivant :

(7a) *Le voleur a frappé le bijoutier mortellement.*
(7b) ?*Le voleur a frappé le bijoutier. Il l'a fait mortellement.*

Bien entendu, le fait que *mortellement* ne se laisse pas extraire par *le faire* ne prouve pas que cet adverbe est un argument du verbe *frapper* ; tout simplement, cela prouve que *mortellement* est un adverbe de manière trop spécifique pour pouvoir modifier *faire*.

Ensuite, il faut remarquer qu'un constituant peut fonctionner comme argument ou pas selon les interprétations. Or, les reprises anaphoriques sont sensibles à ce phénomène. Observons (8) :

(8a) *Des étudiants du front de gauche ont volé des livres à la bibliothèque.*

Dans une interprétation possible de (8a), *la bibliothèque* est envisagée en tant qu'institution : elle est la victime du *vol* (*la bibliothèque a subi un vol de livres de la part des étudiants...*). Dans cette interprétation, *la bibliothèque* est bien un argument de *voler* et l'extraction est bloquée :

(8b) *Des *étudiants du front de gauche ont volé des livres. Ils l'ont fait à la bibliothèque.*

Cependant, il y a une seconde interprétation, où *la bibliothèque* désigne simplement l'endroit où le vol a eu lieu (*Des étudiants ont volé des livres, à l'intérieur de la bibliothèque universitaire*). Cette fois, l'expression *la bibliothèque* n'est plus un argument – mais un complément circonstanciel – et peut être extraite :

(8c) *Des étudiants du front de gauche ont volé des livres. Cela est arrivé à (=dans) la bibliothèque.*

8.4 LA VALENCE : UN PARAMÈTRE BINAIRE

L'on se serait peut-être demandé pourquoi il y a deux reprises anaphoriques – *cela arrive* et *le faire* – plutôt qu'une seule. La raison est à chercher dans le fait que ces reprises identifient les arguments seulement d'une façon indirecte, à travers leur dysfonctionnement (*cf.* § 8.2).

Cela est le signe que leur véritable fonction est une autre : à savoir, identifier la position des constituants non-argumentaux. *Cela arrive* cible les expansions de la phrase, alors que *le faire* cible les expansions du GV (prédicat distributionnel). Par rapport à cette autre fonction, le résultat des reprises avec *cela arrive* et *le faire* est en effet positif : la présence de deux formes s'explique donc clairement. Cependant, puisque nous sommes intéressés seulement au verbe, nous ne développons pas ce sujet.

Le point important, pour notre discussion, est que les reprises anaphoriques donnent deux ordres de résultats.

D'un côté – et c'est leur fonctionnement positif ou direct – elle montrent que le domaine des non-arguments n'est pas monolithique, mais stratifié : il n'y a pas les « circonstanciels » tout court, mais il y a différentes couches d'expansions, ou marges, du GV plutôt que de la phrase.

De l'autre côté – et c'est leur fonctionnement négatif ou indirect – les reprises anaphoriques montrent que la valence est binaire. Certes, les limites de la valence d'un verbe prédicatif spécifique peuvent être délicates à tracer dans la pratique (on en verra un exemple au § 11.2.2.4) ; cependant, ces limites sont en principe toujours tranchées. Autrement dit, un constituant est soit dans la valence du verbe prédicatif (et il est un argument), soit en dehors (et il n'est pas un argument) : *tertium non datur.*

CHAPITRE 9

Nature des arguments

9.1 DES PRÉSUPPOSITIONS DE LA SIGNIFICATION DU VERBE

Le deuxième paramètre pertinent pour décrire la valence est la nature des arguments (§ 7.1). Pour l'illustrer, nous reprenons une observation de Gross (2012). Considérons l'exemple (1) :

(1a) *Il a tué le veau.*

En (1a), il y a un verbe prédicatif (*tuer*), avec deux arguments : *il* et *le veau*. Si, à la place de *veau*, nous insérons *lion, président, mouche*, etc., nous remarquons que la signification de *tuer* reste identique : *ôter la vie*. Les noms *lion, président* et *mouche*, d'autre part, sont tous des êtres vivants.

Maintenant, remplaçons *veau* par quelque chose comme *réforme du travail* :

(1b) *L'extrême gauche a tué la réforme du travail.*

Cette fois, nous percevons une rupture de la signification : *tuer* ne signifie plus *ôter la vie*, mais *bloquer.* Remarquons que *la réforme* n'appartient pas à la classe des êtres vivants, mais il s'agit d'une loi.

La conclusion est claire. La signification du verbe prédicatif – sa polysémie – est fonction des classes des arguments. Ces classes identifient la nature des arguments.

9.2 HYPER-CLASSES ET CLASSES D'OBJETS

Il y a deux types de classes d'arguments : hyper-classes et classes d'objets (*cf.* Gross 1994, Le Pesant et Colas 1998, Gross 2012 et Fasciolo 2018).

9.2.1 HYPER-CLASSES

Les hyper-classes sont des catégories ontologiques, vraisemblablement universelles et en nombre limité :

<humains>
<animaux>
<végétaux>
<êtres vivants>
<objets concrets>
<lieux>
<temps>

Si un verbe prédicatif brise la limite d'une hyper-classe, nous percevons une incohérence conceptuelle (Prandi 1998) :

(2a) **Il a siroté l'espoir.* <objets concrets> *vs.* abstraits
(2b) **Il a assassiné la lune.* <êtres vivants> *vs.* non vivants
(2c) **Il a taillé l'imagination.* <objets concrets> *vs.* abstraits

Les exemples (2) sont absurdes : nous ne comprenons pas de quoi on parle. La preuve, ils ne peuvent pas être 'corrigés' et si on passe à un verbe plus général, l'incohérence conceptuelle reste :

(3a) **Il a avalé l'espoir.*
(3b) **Il a tué la lune.*
(3c) **Il a coupé l'imagination.*

Le fait qu'en brisant une hyper-classe on brise la cohérence conceptuelle signifie que les hyper-classes fixent les bornes de la cohérence conceptuelle elle-même.

9.2.2 CLASSES D'OBJETS

Les classes d'objets – ou classes sémantiques – sont des catégories lexicales, qui varient selon les langues et qui sont très nombreuses et fines. Voici quelques exemples :

> <moyens de transports publics>, <moyens de transports privés>, <instruments de musique>, <voies de communications>, <vêtements>, <instruments de musique à percussion>, <boissons alcoolisées>, <médicaments>, <ingrédients>, <insectes>, <animaux de grosse taille>, <herbes>, etc.

Si un prédicat verbal brise la limite entre deux classes d'objets, nous ne percevons pas une incohérence conceptuelle, mais, plus simplement, nous remarquons que ce prédicat a été employé d'une façon inappropriée :

(4a) ? *Il a siroté la mayonnaise.* <boissons> vs. <sauces>
(4b) ? *Il a abattu la mouche.* <animaux de grosse taille> *vs.* <insectes>
(4c) ? *Il a taillé le gazon.* <arbres> vs. <herbes>

Les exemples (4) ne sont pas absurdes : nous comprenons tout à fait ce qui se passe. La preuve, on peut remplacer le verbe par un substitut correct, et, si on passe à un verbe plus général, le caractère inapproprié disparaît :

(5a) *Il a goûté la mayonnaise.* *Il a avalé la mayonnaise.*
(5b) *Il a écrasé la mouche.* *Il a tué la mouche.*
(5c) *Il a tondu le gazon.* *Il a coupé le gazon.*

Le fait qu'en brisant une classe d'objet, on brise un emploi approprié d'un prédicat signifie que les classes d'objets président justement au fonctionnement lexicalement approprié des prédicats verbaux.

Autrement dit, le lexique du français décide de créer des acceptions spécifiques d'*écraser, abattre, tailler, tondre*… pour dire – d'une façon particulièrement précise, appropriée – *tuer* un <insecte>, *tuer* un <animal de grosse taille>, *couper* les branches d'un <arbre>, *couper* les brins d'<herbe>, etc.

9.2.3 À QUOI SERVENT LES CLASSES D'ARGUMENTS ?

Les hyper-classes identifient une ontologie d'êtres : <objets concrets>, <humains>, <vivants>, etc. Ces catégories fonctionnent comme des champs à l'intérieur desquels on peut dire des choses conceptuellement cohérentes. Par exemple, tout être vivant – d'une plante à un humain – peut *mourir, être tué* ou *être malade.* Au-delà du champ des êtres vivants, ces prédicats sont conceptuellement incohérents : **la lune est morte, *ils ont tué le silence, *ce mur est malade.*

Les classes d'objets ne sont rien d'autre que des ensembles sémantiquement homogènes que le lexique trace à l'intérieur des champs précédents à l'aide de verbes prédicatifs appropriés. Par exemple, à l'intérieur des <vivants>, le lexique circonscrit les <insectes> comme étant ceux qu'on tue en les *écrasant*, les <animaux de grosse taille> comme étant ceux qu'on tue en les *abattant* ; à l'intérieur des <végétaux>, le lexique circonscrit les <arbres> comme étant ceux que l'on coupe en les *taillant* ou en les *abattant*, les <herbes> comme étant ceux qu'on coupe en les *tondant* ; à l'intérieur des <objets concrets>, le lexique circonscrit les <instruments de musique> comme étant ceux que l'on utilise en *jouant*, etc.

D'une part, les hyper-classes offrent un socle ontologique, stable et partagé, à partir duquel les lexiques peuvent se différencier en traçant arbitrairement des sous distinctions : des classes d'objets. De l'autre, les classes d'objets jouent un rôle crucial en sémantique lexicale car elles permettent de délimiter les différents emplois – et donc les différentes acceptions – des verbes prédicatifs polysémiques. En particulier, les classes d'objets permettent d'analyser certains phénomènes de collocations. Par exemple, on peut constater que les verbes prédicatifs *rédiger* et *siroter* sont fréquemment suivis par des noms de textes et de boissons. Si ce fait peut être remarqué – et décrit – en observant un corpus, il peut être compris – et expliqué – seulement en mobilisant la notion de prédicat approprié à une classe d'objets.

9.3 LA NOTION D'AKTIONSART

Une fois que le procès se précise grâce à une suite d'hyper-classes ou classes d'objets – une fois qu'un verbe prédicatif prend une acception spécifique – il acquiert également un certain profil : à savoir, instantané, dynamique, statique, etc. Le type de profil du procès est appelé Aktionsart (Vendler 1967).

Considérons un verbe comme *regarder.* Ce verbe, en tant que tel, n'a pas de sens : par conséquence, il n'exprime aucun type de procès. Mais fournissons-lui des classes d'arguments :

(6a) *La tour du château regarde vers la mer.*
<bâtiment> *regarder vers* <lieu>

(7a) *Le voyageur regarde vers la mer.*
<humain> *regarder vers* <lieu>

Le procès en (6a) est statique, sans déroulement interne, alors que celui en (7a) est une action dynamique, avec un déroulement interne. D'où la différence entre les manipulations suivantes :

(6b) **La tour du château regarde vers la mer tous les jours.*
(6c) **La tour du château a regardé vers la mer.*
(6d) **La tour du château est en train de regarder vers la mer.*

(7b) *Le voyageur regarde vers la mer tous les jours.*
(7c) *Le voyageur a regardé vers la mer.*
(7d) *Le voyageur est en train de regarder vers la mer.*

L'Aktionsart n'est pas quelque chose que le locuteur peut choisir : il s'agit d'une propriété ontologique, concernant des caractéristiques intrinsèques du procès. Cela a deux conséquences. Une première conséquence est que (on vient de le voir) un verbe prédicatif a un Aktionsart seulement par rapport à un emploi, une acception : un schéma de classes d'arguments qui le saturent. Une seconde conséquence est que la notion d'*Aktionsart* est particulièrement pertinente pour les verbes prédicatifs, par rapport auxquels elle peut offrir un paramètre de classification. En revanche, si le verbe n'exprime pas un procès – s'il n'est pas prédicatif – il n'a aucun Aktionsart. Nous reviendrons sur la classification des procès selon l'Aktionsart sous § 18.

CHAPITRE 10

Rôles des arguments

10.1 DES IMPLICATIONS DE LA SIGNIFICATION DU VERBE

Lorsqu'un verbe prédictif identifie un procès spécifique, les arguments se chargent de certains rôles dans le cadre de ce procès (*cf.* Fillmore 1968 et 1977 ; Chafe 1970 ; François 2003 : ch. II et III). Ces rôles sont le troisième paramètre de la valence (§ 7.1).

Reprenons l'exemple (1a) :

(1) *Il a tué le veau.*

En (1), *il* est un humain, alors que *le veau* est un animal de grosse taille. Par rapport à l'action de *tuer,* cet humain et cet animal sont, respectivement, celui qui effectue l'action et celui qui la subit : ils jouent les rôles d'agent et de patient. Remarquons que ces rôles ne sont pas exprimés par des mots de (1) : notre exemple n'était pas *L'agent tue le patient.* Les rôles sont des implications qui découlent du sens d'un verbe prédicatif donné sur les arguments. Cela est important car il y a bien des choses qui sont définies par une fonction spécifique, mais cette fonction n'est pas nécessairement leur rôle. Par exemple, une ville et un marteau sont un lieu et un outil ; mais dans *la ville a augmenté les impôts* et *j'ai cassé le marteau*, ils ne jouent pas les rôles de locatif et instrument. Les rôles joués dépendent du procès où les arguments se trouvent.

De même qu'il y a deux types de classes d'arguments (hyper-classes et classes d'objet, *cf.* § 9.2), de même, il y a deux types de rôles : rôles généraux (ou ontologiques), et micro-rôles (ou rôles sémantiques ou lexicaux). Des exemples des premiers sont : *agent, patient, destinataire, expérienceur, locatif*, etc. Des exemples des seconds sont : *vendeur, acheteur, loueur, assassin, tueur*, etc.

10.2 RÔLES ONTOLOGIQUES

De même que les hyper-classes identifient une ontologie d'arguments, de même, les rôles généraux révèlent une ontologie de structures conceptuelles de procès, des sortes d'archétypes (Desclés 1985) organisant notre expérience du monde. Par exemple, la structure conceptuelle de (1) est : *Un être humain*$_{\text{AGENT}}$ – *fait une action sur* – *un animal*$_{\text{PATIENT}}$.

Les rôles généraux ou ontologiques sont définis par l'équilibre variable entre deux paramètres :

a) la nature ontologique des arguments (hyper-classes, *cf.* § 9.2.1) : humain, être vivant, objet concret, lieu, etc.
b) le profil du procès exprimé par le verbe (*Aktionsart*, *cf.* § 9.3) : le caractère dynamique *vs.* statique, le fait que le procès produit un résultat ou pas, etc.

Certains rôles sont définis très précisément sur la base des deux paramètres : par exemple, l'agent ou le destinataire. D'autres rôles sont définis surtout sur la base d'un de ces paramètres : par exemple, pour le patient ou le contenu intentionnel c'est (b) qui compte ; pour l'expérienceur, en revanche, c'est plutôt (a). Finalement, certains rôles sont très raréfiés, presque insaisissables, car les contraintes sont lâches au niveau des deux paramètres : c'est le cas, par exemple, du siège ou de ce que nous avons étiqueté « support de propriété ». Quoi qu'il en soi, avant de passer à la présentation des rôles ontologiques que nous avons choisi de retenir et au-delà de notre choix, il est important de souligner deux points.

Le premier point est que la définition de ces rôles doit être exclusivement conceptuelle : il faut avoir soin de laisser de côté toute considération syntaxique. Par exemple, il serait trompeur d'isoler le sujet, le COD ou le COS (complément d'objet second) et d'essayer d'extrapoler, en généralisant à travers des statistiques, le rôle ou le type de rôle porté par ces catégories grammaticales. Au contraire, il faut relever le défi de définir des structures conceptuelles universelles, indépendantes de toute langue. La meilleure façon de le faire consiste à nous focaliser sur les êtres humains et à penser aux schémas basiques de procès pouvant les concerner, comme : *quelqu'un fait quelque chose sur un objet concret, quelqu'un transfère quelque chose à quelqu'un, quelque chose arrive à quelqu'un*, etc. Bien entendu, cette démarche intuitive peut paraître un pari. Mais il y a une raison épistémologique profonde pour accepter ce pari : une raison qui a à faire avec le but même d'identifier des rôles généraux. Nous y reviendrons au § 10.4.

Le second point est que notre expérience du monde est intrinsèquement complexe. Si cela est vrai, alors on doit s'attendre à ce qu'un même argument – surtout s'il est un être humain – puisse faire l'objet de rôles différents. Par exemple, si *j'effraie quelqu'un,* ce quelqu'un est aussi bien le *patient* sur lequel j'exerce mon action qu'un individu éprouvant de la peur (un expérienceur). Cette complexité est intrinsèque à l'expérience du monde. C'est ici que la disposition des arguments prévue dans le contenu du verbe prédicatif entre en jeu : loin de définir les rôles ontologiques elle peut (en interagissant avec les catégories grammaticales de la phrase) présenter un argument selon la facette de l'un ou de l'autre rôle. Nous y reviendrons au § 10.2.3.

10.2.1 QUELQU'UN FAIT QUELQUE CHOSE

Un humain peut faire une action. Cet humain joue alors le rôle d'« agent ».

(2a) *La **fille**$_{\text{AGENT}}$ nage.*
(2b) *Le **garçon**$_{\text{AGENT}}$ se couche.*

La nature de l'argument qui joue le rôle d'agent est un humain : un être animé, libre et responsable, doué d'une sphère intérieure et capable d'effectuer des actes sous son contrôle. Dans la mesure où nous reconnaissons ces propriétés à certains animaux, le rôle d'agent peut être étendu aux êtres animés. Le profil du procès qui implique un agent est dynamique : une action qui se déroule.

Si nous modifions la nature de l'agent – en considérant une entité non-humaine – nous obtenons :

(3a) *Le soleil se couche.*
(3b) *La marée monte.*
(3c) *La pluie tombe.*

Ce changement de nature – d'humain à inanimé – implique que ce n'est pas tout-à-fait clair si nous sommes confrontés à une structure conceptuelle telle que « quelque chose fait quelque chose » ou bien « quelque chose arrive à quelque chose ». Nous y reviendrons au paragraphe suivant.

Considérons encore des exemples comme *Les branches bougent* ou *Le rideau se lève.* Remarquons que *les branches* et *le rideau* peuvent être envisagés d'une façon plus 'active', comme *les nuages* ou *le soleil* en (3), mais également d'une façon plus 'passive', comme des patients sur lesquels s'exerce une cause non spécifiée (par exemple, du vent ou un régisseur).

10.2.2 QUELQUE CHOSE ARRIVE À QUELQU'UN

Un phénomène peut se manifester dans un être humain. Cet être humain joue alors le rôle d'« expérienceur » :

(4a) ***Paul***$_{\text{EXPÉRIENCEUR}}$ *tremble.*
(4b) ***Paul***$_{\text{EXPÉRIENCEUR}}$ *frissonne.*
(4c) ***Paul***$_{\text{EXPÉRIENCEUR}}$ *s'évanouit.*
(4d) ***Paul***$_{\text{EXPÉRIENCEUR}}$ *transpire.*
(4e) ***Paul***$_{\text{EXPÉRIENCEUR}}$ *rougit.*
(4f) ***Paul***$_{\text{EXPÉRIENCEUR}}$ *s'angoisse.*
(4g) ***Paul***$_{\text{EXPÉRIENCEUR}}$ *souffre.*
(4h) ***Paul***$_{\text{EXPÉRIENCEUR}}$ *meurt.*

Les exemples (4) montrent que l'expérienceur peut être plus ou moins actif : dans le premier cas, il se rapproche d'un agent, dans le second il se rapproche d'un patient. Cette polyvalence reproduit le caractère multiforme de nos expériences, par rapport auxquelles nous sommes, justement, plus ou moins actifs.

Si nous modifions l'expérienceur en considérant une entité non-humaine, nous obtenons :

(5a) *La* ***rose***$_{\text{SIÈGE}}$ *fane.*
(5b) *Le* ***rideau***$_{\text{SIÈGE}}$ *jaunit.*
(5c) *Les* ***fleurs***$_{\text{SIÈGE}}$ *poussent.*
(5d) *Le* ***château***$_{\text{SIÈGE}}$ *s'écroule.*

Ici, nous sommes confrontés à un phénomène qui se manifeste dans une entité non animée. À ce propos, on parle parfois de « siège ». Si on compare les exemples (5) avec les exemples (3), on peut observer des différences concernant le contenu relationnel des procès : plus 'interne' en (5), plus 'externe' en (3). Cependant, les rôles joués par les sujets dans les deux cas tendent à se ressembler.

À partir du siège, imaginons que nous modifions le profil relationnel du procès en le rendant plus statique. Ce faisant, nous passons de l'idée d'un « phénomène qui se manifeste dans une entité » à l'idée d'une « propriété possédée par une entité » :

(6a) *Cette table*$_{\text{SUPPORT DE PROPRIÉTÉ}}$ *pèse beaucoup.*

Or, ici, il semble difficile d'envisager un véritable rôle pour l'argument. D'une part, le procès *peser* s'applique à toute entité, sans aucune contrainte de nature ; de l'autre, il s'agit d'un état. En somme, il ne paraît pas y avoir assez de matériel conceptuel pour avoir des rôles clairement identifiables. Nous parlerons à ce propos de « support de propriété ».

Nous retrouvons un phénomène analogue avec d'autres prédicats de relations comme :

(6b) *Ce garçon ressemble à son père.*
(6c) *Le poète a comparé la femme à l'océan.*

Bien évidemment, tout peut ressembler à tout et tout peut être comparé à tout : aucune véritable contrainte ne s'applique donc. Si on veut identifier des rôles, ces derniers seront très raréfiés comme, justement, « support de propriété » ou « pivot d'une relation ».

10.2.3 QUELQU'UN FAIT QUELQUE CHOSE SUR QUELQUE CHOSE

Un être humain peut exercer une action sur un objet concret préexistant. Cet être humain joue toujours le rôle d'agent, alors que l'objet en question joue le rôle de « patient ». Voici quelques exemples :

(7a) *Le maçon*$_{\text{AGENT}}$ *a détruit le* ***mur***$_{\text{PATIENT}}$.
(7b) *Le garçon*$_{\text{AGENT}}$ *a brûlé le* ***gâteau***$_{\text{PATIENT}}$.
(7c) *La femme*$_{\text{AGENT}}$ *a ouvert la* ***fenêtre***$_{\text{PATIENT}}$.
(7d) *Grand père*$_{\text{AGENT}}$ *a soulevé le* ***verre***$_{\text{PATIENT}}$.
(7e) *La fille*$_{\text{AGENT}}$ *a effacé le* ***dessin***$_{\text{PATIENT}}$.
(7f) *La taupe*$_{\text{AGENT}}$ *a bouché le* ***trou***$_{\text{PATIENT}}$.
(7g) *Le chasseur*$_{\text{AGENT}}$ *a posé le* ***fusil***$_{\text{PATIENT}}$.

Penchons-nous, tout d'abord, du côté de l'agent. Si nous modifions sa nature – en introduisant des entités non-humaines – nous obtenons des exemples comme :

(8a) ***L'orage***$_{\text{FORCE}}$ *a détruit le mur*$_{\text{PATIENT}}$.
(8c) *Le* ***feu***$_{\text{FORCE}}$ *a brûlé la forêt*$_{\text{PATIENT}}$.
(8b) *Le* ***vent***$_{\text{FORCE}}$ *a ouvert la fenêtre*$_{\text{PATIENT}}$.
(8d) *La* ***marée***$_{\text{FORCE}}$ *a soulevé le bateau*$_{\text{PATIENT}}$.

Ici, la structure conceptuelle est plutôt : « quelque chose exerce une action sur quelque chose ». On ne parle plus d'agent, mais bien de force. Un cas particulier est le suivant :

(8e) *Cette clé*$_{\text{INSTRUMENT}}$ *ouvrira la porte*$_{\text{PATIENT}}$.

En (8e), suite à une sorte de métonymie intégrée (au sens de G. Kleiber), *cette clé* n'est ni la cause, ni l'agent, mais il joue le rôle d'un « instrument » à utiliser par un agent non spécifié.

Si nous modifions non pas la nature de l'agent, mais le profil du procès – en considérant des actions moins dynamiques ou plus statiques – nous obtenons des exemples comme :

(9a) ***Rome***$_{\text{CONTRÔLEUR}}$ *gouverne le monde*$_{\text{PATIENT}}$.

(9b) ***Il***$_{\text{CONTRÔLEUR}}$ *économise son argent*$_{\text{PATIENT}}$.
(9c) ***Je***$_{\text{CONTRÔLEUR}}$ *garde ton vélo*$_{\text{PATIENT}}$.

En (9), nous ne sommes pas confrontés à un agent dénaturé comme dans le cas de la force, mais à un agent qui a un profil moins actif : il contrôle le patient, plutôt que de l'affecter. À ce propos, on parle parfois de « contrôleur » (*cf.* Creissels 2006 : § 17.1.1.1). Le patient, quant à lui, ne subit pas une modification ou altération comme dans les cas précédents.

Si, à partir de cas comme (9), nous effaçons le trait animé du contrôleur, nous basculons vers un tout autre type de rôle :

(9d) *Cette* ***armoire***$_{\text{LOCATIF}}$ *garde ta robe de mariée.*
(9e) *Ce* ***tiroir***$_{\text{LOCATIF}}$ *contient mes chaussettes.*

Dans les exemples (9d-e), *armoire* et *tiroir* jouent le rôle de « locatif ». La structure conceptuelle en jeu en (9d-e) est donc la même qu'en (9f-g) :

(9f) *Ta robe de mariée*$_{?}$ *se trouve dans cet* ***armoire***$_{\text{LOCATIF}}$.
(9g) *Mes chaussettes*$_{?}$ *sont dans ce* ***tiroir***$_{\text{LOCATIF}}$.

Si, face aux exemples (9d-g), nous nous interrogeons sur le rôle joué par *ta robe de mariée* et *mes chaussettes*, nous remarquons que ce rôle devient plutôt abstrait.

Revenons maintenant au schéma « un humain exerce une action sur quelque chose » en nous penchant du côté du patient. Si nous modifions la nature du patient, nous obtenons :

(10a) *Le lion*$_{\text{AGENT}}$ *a mangé la* ***gazelle***$_{\text{PATIENT}}$.
(10b) *Le boxeur*$_{\text{AGENT}}$ *a frappé* ***l'adversaire***$_{\text{PATIENT}}$.
(10c) *Grand père*$_{\text{AGENT}}$ *a soulevé la petite* ***fille***$_{\text{PATIENT}}$.
(10d) *Le papa*$_{\text{AGENT}}$ *câline son* ***fils***$_{\text{PATIENT}}$.

Ici, la structure conceptuelle est : « quelqu'un fait quelque chose sur quelqu'un ». Pour ce dernier rôle, la tradition linguistique continue à parler de patient. L'agent et le patient sont donc traités d'une façon asymétrique. D'une part, la tradition linguistique fait la distinction entre agent et force (ou parfois cause) en se montrant ainsi sensible à la différence humain / non-humain ; de l'autre, lorsqu'il s'agit du patient, cette différence est neutralisée.

Nous touchons à un point important. Un humain, à la différence d'un objet concret inanimé, est capable d'avoir des expériences. Si cela est vrai, lorsque le patient est un humain, nous sommes confrontés à une complexité majeure. Observons les exemples suivants :

(11a) *L'obscurité*$_{\text{MOTIF}}$ *effraie* ***Béatrice***$_{\text{PATIENT / EXPÉRIENCEUR}}$.
(11b) *Michele*$_{\text{AGENT}}$ *rassure* ***Béatrice***$_{\text{PATIENT / EXPÉRIENCEUR}}$.

Face à (11a), il est tout à fait légitime de se demander : *Béatrice* joue-t-elle le rôle de patient ou d'expérienceur ? Si nous nous focalisons sur le motif qui produit un effet sur *Béatrice*, ou sur l'agent qui effectue une action sur *Béatrice*, alors *Béatrice* apparaît en tant que patient. Si, en revanche, nous nous intéressons à ce qui se passe à l'intérieur de *Béatrice*, alors *Béatrice* nous apparaîtra comme expérienceur (et peut-être voudrait-t-on qualifier *l'obscurité* de *stimulus*). Quoi qu'il en soit, la différence entre ces alternatives ne concerne pas la nature de l'expérience – qui est la même – mais la mise en forme de cette expérience. Autrement dit, dans les faits, *Béatrice* est, en même temps, patient et expérienceur. Mettre en avant l'un ou l'autre de ces aspects – l'envisager du point de vue d'un rôle ou d'un autre – est une question phénoménologique. Contrastons par exemple (11a) avec (11c) :

(11c) *Béatrice*$_{\text{EXPÉRIENCEUR / PATIENT}}$ *craint* l'obscurité$_{\text{CONTENU INTENTIONNEL / MOTIF}}$.

En (11c), le verbe *craindre* met *Béatrice* en position de sujet et *l'obscurité* en position de COD. Dans la structure de la phrase, le sujet jouit d'une position hiérarchique plus élevée par rapport au COD. Ce fait a comme conséquence de valoriser *Béatrice* en tant qu'expérienceur plutôt que patient. *L'obscurité*, quant à elle, est saillante en tant que contenu de l'expérience psychologique de Béatrice, plutôt que motif de cette expérience. Nous décrirons plus en détail ce mécanisme au § 12.6.3.

Le point crucial, maintenant, est le suivant. Les rôles *expérienceur*, *patient*, etc. ne sont pas créés par une catégorie grammaticale (comme le sujet ou le COD), mais ils relèvent de la structure conceptuelle contenue dans le verbe prédicatif. Cette structure conceptuelle peut être complexe (comme dans nos exemples) car *complexe* est notre expérience du monde.

La différente distribution des arguments dans les catégories grammaticales de la phrase peut aider à mettre en valeur certains aspects de cette structure conceptuelle plutôt que d'autres.

10.2.4 QUELQU'UN CRÉE QUELQUE CHOSE

Un être humain peut créer quelque chose. L'être humain joue le rôle d'agent, alors que ce quelque chose joue le rôle d'« objet créé ».

(12a) *Le maçon*$_{\text{AGENT}}$ *a bâti le* ***mur***$_{\text{OBJET CRÉÉ}}$.
(12b) *Le garçon*$_{\text{AGENT}}$ *a préparé le* ***gâteau***$_{\text{OBJET CRÉÉ}}$.
(12b) *L'étudiante*$_{\text{AGENT}}$ *a écrit un* ***poème***$_{\text{OBJET CRÉÉ}}$.
(12c) *La taupe*$_{\text{AGENT}}$ *a creusé un* ***passage***$_{\text{OBJET CRÉÉ}}$.

La définition de l'objet créé repose essentiellement sur le profil du procès (création, production…) et elle s'avère peu sensible à la nature de l'argument.
Nous incluons ici ce cas :

(12d) *Il*$_{\text{AGENT}}$ *a transformé la maîtresse*$_{\text{PATIENT}}$ *en grenouille*$_{\text{OBJET CRÉÉ}}$.

Si à la place d'un objet, nous sommes confrontés à des événements ou des actions, on parlera de cause ou motifs et effets ou réactions.

(12e) *La pollution*$_{\text{CAUSE}}$ *provoque des maladies*$_{\text{EFFETS}}$.
(12f) *La hausse des impôts*$_{\text{MOTIF}}$ *a suscité des grèves*$_{\text{RÉACTIONS}}$.

10.2.5 QUELQU'UN PENSE QUELQUE CHOSE

Un être humain peut penser quelque chose. L'être humain joue le rôle d'expérienceur, alors que la chose envisagée joue un rôle que nous appellerons « contenu intentionnel », « thème » ou « propos » :

(13a) *Paul*$_{\text{EXPÉRIENCEUR}}$ *rêve de Marie*$_{\text{CONTENU INTENTIONNEL}}$.
(13b) *Paul*$_{\text{EXPÉRIENCEUR}}$ *imagine un château*$_{\text{CONTENU INTENTIONNEL}}$.
(13c) *Paul*$_{\text{EXPÉRIENCEUR}}$ *pense à Marie*$_{\text{CONTENU INTENTIONNEL}}$.
(13d) *Paul*$_{\text{EXPÉRIENCEUR}}$ *désire un nouvel ordinateur*$_{\text{CONTENU INTENTIONNEL}}$.
(13e) *Paul*$_{\text{EXPÉRIENCEUR}}$ *souhaite que les salles de sport rouvrent*$_{\text{CONTENU INTENTIONNEL}}$.

(13f) *Paul*$_{\text{EXPÉRIENCEUR}}$ *veut un nouvel ordinateur*$_{\text{CONTENU INTENTIONNEL}}$.
(13g) *Paul*$_{\text{EXPÉRIENCEUR}}$ *prétend à une promotion*$_{\text{CONTENU INTENTIONNEL}}$.
(13h) *Paul*$_{\text{EXPÉRIENCEUR}}$ *a décidé qu'il arrêterait le travail*$_{\text{CONTENU INTENTIONNEL}}$.
(13i) *Paul*$_{\text{EXPÉRIENCEUR}}$ *a compris la théorie de la relativité*$_{\text{CONTENU INTENTIONNEL}}$.
(13l) *Paul*$_{\text{EXPÉRIENCEUR}}$ *a formulé une idée*$_{\text{CONTENU INTENTIONNEL}}$.

Nous avons déjà insisté sur le caractère multiforme – plus actif ou plus passif – de l'expérienceur. Dans le cas de (13) ce fait est cohérent avec notre attitude vis-à-vis des actes mentaux : d'une part, nous nous envisageons comme des agents de ces actes (*cf.* par exemple (13l)) ; de l'autre, ces actes ressemblent parfois à des phénomènes qui se manifestent en nous (*cf.* par exemple (13a)).

Le contenu intentionnel, quant à lui, est défini exclusivement par le contenu du procès (un verbe de penser ou à la limite de parole) et la nature de l'argument n'est pas pertinente. La raison en est claire : nous pouvons penser à… tout. Cela implique que le contenu intentionnel peut recevoir un profil extrêmement varié selon le contenu du verbe : un verbe comme *souhaiter quelque chose* présente le thème comme un but, *penser à quelque chose* le présente d'une façon plus neutre, *formuler une idée* présente le contenu intentionnel comme un objet créé, et observons également *adhérer à, épouser… une thèse.*

Observons l'exemple (13m) :

(13m) *Paul*$_{\text{AGENT}}$ *parle de Marie*$_{\text{PROPOS}}$.

Dans cet exemple, *Paul* est un agent et *Marie* – le thème de l'acte de parole – est équivalent à un contenu intentionnel. On pourrait parler de « propos ».

Un cas extrême est offert par un exemple tel que :

(13n) *Ce tableau*$_{\text{SUPPORT DE PROPRIÉTÉ ?}}$ *représente un bateau*$_{?}$.
(13o) *Le lac*$_{\text{SUPPORT DE PROPRIÉTÉ ?}}$ *reflète la lune*$_{?}$.

Un tableau ou un lac n'ont pas d'intentionnalité. Or, indépendamment de sa relation avec une certaine action ou expérience, un contenu intentionnel implique un sujet humain. Dans ces exemples, cependant, il n'y a aucun sujet humain : du contenu intentionnel au sens strict, il ne reste donc rien et le rôle se vide.

10.2.6 QUELQU'UN ÉPROUVE UN SENTIMENT VIS-À-VIS DE QUELQUE CHOSE, OU PERÇOIT QUELQUE CHOSE

Nous avons déjà vu ce cas en discutant l'exemple (11b) :

(11b) *Béatrice*$_{\text{EXPÉRIENCEUR / PATIENT}}$ *craint l'obscurité*$_{\text{CONTENU INTENTIONNEL / MOTIF}}$.

Observons maintenant les exemples (14) :

(14a) *Paul*$_{\textit{EXPÉRIENCEUR}}$ *déteste Marie*$_{\textit{CONTENU}\text{ INTENTIONNEL / MOTIF}}$.
(14b) *Paul*$_{\textit{EXPÉRIENCEUR}}$ *aime Marie*$_{\textit{CONTENU}\text{ INTENTIONNEL / MOTIF}}$.

Par rapport aux procès de *détester* ou *aimer*, *Marie* est à la fois : un contenu intentionnel et le motif de l'état mental de *Paul*. *Paul*, à son tour, est à la fois, l'expérienceur de cet état mental et le patient qui subit un certain effet.

Observons (14c) :

(14c) *Tu*$_{\text{MOTIF / CONTENU INTENTIONNEL}}$ *me*$_{\text{EXPÉRIENCEUR / PATIENT}}$ *manques.*

Ici, le contenu intentionnel est présenté en première position : cela valorise son caractère causal ou de motif. L'expérienceur, en revanche, est en position de COI. Insistons encore sur un point. Le fait qu'un argument puisse être envisagé selon plusieurs rôles (par exemple qu'un contenu intentionnel puisse également fonctionner comme motif) n'est pas une objection contre la notion de rôles, mais la preuve que nos expériences internes sont complexes. La distribution des arguments dans la structure de la phrase peut mettre en valeur une facette plutôt que l'autre. Contrastons, à ce propos, *Paul*$_{\text{EXPÉRIENCEUR / PATIENT}}$ *a eu un accident* vs. *Un accident est arrivé à Paul*$_{\text{PATIENT / EXPÉRIENCEUR}}$.

Considérons un cas comme (14d) :

(14d) *J'*$_{\text{EXPÉRIENCEUR}}$ *entends une voiture.*

Ici, la voiture n'est pas un contenu d'un état mental, mais d'une perception. On pourrait parler de motif de la perception, ou « stimulus ».

Revenons encore à un exemple comme (11b) (*Béatrice craint l'obscurité*). Si le premier argument est inanimé, nous obtenons quelque chose comme :

(14e) *Le tableau craint les flashs.*

Ici, le rôle du *tableau* devient très abstrait : il se rapproche d'un support de propriété, ou le siège virtuel d'un phénomène, comme dans les exemples (13o-p).

10.2.7 QUELQU'UN SE TROUVE
OU SE DÉPLACE QUELQUE PART

Nous avons déjà mentionné les locatifs au § 10.2.3. En général, *quelque chose* ou *quelqu'un* peut... se trouver, passer, bouger ou faire bouger quelque chose d'autre... dans un lieu, par un lieu, vers un lieu, d'un lieu à un autre... Ces lieux jouent les rôles de locatifs. Les locatifs peuvent être précisés comme origine, direction, etc. Voici quelques exemples :

(15a) *Il*$_{\text{CONTROLEUR}}$ *habite sur Paris*$_{\text{LOCALISATION}}$.
(15b) *Il*$_{\text{AGENT}}$ *a traversé Paris*$_{\text{PASSAGE}}$.
(15c) *Ils*$_{\text{AGENT}}$ *sont descendus de la montagne*$_{\text{SOURCE}}$ *vers la vallée*$_{\text{DESTINATION}}$.
(15d) *Il*$_{\text{AGENT}}$ *a déplacé le canapé*$_{\text{PATIENT}}$ *contre le mur*$_{\text{DESTINATION}}$.

La définition des locatifs repose sur le profil du procès plutôt que sur la nature de l'argument. Même si les lieux ont une affinité naturelle par rapport à ce rôle, tout objet peut fonctionner comme locatif : *les fourmis escaladent le livre.*

Observons l'exemple suivant :

(15f) *La route traverse le bois.*

Ici, *traverser* n'est pas vraiment un mouvement et le procès est plutôt une propriété. Le même phénomène affecte un exemple comme *le bâtiment regarde la mer.*

Nous incluons ici le cas où « quelqu'un déplace quelque chose quelque part » ou « quelqu'un se déplace de quelque part à quelque part, ou par quelque part » :

(16a) *Il*$_{\text{AGENT}}$ *a déplacé le canapé*$_{\text{PATIENT}}$ *contre le mur*$_{\text{DESTINATION}}$.
(16b) *Ils*$_{\text{AGENT}}$ *sont descendus de la montagne*$_{\text{SOURCE}}$ *vers la vallée*$_{\text{DESTINATION}}$.
(16c) *Ils*$_{\text{AGENT}}$ *ont détaché le chien*$_{\text{PATIENT}}$ *du poteau*$_{\text{SOURCE}}$.
(16e) *Il*$_{\text{AGENT}}$ *a attaché le chien*$_{\text{PATIENT}}$ *au poteau*$_{\text{LOCATIF}}$.

10.2.8 QUELQU'UN TRANSFÈRE QUELQUE CHOSE À QUELQU'UN

Le premier humain joue le rôle d'agent, la chose transférée joue le rôle de patient et le second humain joue le rôle de « destinataire » :

(17a) *Paul*$_{\text{AGENT}}$ *a passé la balle*$_{\text{PATIENT}}$ *à* ***Marie***$_{\text{DESTINATAIRE}}$.
(17b) *Paul*$_{\text{AGENT}}$ *a envoyé une lettre*$_{\text{PATIENT}}$ *à* ***Marie***$_{\text{DESTINATAIRE}}$.
(17c) *Le professeur*$_{\text{AGENT}}$ *a assigné à* ***Paul***$_{\text{DESTINATAIRE}}$ *un devoir difficile*$_{\text{PATIENT}}$.
(17d) *Le tribunal*$_{\text{AGENT}}$ ***lui***$_{\text{DESTINATAIRE}}$ *a restitué son permis de conduire*$_{\text{PATIENT}}$.
(17e) ***Il***$_{\text{DESTINATAIRE}}$ *a reçu une lettre*$_{\text{PATIENT}}$.

Pour la définition du destinataire, la nature de l'argument s'avère cruciale : nous pouvons *effectuer une action sur* un arbre (un non-humain), mais nous ne pouvons pas *adresser notre action à* un arbre (un non-humain) d'une façon cohérente.

Observons encore les exemples suivants :

(17f) *Marianne*$_{\text{AGENT}}$ *a téléphoné à sa* ***grand-mère***$_{\text{DESTINATAIRE}}$.

Le destinataire ne doit pas être confondu avec des rôles tels que le bénéficiaire, le substitut de l'agent ou le possesseur externe. Le destinataire fait partie de la valence verbale ; les autres, en revanche, non : ils sont des rôles accessoires. Toute action, par exemple, peut avoir un « bénéficiaire » :

(17g) *Marianne*$_{\text{AGENT}}$ *a préparé un gâteau*$_{\text{OBJET CRÉÉ}}$.
(17h) *Marianne*$_{\text{AGENT}}$ *a préparé un gâteau*$_{\text{OBJET CRÉÉ}}$ *pour son* ***père***$_{\text{BÉNÉFICIAIRE}}$ / *à son* ***père***$_{\text{BÉNÉFICIAIRE}}$.

Pour décrire le procès de téléphoner, la présence du destinataire de l'appel est essentielle, mais pour décrire le procès de préparer un gâteau, la spécification de la personne *pour laquelle* on le fait ne l'est pas. De même, dans des cas comme *j'ai lacé les chaussures à Marianne*, *à Marianne* n'est pas un destinataire, mais plutôt un bénéficiaire ou un possesseur externe. De même que patient n'est pas synonyme de COD, de même, destinataire n'est pas synonyme de COS (complément d'objet second). Nous reviendrons sur ce point, et sur l'alternance *à / pour*, au § 11.2.2.1.

Revenons maintenant au schéma « quelqu'un communique quelque chose à quelqu'un ». Si la chose transférée n'est pas un objet concret, mais un objet eidétique, la structure conceptuelle sera plutôt : « quelqu'un transmet quelque chose à quelqu'un ». Les deux humains jouent toujours les rôles d'agent et destinataire respectivement, alors que la chose transmise joue le rôle de « thème » ou « propos » :

(18a) *Paul*$_{\text{AGENT}}$ *a parlé à* ***Marie***$_{\text{DESTINATAIRE}}$ *de sa* ***décision***$_{\text{PROPOS}}$.
(18b) *Paul*$_{\text{AGENT}}$ *a informé* ***Marie***$_{\text{DESTINATAIRE}}$ *de sa* ***décision***$_{\text{PROPOS}}$.
(18c) *Paul*$_{\text{AGENT}}$ *a communiqué sa* ***décision***$_{\text{PROPOS}}$ *à* ***Marie***$_{\text{DESTINATAIRE}}$.
(18d) *Paul*$_{\text{AGENT}}$ *a appris la* ***chanson***$_{\text{THÈME}}$ *aux* ***enfants***$_{\text{DESTINATAIRE}}$.

10.3 RÔLES SÉMANTIQUES

De même que les classes d'objets identifient des classes lexicales circonscrites par des prédicats appropriés, de même, les rôles sémantiques ou micro-rôles permettent de mettre en relation des acceptions spécifiques des prédicats.

Pour imaginer qu'un être humain joue le rôle d'agent ou de patient – rôles ontologiques – nous n'avons pas besoin de connaître la signification d'un verbe particulier. Il suffit d'envisager une structure conceptuelle générale comme, justement, « un humain exerce une action sur un objet ». Ce schéma est le squelette de pratiquement tous les verbes prédicatifs signifiant des actions, indépendamment du profil spécifique de l'action.

En revanche, nous ne pouvons pas imaginer qu'un être humain joue le rôle de locataire – rôle sémantique – sans un verbe comme *louer*. Autrement dit, pour déclencher les rôles *d'acheteur*, *locataire*, etc., il faut un réseau circonscrit de verbes prédicatifs prédicats. Voici un exemple :

(17a) *Marie a loué son appartement à Paul.*
(17b) *Le sniper a assassiné le président.*
(17c) *Jeanne a acheté une moto à Marie à 1 000 euros.*

Dans ces exemples, il n'y pas seulement des rôles généraux comme agent, patient et destinataire, mais il y en a des plus précis, liés à la sémantique propre du verbe en jeu. Ils sont donc des rôles sémantiques.

Dans le procès dessiné par (17a), *Marie* joue le rôle de *loueur*, *Paul* joue le rôle de *locataire* et l'*appartement* joue le rôle de *bien* loué. Dans le procès dessiné par (17b), le *sniper* joue le rôle d'*assassin* et le *président* celui de *victime*. Dans le procès dessiné en (7c), *Jeanne* joue le rôle d'*acheteur*, la *moto* joue le rôle de *marchandise*, *Marie* joue le rôle de *vendeur* et la somme de *1 000 euros* joue le rôle de *prix de la marchandise.*

À la différence des rôles ontologiques, les rôles sémantiques sont identifiés par des mots du langage courant et ils sont souvent des déverbaux. Pensons, par exemple, à *assassin* ou *acheteur* par rapport à *assassiner* ou *acheter.*

L'existence de ces rôles dépend du lexique d'une langue donnée, à l'intérieur duquel ils permettent d'envisager des réseaux. Reprenons l'exemple (17c) et contrastons-le avec (17d-f) :

(17c) *Jeanne a acheté une moto à Marie à 1 000 euros.*
(17d) *Marie a vendu une moto à Jeanne à 1 000 euros.*
(17e) *La moto a coûté 1 000 euros.*
(17f) *Jeanne a payé la moto 1 000 euros.*

Ici, il y quatre verbes prédicatifs qui peuvent être mis en relation sur la base de rôles sémantiques et de leur ordre :

(17c) *acheter* (acheteur$_1$, marchandise$_2$, vendeur$_3$, prix$_4$)
(17d) *vendre* (vendeur$_1$, marchandise$_2$, acheteur$_3$, prix$_4$)
(17e) *coûter* (marchandise$_1$, prix$_2$)
(17f) *payer* (acheteur$_1$, marchandise$_2$, prix$_3$)

Les exemples (17) décrivent tous une même scène – un échange commercial – sur laquelle chaque exemple jette une perspective conceptuelle différente (*frame*, Fillmore 1977). Les exemples (17c) et (17d) sont parfaitement symétriques et reproduisent la scène dans sa totalité : les verbes *acheter* et *vendre* sont ici appelées converses. Les exemples (17e) et (17f), quant à eux, reproduisent seulement une partie de la scène : le premier du point de vue de la marchandise ; le second du point de vue de l'acheteur.

Encore une fois, il est important de ne pas confondre la distribution des rôles avec des catégories distributionnelles comme sujet et COD. Revenons à (17c) e (17d) :

> (17c) *Jeanne a acheté une moto à Marie.*
> (17d) *Marie a vendu une moto à Jeanne.*

La structure distributionnelle de ces phrases est identique : SUJET – V – COD – COS (COS = complément d'objet second). La différence ne concerne pas cette structure, mais l'organisation interne du contenu des verbes prédicatifs : *acheter*(acheteur$_1$, marchandise$_{2,}$ vendeur$_3$) *vs.* *vendre*(vendeur$_1$, marchandise$_2$, acheteur$_3$). Nous y reviendrons sous § 11.

10.4 À QUOI SERVENT LES RÔLES ?

L'utilité des rôles sémantiques devrait être claire : elle relève de la lexicologie et de la lexicographie. Grace à la notion de *frame*, en effet, les rôles permettent de décrire finement des réseaux lexicaux saillants pour une langue donnée.

L'importance des rôles ontologiques, en revanche, relève de la linguistique générale. Les structures conceptuelles mises en évidence par les rôles ontologiques sont une constante. L'expression linguistique de ces structures est une variable. Décrire la grammaire d'une langue signifie décrire les moyens qu'elle met en place pour déployer ces structures conceptuelles dans des phrases. Cette question orientera notre étude des types de GV (*cf.* § 11) et de la notion de transitivité (*cf.* § 13.1).

Nous trouvons ici la raison pour laquelle il faut accepter le pari de définir les rôles ontologiques avec des considérations purement conceptuelles (*cf.* § 10.2). Si la grammaire d'une langue – et notamment sa syntaxe – est conçue comme un dépositoire de moyens pour exprimer des structures conceptuelles, il est clair que ces dernières ne peuvent pas être à leur tour définies à partir de catégories grammaticales. Si c'était le cas, en effet, la fonction des structures syntaxiques se réduirait à exprimer… elles-mêmes, et toute entreprise de décrire le fonctionnement de la langue s'effondrerait. Le seul présupposé pouvant garantir une cohérence épistémologique à cette entreprise est l'idée que les rôles généraux soient accessibles indépendamment de la grammaire d'une langue donnée.

Pour une discussion à propos de la possibilité de catégories douées d'une validité interlinguistique, nous renvoyons à Lazard (2001) et Haspelmath (2009, 2010).

CHAPITRE 11

La structure du GV à prédicat verbal

11.1 LES PARAMÈTRES DU GV

11.1.1 VALENCE ET NOMBRE DE COMPLÉMENTS

La structure de la phrase est GN^{SUJET} ↔ GV (*cf.* § 2.1). Entre les constituants immédiats de la phrase, il y a une profonde asymétrie.

Un GN n'est pas nécessairement sujet, mais le sujet est nécessairement un GN. La présence du GN-sujet est indépendante de la valence verbale : si le verbe est zéro-valent, le sujet impersonnel intervient pour caler la position du premier constituant immédiat de la phrase : *Il pleut* (*cf.* § 7.2.5).

En revanche, le nombre des compléments du verbe prédicatif est fonction de sa valence. Si le verbe est bivalent, le GV a un complément : *renoncer à la promotion, manger un gâteau, habiter à Paris,* etc. Si le verbe est trivalent, le GV a deux compléments : *préférer les saucisses aux crêpes, pousser le canapé contre le mur*, etc. Et ainsi de suite. Dans *Il dort*, par ailleurs, aucun complément impersonnel n'intervient pour caler une position de la structure interne du GV qui serait restée vide (*cf.* 7.3). Cela est la preuve que la structure interne du GV – à la différence de l'architecture GN^{SUJET} ↔ GV – est déterminée par la valence.

La conclusion est claire. La valence est le paramètre fondamental organisateur du GV. Sous § 8.2., lorsque nous étions en train d'établir si un constituant était un argument ou pas, dans les faits, nous étions en train de délimiter le GV : les limites droites du GV à verbe prédicatif coïncident avec les limites de la valence de ce verbe.

La valence, cependant, n'est pas le seul paramètre responsable de la structure du GV.

11.1.2 RÉGIME DE CODAGE

Une fois que la valence du verbe prédicatif a imposé la présence d'un complément, il reste à déterminer la forme de ce complément : à savoir, s'il est introduit par une préposition ou pas, et le fonctionnement de cette éventuelle préposition. C'est le paramètre du régime de codage, mis en avant par Prandi (2004).

Observons les exemples suivants :

(1a) *Je compte sur la voiture de Paul (pour rejoindre le chalet).*
(1b) *Un faisan a sauté sur la voiture de Paul.*

Laissons de côté le sujet (qui n'est pas un complément du verbe, mais un constituant immédiat de la phrase) et concentrons-nous sur la structure interne du GV. Le paramètre de la valence – le fait que les verbes *compter* et *sauter* sont bivalents – est responsable du fait qu'à l'intérieur du GV nous avons un seul complément (souligné). Le paramètre du codage est responsable du fait que ce complément est introduit par une préposition : *sur*. Si nous examinons le fonctionnement de cette préposition, nous remarquons une différence.

Dans le cas de (1a), la signification de la préposition est désactivée : elle est « incolore » (Blinkenberg 1960, Faarland 1990, Steinitz 1969). Dans le cas de (1b), en revanche, la préposition est sémantiquement active et elle s'oppose à d'autres prépositions ou expressions prépositionnelles spatiales : *sauter... sur, dans, à l'intérieur de, à côté de*, etc. Si nous imaginons briser les phrases (1a) et (1b) en séparant le GP (Groupe Prépositionnel) *sur la voiture de Paul* du verbe, nous remarquons que ce GP, en isolation, prend un sens spatial :

(**Je compte...*)	*sur la voiture de Paul.*
(**Un faisan a sauté*)	*sur la voiture de Paul.*

Dans le cas de (1a), l'expression *sur la voiture de Paul*, séparée du reste, ne garde aucun lien avec le sens qu'elle avait en tant que complément de *compter*. Dans le cas de (1b), en revanche, nous perdons l'idée de mouvement liée au verbe *sauter*, mais le sens de localisation de *sur* reste identique. Le fonctionnement de la préposition *sur* en (1b) est exactement le même que dans un exemple tel que (1c) :

(1c) *Paul a embrassé Antoine sur la place de la Concorde.*

Certes, en (1b), *sur* introduit un argument de *sauter*, alors qu'en (1c) *sur* n'introduit pas un argument d'*embrasser* :

**Un faisan a sauté. Cela est arrivé sur la voiture de Paul.*
Paul a embrassé Antoine. Cela est arrivé sur la place de la Concorde.

Cependant, en (1b) et (1c) le fonctionnement de la préposition *sur* est le même : elle a la même signification.

À ce propos, Prandi (2004) distingue deux régimes de codage : un régime de codage relationnel (exemplifié par le fonctionnement de la préposition *sur* dans (1a)) et un régime codage ponctuel (exemplifié par le fonctionnement de la préposition *sur* dans (1b) ou (1c)). Avec la dénomination « ponctuel », cet auteur veut souligner que la fonction du GP *sur la voiture* en (1b) et (1c) est déterminée, essentiellement, par le contenu de la préposition *sur* et du GN *la voiture* : d'où le sens constant de ce GP en isolation. En revanche, avec la dénomination « relationnel », il veut souligner que la fonction du GP *sur la voiture* en (1a) découle entièrement de sa position dans la structure de la phrase : d'où son changement de sens en isolation. Dans la suite, nous parlerons, respectivement, de régime de codage sémantique (=ponctuel) et régime de codage formel (=relationnel).

11.1.3 FONCTIONNEMENT DES PARAMÈTRES

En synthèse, la structure d'un GV à verbe prédicatif peut être décrite selon ces deux paramètres :

i) **valence** : détermine le nombre de compléments du GV
ii) **régime de codage** : les moyens à travers lesquels un certain rôle est affecté à un complément
    ii.i) **formel** : préposition sans signification (signification désactivée) ou absence de préposition tout court (l'absence de préposition étant une variante d'une préposition… sans signification)
    ii.ii) **sémantique** : préposition avec une signification active, choisie dans un paradigme

Ces paramètres sont ordonnés : la question du régime de codage d'un complément (ii) se pose seulement si la valence du verbe (i) prévoit la présence de ce complément.

Voici quelques exemples :

(4a) *renoncer à des vacances*
(4b) *opter pour une bière brune*
(4c) *rencontrer une amie*
(4d) *traverser une rivière*

(5a) *habiter à Paris*
(5b) *partir pour Madrid*

(6a) *voler une rose à un fleuriste*
(6b) *pousser le canapé contre le mur*
(6c) *descendre de la montagne vers la plaine*

En (4), il y a un verbe bivalent et un codage formel du complément : en (4a-b) ce codage est marqué par une préposition, alors qu'en (4c-d) il est marqué par l'absence de toute préposition.

En (5), il y a un verbe bivalent, mais un codage sémantique du complément : *à* peut être remplacée par *sur, vers, à coté de…* et *pour* peut être remplacée par *vers, en direction de…*. Signe que ces prépositions sont valorisées pour leur signification par rapport à la signification d'autres prépositions dans un même ensemble.

En (6), il y a un verbe trivalent, qui implique donc deux compléments. En (6a), ces compléments sont tous les deux codés formellement : le premier par l'absence de préposition, le second par la présence de *à*. En (6b), le premier complément est codé formellement par l'absence de préposition, alors que le second est codé sémantiquement. En (6c), les deux compléments sont codés sémantiquement.

Comme on le voit, chaque GV manifeste un équilibre variable entre les paramètres de la valence et du régime de codage. Offrir une typologie des GV à verbe prédicatif signifie explorer ces équilibres. Chacun de ces équilibres identifie une configuration possible des limites entre les conceptions distributionnelle et fonctionnelle de la phrase (*cf.* § 5.3).

11.2 TYPOLOGIE DES GV À PRÉDICAT VERBAL

Nous examinons maintenant les structures du GV à verbe prédicatif. C'est ici que les structures conceptuelles des procès – définies à l'aide des rôles généraux (§ 10) – entrent en jeu. Les régimes de codage que nous venons de définir, en effet, sont les moyens à travers lesquels la langue déploie ces structures conceptuelles (prévues par la valence) dans des phrases (§ 10.4). Nous pouvons envisager deux cas de figure.

Si l'argument reçoit un codage formel, son identité est définie par une catégorie grammaticale indépendamment du rôle qu'il joue. Ce rôle est, pour ainsi dire, recouvert par une catégorie grammaticale : c'est-à-dire par la relation formelle que ce complément entretient dans la structure de la phrase. Par exemple, dans *traverser la rivière*, *caresser Paul* ou *raconter sa journée* (codage formel), les compléments sont immédiatement identifiés comme des COD. Cette catégorie grammaticale est reconnue *avant* le rôle joué par le complément : qu'il soit locatif, patient, thème, etc.

Si l'argument reçoit un codage sémantique, son identité est directement définie par le rôle joué. Cette fois, le rôle se manifeste, pour ainsi dire, ouvertement. Par exemple, dans *passer par la rivière* ou *discuter à propos du voyage* (codage sémantique), les compléments sont reconnus et dénommés immédiatement sur la base de leur rôle : à savoir, « complément (essentiel) de lieu » et « complément de propos ». Aucune catégorie grammaticale comparable au COD n'apparaît.

La différence entre ces régimes de codage est admise, implicitement, par la terminologie grammaticale classique qui, on l'aura remarqué, utilise deux types différentes d'étiquettes pour les compléments du verbe : des étiquettes comme COD ou COI, sémantiquement opaques, et des étiquettes sémantiquement transparentes comme, justement, « complément essentiel locatif ».

Quoi qu'il en soit, si nous laissons de côté le sujet – qui reçoit toujours un codage formel et qui est donc lui-même une catégorie grammaticale – les autres catégories grammaticales à l'intérieur du GV sont :

- le complément d'objet direct (COD) : *traverser une rivière*
- le complément d'objet indirect (COI) : *influer sur une décision*

– le complément d'objet second (COS) : *comparer une personne à l'océan*, *vendre quelque chose à quelqu'un*

Parmi les compléments identifiés par leur rôle, nous signalons :

– les compléments (essentiels) de lieu : *habiter sur la colline, passer par la rivière*
– le compléments (essentiels) de propos : *parler à la directrice à propos de mes congés*

11.2.1 GV À UN COMPLÉMENT

11.2.1.1 V + COD

Observons les exemples (7) :

(7a) *Le garçon a cassé la fenêtre.*
(7b) *Le vent a ouvert la porte.*
(7c) *L'assassin a utilisé ces câbles.*
(7d) *L'employé a refusé la promotion.*
(7e) *Le professeur désire une augmentation.*
(7f) *La fille a choisi le tiramisu.*
(7g) *La route traverse la plaine.*
(7h) *Le chien a entendu les voleurs.*
(7i) *Morgane a reçu une lettre.*
(7j) *Le tableau représente un bateau.*

Nous laissons aux lectrices et aux lecteurs le souci d'attribuer des rôles aux arguments dans les exemples (7). Parfois, ces rôles sont très clairs, d'autre fois moins. Quoi qu'il en soit, les structures conceptuelles des exemples (7) sont très variées. Les seules choses que ces exemples ont en commun sont : le fait d'avoir un verbe prédicatif bivalent et le codage formel à marque zéro du second argument. Cet argument prend le nom de complément d'objet direct (COD).

Le COD n'est donc pas défini par le type de rôle joué par l'argument, mais par ses propriétés de codage et son comportement.

i) Le COD peut être disloqué à gauche ou à droite, à condition que sa position soit calée par un pronom spécifique :

Les voleurs, le chien les a entendus.
Rome, le cortège l'a traversée.
Paul en a mangé, de la viande.
…

À propos de la dislocation du COD, soulignons trois points.

- Les pronoms varient (*le* ou *en*) selon que le nom de l'EN soit comptable ou massif.
- Le participe passé de la forme composée du verbe fait l'accord avec le COD disloqué.
- La dislocation est une stratégie de topicalisation : son acceptabilité peut être perturbée par des facteurs discursifs ou communicatifs.

ii) Le COD peut faire l'objet d'une transformation dite passive. Cette transformation consiste en deux étapes :
   a) le COD devient le sujet en faisant l'accord avec le verbe, qui passe de la forme ou diathèse dite active à celle dite passive ;
   b) l'argument contenu dans l'ancien sujet (avec son rôle) est expulsé du noyau de la phrase : il devient optionnel et il peut être réintroduit par les prépositions *par* ou *de.*

Le cortège ***a traversé***	*Rome.*	→	*Rome* ***a été traversée*** *par*	*le cortège* .
Agent	Passage		Passage	Agent
Le chien ***a entendu***	*les voleurs.*	→	*Les voleurs* ***ont été entendus*** *par*	*le chien.*
Expérient,	Stimulus		Stimulus	Expérienceur
Le tableau ***représente***	*un bateau.*	→	*Un bateau* ***est représenté*** *par*	*le tableau.*
? ?	Thème		Thème	? ?

…

À propos du COD, soulignons quatre points.

- En passant de la forme (diathèse) active à la forme (diathèse) passive, le premier argument du verbe perd sa position de sujet, mais garde son rôle dans le procès. La nature du complément en *par* ou *de* dépend précisément de ce rôle. Par exemple, dans la phrase *Rome a été traversée par le cortège*, *par le cortège* est un « complément d'agent » car le sujet de *Le cortège a traversé Rome* était un agent. Dans la phrase *Les voleurs ont été entendus par le chien*, *par le chien* devrait être qualifié de « complément d'expérienceur » car le sujet de *Le chien a entendu les voleurs* était un expérienceur. Quoi qu'il en soit, dans la forme active, le premier argument du verbe n'est pas dénommé par son rôle, mais par sa position de sujet. En revanche, dans la forme passive – puisqu'il abandonne la position de sujet – il ne reste que son rôle pour le dénommer. Le régime de codage du premier argument du verbe est devenu sémantique.

– En échangeant le COD avec le sujet, la forme passive bouleverse indirectement la structure informationnelle de la phrase en agissant sur la distribution des rôles dans la structure syntaxique (nous y reviendrons au § 12.6).

– La transformation passive est bloquée lorsque l'élément en jeu n'est pas un COD :

Paul pèse les pommes. → *Les pommes sont pesées par Paul.*
Ces pommes pèsent 5kg. → **5kg sont pesés par les pommes.*
Cet immeuble compte 4 pièces. → **4 pièces sont comptées par cet immeuble.*
Paul a lu toute la nuit. → **Toute la nuit a été lue par Paul.*
Ce robot est devenu une voiture. → **Une voiture est devenue par ce robot.*

– La transformation passive connaît des exceptions :

Paul a une des éditions du Necronomicon. → **Une des éditions du Necronomicon est eue par Paul.*
Paul possède une édition du Necronomicon. → *Une des éditions du Necronomicon est possédée par Paul.*

Ta décision comporte des risques. → **Des risques sont comportés par ta décision.*
Ta décision implique des risques. → *Des risques sont impliqués par ta décision.*

Cette disposition vous regarde. → **Vous êtes regardés par cette disposition.*
Cette disposition vous concerne. → *Vous êtes concernés par cette disposition.*

Que dire… La langue n'est pas une géométrie ! Pour un examen du fonctionnement du passif, *cf.* Gaatone (1998).

Les verbes ayant un COD (et donc une forme, voix ou diathèse, active et passive) sont appelés transitifs. Nous aborderons cette notion au § 13.

11.2.1.2 V + COI

Considérons les exemples (8) :

(8a) *L'assassin a recouru à ces câbles.*
(8b) *La fille a opté pour le tiramisu.*
(8c) *L'employé a renoncé à la promotion.*
(8d) *Le professeur aspire à une promotion.*
(8e) *Marie compte sur son frère.*

Encore une fois, les exemples (8) manifestent des structures conceptuelles variées. Encore une fois, les seules choses qu'ils partagent sont : le fait que le verbe est bivalent, et le fait que le second argument reçoit un codage formel prépositionnel, occupant la même place que le COD en (7). Comparons en effet (8a-d) avec (7c-f) :

(7c) *L'assassin a utilisé ces câbles.*
(7d) *L'employé a refusé la promotion.*
(7e) *Le professeur désire une augmentation.*
(7f) *La fille a choisi le tiramisu.*

Comme on le voit, le complément prépositionnel des exemples (8) est une simple alternative formelle au COD en (7). Nous lui réserverons l'étiquette complément d'objet indirect (COI).

Le caractère formel du COI et sa solidarité avec le COD supportent l'intuition qui voudrait intégrer ces prépositions dans la forme verbale : *compter-sur*, *renoncer-à*, etc. Bien que motivée, cette intuition est syntaxiquement fausse car *compter-sur* ou *renoncer-à* ne sont pas des syntagmes : *C'est à une promotion que l'employé a renoncé* vs. **C'est une promotion que l'employé a renoncé à* ; *C'est sur son frère que Marie compte* vs. **C'est son frère que Marie compte sur.*

En cas de dislocation, le COI est repris par le pronom *y*, et certains COI connaissent une forme passive : *Paul a obéi à Marie* → *Marie a été obéie par Paul.* Cela est peut-être une trace de l'existence d'une forme avec un COD (*Paul obéit Marie*) qui aujourd'hui aurait disparu.

La solidarité entre COD et COI est également montrée par le fait que tous les deux peuvent être suivis par un COS (*cf.* § 11.2.2.1) : *Paul a offert une rose à sa maman*, *Paul a servi de béquille à sa maman.*

11.2.1.3 V + Ø

Avec le signe Ø nous voulons indiquer qu'ici il n'y a aucune catégorie grammaticale : le rôle prévu par la valence verbale se manifeste à nu en définissant le complément. Considérons les exemples (9) :

(9a) *Mes parents vont à Rome.*
(9b) *La route passe par la plaine.*
(9c) *Jeanne vient de la Bretagne.*
(9d) *Marco habite à Paris.*

À la différence de tous les précédents, les exemples (9) partagent une structure conceptuelle claire : le second argument joue le rôle de locatif, d'un verbe de mouvement ou localisation. Or, le groupe prépositionnel qui exprime cet argument reçoit un codage sémantique. Cette fois, il n'y a pas une catégorie grammaticale qui définit le complément : ce dernier est identifié sur la base du rôle qu'il joue. En (9), nous avons un complément essentiel de lieu (direction, origine, localisation…).

Remarquons incidemment que, à cause du codage sémantique du second argument, en (9), la préposition paraît liée au nom plutôt qu'au verbe, contrairement à ce qu'il arrivait pour (8). La préposition, en réalité, constitue bien un syntagme avec le nom (et non avec le verbe) dans les deux cas : *C'est à Rome que mes parents vont vs.* **C'est Rome que mes parents vont à.*

Une preuve du fait que le codage sémantique du complément relève directement de la structure conceptuelle est offerte par l'expérience suivante. Prenons un verbe comme *balayer* :

(10a) *Ils ont balayé les feuilles mortes.*

Dans cet emploi, le verbe *balayer* est bivalent et sa structure conceptuelle est du type « un humain exerce une action sur un objet » : agent et patient. Ajoutons une préposition qui code sémantiquement un rôle locatif :

(10b) *Ils ont balayé les feuilles mortes sous ma tonnelle !*

L'exemple (10b) a deux interprétations. Dans la première, il signifie : *Ils ont balayé les feuilles mortes qui étaient sous ma tonnelle* (merci !). Dans la seconde, en revanche, il signifie : *Ils ont balayé les feuilles mortes en les faisant aller sous ma tonnelle* (mince !). Dans cette dernière lecture – la seule qui nous intéresse ici – *balayer* est devenu un verbe de déplacement de quelque chose vers une direction : *sous ma tonnelle* est entré dans la valence de *balayer* en produisant une sorte de distorsion. Suite à cette distorsion, la structure conceptuelle de *balayer* est devenue « un humain déplace un objet quelque part ». Le codage sémantique peut donc interférer avec la structure conceptuelle du procès. C'est la preuve que ce type de codage a la même nature que la structure conceptuelle. Dans la littérature issue de la linguistique des constructions, le phénomène illustré par (10b) est appelé « construction du mouvement causé ».

11.2.2 GV À DEUX COMPLÉMENTS

11.2.2.1 V + COD + COS

Observons les exemples suivants :

(11a) *Paul passe un briquet à Marie.*
(11b) *Paul envoie une lettre à Marie.*

La structure de ces GV est « V + GN + GP ». Le premier GN est un COD : nous renvoyons donc aux remarques sous § 11.2.1.1. Le problème concerne le GP. La présence de ce GP découle de la valence du V. Mais son codage est-il formel ou sémantique ? Autrement dit, la signification de la préposition *à* collabore-t-elle à véhiculer l'idée de passage contenue dans la structure conceptuelle des exemples (11), ou pas ? Pour répondre, il convient de séparer la structure conceptuelle (*cf.* § 10.2) de la structure de la phrase.

D'un côté, les exemples (11) partagent la structure conceptuelle suivante (*cf.* § 10.2.4) :

A) Un humain^{AGENT} transfère un objet^{PATIENT} à un humain^{DESTINATAIRE}

De l'autre côté, leur structure phrastique est la suivante (B) :

B) GN – V – GN – *à* GN

Or, intuitivement, la préposition *à* a une signification locative-directionnelle. Par conséquent, si nous observons des exemples ayant la structure conceptuelle (A), le sens de cette préposition paraît jouer un rôle crucial dans l'expression de l'idée de passage du patient vers le destinataire.

Mais si nous observons des exemples ayant d'autres structures conceptuelles, nous remarquons qu'il s'agit d'une illusion d'optique :

(12a) *Paul vole un briquet à Marie.*
(12b) *Paul compare Marie à une rose.*
(12c) *Paul adapte la roue au pivot.*
(12d) *Le général a soumis les barbares à Rome.*

Les structures conceptuelles des exemples (12) sont très variées et ne se laissent pas ramener au schéma du passage de quelque chose à quelqu'un (A) : (12a), par exemple, c'est un transfert dans le sens inverse. Pourtant, les exemples (12) partagent tous la même structure de phrase (B) : le sens locatif de la préposition *à* n'est plus pertinent. Si cela est vrai, alors, en (11), le sens de la préposition *à* produisait l'impression de participer activement au codage du destinataire car elle se conformait passivement – et *a posteriori* – à une idée de passage qui découlait du verbe.

Notre conclusion est la suivante. Le codage du second complément en (11) et (12) est formel : la préposition *à* n'est pas sémantiquement active. Nous sommes donc confrontés à une catégorie grammaticale, que nous appellerons complément d'objet second (COS) pour souligner qu'elle s'ajoute au COD. C'est pourquoi, dans ce cas, on parle également de construction « di-transitive ».

Le fait que le COS est une catégorie grammaticale peut être montré à travers une expérience parallèle à celle conduite sous § 11.2.1.3. Prenons un exemple comme (13) :

(13a) *Luc a repassé les chemises.*

Le verbe *repasser* est bivalent et sa structure conceptuelle est « un humain exerce une action sur un objet ». Les rôles sont clairs : agent et patient. Ajoutons maintenant un COS :

(13b) *Luc a repassé les chemises à Pierre.*

Encore une fois, nous pouvons distinguer deux lectures. Dans une première lecture, qui demeure quand-même très forte en français, *à Pierre* modifie *les chemises* : *les chemises de Pierre.* Dans une deuxième lecture – celle qui nous intéresse ici – l'exemple (13b) peut être paraphrasé avec (13c) :

(13c) *Luc a repassé les chemises pour Pierre.*

Or, si nous comparons les exemples (13a-b) avec (10a-b) (dans les interprétations pertinentes), nous remarquons que la structure conceptuelle de *repasser*, à la différence de celle de *balayer*, ne subit aucun changement, aucune distorsion. En (13b), nous ne sommes confrontés ni à un mouvement, ni à un transfert des chemises de *Luc* à *Pierre.* Ce dernier, en particulier, ne devient pas un destinataire, mais il reste le bénéficiaire (*cf.* § 10.2.8) de l'action de Luc comme dans (13c). Des exemples comme *lier les lacets des chaussures à Marianne* rentrent précisément dans ce cas.

Mais qu'est-ce qui s'est passé lorsque nous avons ajouté un COS à (13a) ? Deux choses. Tout d'abord, nous avons ajouté une catégorie grammaticale vide : à savoir, le COS. Ensuite, cette catégorie a été remplie par le premier rôle – extérieur à la valence – compatible avec la structure conceptuelle du procès : à savoir, le bénéficiaire.

Ainsi, en (10b) (*Ils ont balayé les feuilles mortes sous ma tonnelle*), *balayer* est devenu trivalent. En revanche, en (13b) (*Luc a repassé les chemises à Pierre*), *repasser* est resté bivalent : tout simplement, il y a un rôle externe à la valence qui reçoit un codage formel (ce qui est généralement l'apanage des arguments !). L'alternance entre les prépositions *à* et *pour* en (13b) et (13c), quant à elle, a un impact exclusivement sur le régime de codage – formel *vs.* sémantique – mais non sur la valence du verbe ou sur le rôle exprimé. La particularité de (13b) est, justement, qu'on code un rôle marginal (non argumental) avec un régime qui est normalement consacré aux arguments. Il y a donc une différence de nature entre la construction du « mouvement causé » (10b) et la construction di-transitive illustrée par (13b) : la première porte effectivement un contenu sémantique indépendant, qui impacte sur la valence du verbe prédicatif; la seconde, en revanche, non.

Quoi qu'il en soit, le point à retenir est que la catégorie de COS (comme toutes les catégories grammaticales) est virtuellement indépendante du rôle qu'elle peut exprimer et, en l'espèce, du rôle de destinataire (*cf.* § 10.2.8). Par exemple, tous les verbes tri-valents suivants produisent des phrases dont la structure est « SUJET – V – COD – COS », mais, dans aucune de ces phrases, le COS n'exprime un destinataire : *envier quelque chose à quelqu'un*, *nier quelque chose à quelqu'un*, *empêcher quelque chose à quelqu'un*, *antéposer quelque chose à quelque chose*, *préférer quelque chose à quelque chose*. Pour un examen approfondi de la construction di-transitive, nous renvoyons à Prandi (2020).

11.2.2.2 V + COD + Ø

Observons les exemples suivants :

(14a) *J'ai écrit un livre sur le / à propos du passif.*
(14b) *J'ai informé Paul de / à propos de tes intentions.*

(15a) *J'ai déplacé le canapé contre le mur.*
(15b) *Ils ont attiré le loup vers le piège.*

La structure des GV de ces exemples est : « V + GN + GP ». Le premier GN est un COD. Le GP, en revanche, est issu d'un codage sémantique (on peut conduire des remarques analogues au § 11.2.1.3).

Nous trouvons donc des compléments qui se définissent pour leurs rôles : un complément de propos en (14) et de mouvement en (15).

11.2.2.3 V + COI + Ø

Observons l'exemple (16) :

(16) *J'ai parlé à Paul de tes intentions.*

Ici nous avons *à Paul* qui est un COI et *de tes intentions* qui est encore un complément de propos (*cf.* § 11.2.2.2).

11.2.2.4 V + Ø + Ø

Observons l'exemple suivant :

(17) *J'ai discuté du projet avec Paul.*

Ici, nous n'avons aucun complément formel, mais deux compléments définis par les rôles : propos et coparticipant.

L'exemple (17) illustre un cas où la valence peut être difficile à délimiter dans la pratique, tout en restant, en principe, tranchée (*cf.* § 8.4).

D'un côte, c'est vrai, le test de l'extraction ne semble pas donner un résultat clair : l'enchaînement *J'ai discuté du projet. Je l'ai fait avec Paul* est-il cohérent ou pas ?

Mais, de l'autre côté, reste le fait que le verbe prédicatif affecte à *Paul* exactement le même rôle qu'au sujet : *je* et *Paul* expriment les deux « discuteurs » et, plus en général, les deux agents impliqués par le procès (car on ne peut pas discuter tous seuls). Par conséquent, (17) implique nécessairement : *Paul et moi avons discuté du projet.*

Or, cette implication n'est pas nécessaire si le complément *avec* N n'est pas un argument. Par exemple, la phrase *J'ai repassé les chemises avec ma fille* – où l'expression *ma fille* n'est pas un argument – n'implique pas nécessairement *Ma fille et moi avons repassé les chemises.* Ma fille (qui a 7 ans) peut juste me regarder sans être agent du repassage, et je peux bien décrire la scène en disant : *J'ai repassé les chemises avec ma fille* (mais non *Ma fille et moi avons repassé les chemises*).

11.3 SYNTHÈSE

La typologie des groupes verbaux (et des phrases simples correspondantes) que nous venons de présenter peut être synthétisée à travers les tableaux suivants.

CG^{SUJET}	V

CG^{SUJET}	V	$CG^{COD/COI}$
CG^{SUJET}	V	Ø

CG^{SUJET}	V	$CG^{COD/COI}$	CG^{COS}
CG^{SUJET}	V	$CG^{COD/COI}$	Ø
CG^{SUJET}	V	Ø	Ø

L'étiquette CG signifie Catégorie Grammaticale (explicitée en exposant) : régime de codage formel. L'étiquette Ø signifie que le complément n'est pas identifié sur la base d'une CG, mais directement sur la base du rôle prévu par le V prédicatif : régime de codage sémantique. Face au tableau précédent, nous pouvons conduire un certain nombre de remarques.

La CG du sujet est toujours présente et elle est la seule à être complètement indépendante de la valence. Toutes les autres catégories grammaticales apparaissent à l'intérieur du GV et présupposent la présence d'un argument à exprimer. Regardons de plus près la structure interne du GV.

Là où il y a une CG – codage formel – l'argument prévu par le V prédicatif est recouvert par une forme autonome qu'on lui impose par-dessus (absence de préposition ou préposition vide). Cet argument est saillant, d'abord, pour sa CG, et seulement ensuite pour son rôle. En revanche, là où il y a l'étiquette Ø – codage sémantique – l'argument prévu par le V prédicatif émerge directement à la surface de la phrase avec son rôle. Cet argument est donc immédiatement saillant pour son rôle, sans la médiation d'aucune CG. Puisque le sujet est toujours présent, étudier un V prédicatif revient à étudier sa complémentation, c'est-à-dire la structure interne – la syntaxe – du GV. Dans le cadre du GV, en principe, chaque V prédicatif a une syntaxe – une grammaire – propre. Cette syntaxe, cependant, n'est pas homogène, mais hétérogène : il y a de deux sortes de syntaxes selon les deux régimes de codage que nous avons distingués.

D'un côté, la forme du complément peut dépendre directement de la structure conceptuelle contenue dans le V : codage sémantique. Puisque la structure conceptuelle découle de la signification du V, dans ce cas, nous sommes confrontés à une syntaxe d'origine lexicale : un véritable lexique-grammaire. De l'autre côté, la forme du complément peut être imposée *a priori* par une catégorie grammaticale. La forme du complément n'a alors aucune relation avec la structure conceptuelle – et donc le sens – du verbe : codage formel. Si cela est vrai, cette fois, nous sommes confrontés à une syntaxe au-delà du lexique. Une considération corrobore cette idée. Revenons à la préposition *sur* dans *compter sur*. Cette préposition, dans cet exemple, n'a pas une signification 'pauvre', mais elle est une marque formelle dépourvue de toute signification (*cf.* § 11.2.1.2). Si cela est vrai, alors sa présence ne peut être justifiée sur la base d'aucune raison lexicale *a fortiori*. La préposition *sur* dans *compter sur* est donc le signal d'une syntaxe qui transcende le lexique.

Les tableaux précédents présentent une typologie des structures de phrases à V prédicatif. Le fait que le sujet reste constant implique que la limite entre GN^{SUJET} et GV – constituants immédiats de la phrase – est rigide. Cela justifie le découpage en GN et GV et, par là, la notion de prédicat distributionnel (*cf.* § 2.1). Le fait que la structure interne du GV varie implique qu'on ne peut pas décrire l'intérieur du GV sans considérer la valence. Cela met en évidence la pertinence du prédicat conceptuel (*cf.* § 6.2) pour la description de la phrase. Le prédicat distributionnel et le prédicat conceptuel, on l'a vu, renvoient à deux conceptions distinctes de la phrase : respectivement, distributionnelle et fonctionnelle. Si cela est vrai, alors notre tableau montre plastiquement comme une phrase est un objet hybride, à géométrie variable (*cf.* § 6.3). La phrase ne peut pas être décrite par une seule de ces conceptions tout comme un point sur un plan ne peut pas être localisé par un seul axe cartésien. Décrire une phrase signifie décrire, cas par cas, les limites entre les deux conceptions susmentionnées. Ces limites se matérialisent dans les configurations et les équilibres possibles entre les étiquettes CG et Ø dans notre tableau.

À ce propos, on remarquera incidemment que la configuration « V+ Ø + CG » ne parait jamais se manifester. Un codage formel peut être suivi par un autre codage formel ou bien s'arrêter là, en laissant la place à un codage sémantique. Mais non l'inverse : le codage formel n'apparaît pas après un codage sémantique.

CHAPITRE 12

Une pause de réflexion

Dans le chapitre précédent, nous avons présenté une typologie des GV à prédicat verbal. Cette typologie nous permet de revenir sur un certain nombre de notions et questions. Dans ce chapitre nous nous arrêterons sur :

- la notion de prédicat (§ 12.1)
- la notion de complément (§ 12.2)
- la notion d'Adjet (§ 12.3)
- la notion de COI (§ 12.4)
- les interrogations en *Qui ? Quoi ? À qui ?* de la pratique scolaire (§ 12.5)
- les différentes structures et hiérarchies qui se superposent dans la phrase (§ 12.6).

12.1 POUR UNE CONCEPTION UNIFIÉE DU PRÉDICAT

Nous avons rencontré deux définitions de prédicat : le prédicat distributionnel (*cf.* § 2.1) et le prédicat conceptuel (*cf.* § 5.2). À ces deux définitions, à vrai dire, il faudrait en ajouter une troisième : le prédicat informationnel. Par rapport au sujet de ce livre, cependant, cette troisième notion est marginale : nous en parlerons rapidement sous § 12.6.

Au § 11.3, il apparaît que le prédicat distributionnel et le prédicat conceptuel ont des domaines de pertinence différents et complémentaires : le premier est pertinent par rapport au découpage $\text{GN}^{\text{SUJET}} \leftrightarrow \text{GV}$; le second est pertinent pour l'organisation interne du GV. Si cela est vrai, alors on peut récupérer une notion unifiée de prédicat, à condition d'accepter le fait que cette notion soit – à l'image de la notion de phrase – hybride. Ce prédicat unifié apparaît ainsi comme un Janus à deux faces. D'un côté, il regarde à gauche : vers le sujet. Par là, il ouvre l'espace du GV en le délimitant rigidement par rapport au GN^{SUJET}. De l'autre côté, il regarde à droite : à l'intérieur de cet espace, il fournit la source de la valence qui structure le GV.

Cette conception hybride du prédicat est appuyée par deux faits. Tout d'abord, le GN^{SUJET} peut accueillir un argument ou pas, mais il ne peut jamais accueillir la source de la valence (*cf.* § 14.1). Ce fait souligne la rigidité de la limite gauche du prédicat. Ensuite, à l'intérieur du GV, la source de la valence peut bouger – verbe, nom, préposition, adjectif, etc. – en impliquant à chaque fois des bouleversements profonds de l'organisation du GV lui-même. Ce fait montre la plasticité du côté droit du prédicat. Pour une discussion et une synthèse sur la notion de prédicat, nous renvoyons à Forsgren, Jonasson et Kronning (1998), Merle (2003), Muller (2013), Fasciolo (2015).

12.2 LA NOTION DE COMPLÉMENT

Dans le chapitre précédent, la notion de complément est apparue à plusieurs reprises. Nous l'avons employée dans un sens très strict : synonyme d'argument du verbe prédicatif. Dans ce sens, elle recoupe la notion traditionnelle de complément essentiel. Bien entendu, cela n'empêche pas d'étendre la notion de complément au-delà de la valence verbale et donc au-delà du GV : on parlera alors de complément non-essentiels ou non-argumentaux (qui, rappelons-le, ne forment pas un bloc unique – les circonstanciels – mais sont stratifiés, *cf.* § 8.4). Cette précision, cependant, n'est pas suffisante.

Si on reste dans les limites du GV, la notion de complément comprend en réalité deux choses incommensurables. D'une part, il y a les catégories grammaticales, dont le régime de codage est formel ; de l'autre il y a les compléments directement définis sur la base des rôles, dont le régime de codage est sémantique. Ces derniers sont bien des arguments, mais leur forme de codage (et donc le fonctionnement des prépositions qui les introduisent) est identique à ce qui se passe au-delà de la valence, au-delà du GV. La différence de nature entre ces types de compléments, on l'a vu au § 10.2, apparaît en filigrane dans la terminologie scolaire.

En somme, décrire un complément faisant partie de la valence verbale et codé formellement signifie donner une catégorie grammaticale ; décrire un complément faisant partie de la valence verbale et codé sémantiquement signifie donner le rôle qu'il joue *dans* le procès exprimé par le verbe ; décrire un complément ne faisant pas partie de la valence verbale (et donc codé sémantiquement) signifie donner le rôle qu'il joue *par rapport* au procès saturé exprimé par le verbe.

Remarquons incidemment que, du moment que le codage sémantique se manifeste, nous avons la possibilité de l'effet télescopique signalé sous § 7.2.4. Cela est cohérent avec le fonctionnement de la préposition, qui (lorsque le codage est sémantique) peut fignoler et préciser de plus en plus le rôle prévu par le verbe : *Je bouge l'arbre de Noël à travers le couloir, vers le salon, jusqu'à la fenêtre* ; *J'habite en France, dans la ville de Saint Denis, à côté de la Basilique, sur le boulevard de la Commune de Paris.* Or, ce phénomène est typique des circonstanciels car eux aussi reçoivent un codage sémantique. Par conséquent, la limite de la valence ne coïncide pas avec un changement du type de codage.

12.3 LA NOTION D'ADJET

La limite de la valence – les bornes droites du GV – est une limite binaire : soit une expression est un argument, soit elle ne l'est pas, et il n'y a pas de cas intermédiaires (*cf.* § 8.4). Le régime de codage, en revanche, est graduel : du côté du GN^{SUJET}, il est toujours formel ; à l'intérieur du GV, il peut être formel, sémantique, ou les deux ; au-delà du GV – et donc du noyau de la phrase – il est exclusivement sémantique.

Il ne faut donc pas confondre la question de l'appartenance ou pas à la valence avec la question du régime de codage (formel *vs.* sémantique) car il s'agit de deux paramètres logiquement indépendants (*cf.* 11.1). Le fait qu'un argument reçoive un codage sémantique – qui est typique des circonstances – ne le rend pas moins argument. Autrement dit, le fait qu'un argument et une circonstance partagent une propriété de codage n'implique pas que la différence entre argument et circonstance soit neutralisée. Un homme est bipède comme une poule, mais cela ne rend ni l'homme plus poule, ni la poule plus homme.

Considérons les expressions propositionnelles soulignées dans exemples suivants :

(1a) *Paul a renoncé aux vacances.*
(1b) *Paul habite à Paris.*
(1c) *Paul et Marie se sont embrassés à Paris.*

En (1a) et (1b), le GP exprime un argument, alors qu'en (1c) le GP exprime une circonstance :

(1a') *Paul a renoncé. Il l'a fait aux vacances.*
(1b') *Paul habite. Il le fait à Paris.*
(1c') *Paul et Marie se sont embrassés. Cela est arrivé à Paris.*

En (1b) et (1c), l'argument et la circonstance, exprimés par le GP, reçoivent un codage sémantique, alors qu'en (1a) l'argument exprimé par le GP reçoit un codage formel.

En employant les termes de Lazard (1994), on dira que le GP est : « requis et régi » en (1a), « requis et non-régi » en (1b), et « non-requis et non-régi » en (1c). Dans le cas de (1b), on parle d'« Adjet » (Feuillet 1980, Roig 2018 et 2019). De notre point de vue, « requis » sera interprété comme « appartenant à la valence » et « régi » sera interprété comme « codé formellement ». Un Adjet est donc un complément appartenant à la valence (un argument du verbe prédicatif), qui n'est pas codé formellement, mais sémantiquement.

Or, si la notion d'Adjet se limite à signaler l'existence d'arguments codés comme des circonstances, alors elle est inoffensive et partageable. Mais si cette notion prétend nuancer la distinction même entre arguments et non-arguments, alors elle nous paraît trompeuse.

12.4 LA NOTION DE COI

La notion traditionnelle de COI est un véritable obstacle épistémologique car, dans les faits, elle comprend tout complément essentiel introduit par une préposition. Par ailleurs, à ce propos, les terminologies des auteurs diffèrent beaucoup. Dans ce livre, nous avons utilisé la notion de COI dans un sens très précis.

D'une part, nous distinguons le COI – qui est une catégorie grammaticale comme le COD – de tout complément prépositionnel défini par son rôle (comme un locatif) : le premier relève d'un codage formel (le sens de la préposition est désactivé), alors que les seconds relèvent d'un codage sémantique (la préposition est sémantiquement active). De l'autre, nous distinguons le COI du COS. Tous les deux sont des catégories grammaticales codées formellement à travers une préposition. La différence concerne la position : le COI remplace le COD, alors que le COS s'ajoute au COD (et parfois au COI lui-même, *cf.* § 11.2.1.2).

Dans la linguistique anglophone, la dénomination standard de la catégorie que nous étiquetons COI est « *prepositional object* » (Steinitz 1969) ; la dénomination « *indirect object* » est réservée, en revanche, à la catégorie grammaticale que nous avons appelé COS (complément d'objet second). Quoi qu'il en soit, au-delà du jeu d'étiquettes choisi, ce sont les paramètres de la valence, de la position et du régime de codage qui permettent d'identifier univoquement chaque cas, et, par là, de s'accorder sur la terminologie.

12.5 LES QUESTIONS EN *QUOI ? À QUI ?*

Il peut être utile de commenter rapidement les tests avec les questions « *à qui / quoi ?* » que la tradition scolaire utilise pour détecter le COD ou le COI (ce qu'elle appelle COI, *cf.* § 12.4).

Premièrement, ces tests ne distinguent pas entre COI (véritable) et COS :

(2a) *Paul a parlé à Marie* → *Paul a parlé à qui ?*
(2b) *Paul a donné une rose à Marie* → *Paul a donné une rose à qui ?*

Dans ces exemples les compléments répondent à la même question, mais ils sont différents. Cela est peut-être l'une des raisons qui cache la différence entre COI et COS.

Deuxièmement, en principe, pourquoi se limiter à la question en « *à qui* » ? Observons l'exemple suivant :

(2c) *Paul a opté pour une voiture électrique* → *Paul a opté pour quoi ?*

En appliquant la même logique des tests susmentionnés, en (2c), nous devrions détecter un complément différent par rapport à (2a). Mais, bien entendu, il s'agit du même type de complément.

Troisièmement – et c'est le plus important – les tests précédents peuvent aider à identifier le COD et le COS (ou le COI), mais ils ne sont pas une définition de ces catégories. La raison est simple. Supposons que nous soyons confrontés aux exemples suivants :

(3a) *Paul a mangé quoi ?*
(3b) *Paul a envoyé une lettre à qui ?*

Laissons de côté le caractère interrogatif de (3) et demandons-nous : quelle est la fonction des formes *quoi* et *à qui* dans ces exemples ? Si nous appliquons les tests précédents, nous devons dire que *quoi* est un COD parce qu'il répond à la question *quoi ?* et que *à qui* est un COS (ou le COI) parce qu'il répond à la question en *à qui ?* Mais cela est tout simplement circulaire !

Cela signifie que les tests avec ces questions n'ont pas de pouvoir explicatif. Leur but, en effet, n'est pas de définir les catégories du COD et COS (ou COI), mais plutôt d'offrir des techniques pour les mettre à nu (en remplaçant les syntagmes concernés avec des pronoms). Dans le même esprit, on pourrait dire, par exemple, que *sujet* est tout ce qui peut être remplacé par *je*, *tu* ou *il*. Là, encore une fois, nous serions confrontés non pas à une définition du sujet, mais à une tautologie.

12.6 LA STRATIFICATION DES STRUCTURES DANS LA PHRASE

Nous abordons maintenant la question – extrêmement délicate – de démêler les différents types de structures et hiérarchies qui s'enchevêtrent dans la phrase.

12.6.1 LES STRUCTURES CONCEPTUELLE, FORMELLE ET INFORMATIONNELLE

Observons l'exemple :

(4) *Gino a mâchouillé le biscuit.*

Face à (4), sur la base des considérations conduites au § 10, nous pouvons distinguer deux structures.

L'une est la structure conceptuelle (*cf.* § 10.2), que nous marquerons comme suit :

(4a) *Gino*$_{\text{AGENT}}$ *a mâchouillé le biscuit*$_{\text{PATIENT}}$.

L'autre est la structure formelle, constituée par les catégories grammaticales en régime de codage formel. Dans le cas de (4), cette structure peut être mise en évidence comme suit :

(4b) [[*Gino*]$^{\text{GN-SUJET}}$ ↔ [[*a mâchouillé*]^{V} ↔ [*le biscuit*]$^{\text{GN-COD}}$]^{GV}]^{PHRASE}.

Tout au long du § 11, nous avons vu que la conformation finale de la phrase est le résultat d'un équilibre variable entre ces deux structures. La structure formelle et la structure conceptuelle ne sont pas isomorphes car, si l'organisation interne du GV dépend de la valence, le découpage GN^{SUJET} ↔ GV, lui, en est indépendant. Une fois que la structure conceptuelle et formelle ont atteint un équilibre (selon les configurations présentées sous § 11.3), la phrase est constituée.

À ce point, à la phrase ainsi constituée, se superpose une nouvelle structure : la structure informationnelle. La structure informationnelle mobilise les notions de THÈME, rhème et focus, que nous indiquerons comme suit :

(4c) *Gino* *a mâchouillé* le biscuit.

La structure informationnelle établit une hiérarchie de saillance communicative qui (dans le cas de la phrase non-marquée) augmente graduellement du thème jusqu'au focus. Le point important, ici, est que l'étude de la structure informationnelle dépasse celle du verbe.

Le verbe prédicatif, on l'a vu, détermine l'organisation du GV et, par là, il collabore à la construction de la phrase. Sa contribution, cependant, s'arrête là. La structure informationnelle ne dépend plus du verbe, mais de la phrase entière. En effet, tous les verbes prédicatifs ne produisent pas les mêmes GV – et donc les mêmes structures de phrase – mais toutes les phrases à verbe prédicatif ont la même structure informationnelle non-marquée. Autrement dit, la contribution à la structure informationnelle ne peut pas être un paramètre de classification des verbes. Par ailleurs, les manipulations de cette structure (dislocations, clivage, etc.) sont des transformations qui s'appliquent à la phrase dans sa totalité et non au verbe en tant que tel. Pour cette raison, dans ce livre, nous ne traiterons pas de la structure informationnelle, pour la description de laquelle nous renvoyons à Mathesius (1928), Danes (1974), Halliday (1970 et 1978), Givón (1983) et Firbas (1993).

12.6.2 L'INDÉPENDANCE DES STRUCTURES

Les trois structures que nous venons de distinguer – conceptuelle, formelle et informationnelle – doivent être gardées séparées. Le fait qu'elles puissent se superposer, en particulier, ne doit pas induire à les confondre. Au contraire, leur indépendance est la condition préalable pour toute superposition. À ce propos, encore une fois, les notions de prédicat et de sujet sont le champ de bataille où ces structures se croisent.

Revenons à la structure informationnelle et comparons-la avec la structure formelle :

(4c) *Gino* *a mâchouillé* le biscuit.
(4b) [[*Gino*]$^{\text{GN-SUJET}}$ ↔ [[*a mâchouillé*]^{V} ↔ [*le biscuit*]$^{\text{GN-COD}}$]^{GV}]^{PH}.

En comparant (4c) avec (4b), il est facile de constater que le thème adhère au sujet (GN constituant immédiat de la phrase), alors que le rhème adhère au GV (le prédicat distributionnel). Cette superposition peut induire à redéfinir les notions de sujet et prédicat. Le sujet serait ainsi envisagé comme « ce dont on parle » (le thème) et le prédicat serait envisagé comme « ce qu'on dit à propos du thème » (le rhème, justement). Par là, nous serions confrontés à un sujet et un prédicat informationnels. Ces définitions renvoient à une conception de la phrase empruntée au modèle de l'assertion : une conception qui remonte à Aristote.

Or, le point crucial n'est pas qu'une telle conception de la phrase soit fausse, mais qu'il est abusif d'identifier les notions de thème et rhème avec les notions de sujet et GV. Autrement dit, à travers nos choix terminologiques, nous devons nous garantir des notions conceptuellement propres. Les notions de sujet et prédicat doivent dénoter un concept relevant de l'une ou l'autre des structures susmentionnées, sans les mélanger. Sous § 5.4, nous avons choisi de parler de « sujet » pour le GN constituant immédiat de la phrase, de parler de « GV » pour le constituant immédiat de la phrase contrepartie du sujet et de parler de « prédicat » pour la source de la valence. Le fait que, par exemple, la notion de thème se superpose au sujet ne signifie pas que le sujet est un thème ou que le thème est le sujet.

Le cas du sujet, par ailleurs, est particulièrement révélateur. Revenons à (4a) :

(4) *Gino a mâchouillé le biscuit.*

Dans le cas le plus simple, sur le GN *Gino* se superposent trois notions de trois structures différentes : **agent**, sujet et THÈME. Ces trois notions, ici, se superposent, mais elles sont logiquement indépendantes. Elles peuvent en effet être dissociées (« test de dissociation », *cf.* Givon 2001 : I, § 4.2) :

(5) *Le BISCUIT a été mâchouillé par* ***Gino****.*
(6) *Le BISCUIT,* ***Gino*** *l'a mâchouillé.*

En (5), agent et sujet divergent, alors que THÈME et sujet restent superposés. En (6), agent et sujet se superposent, mais le thème diverge du sujet.

Cela signifie que les structures conceptuelle, formelle et informationnelle se définissent sur la base de critères de pertinence différents : conceptuel, distributionnel et communicatif. Définir les notions de l'une en utilisant des critères pertinents pour les notions de l'autre – par exemple définir le sujet en s'appuyant sur l'agentivité ou sur la thématicité – est une erreur épistémologique.

12.6.3 LA STRUCTURE DRAMATIQUE : PROTAGONISTE ET DEUTÉRAGONISTE

Nous concluons ce chapitre en mentionnant une quatrième structure qui se place à un niveau différent par rapport aux précédentes. Cette quatrième structure naît en effet de l'interaction entre la structure formelle *et* la structure conceptuelle. L'idée est simple et peut être présentée en filant la métaphore du procès comme pièce théâtrale de Tesnière. Dans une pièce théâtrale, il n'y a pas seulement des acteurs qui jouent des rôles, mais ces rôles sont hiérarchisés : en particulier, il y a le protagoniste et les personnages secondaires. Lorsqu'il y a un seul personnage secondaire, en stylistique, on parle de deutéragoniste. Il s'agit donc de retrouver les analogues de ces notions dans le cadre du procès exprimé par un verbe prédicatif.

Le meilleur exemple est offert par les verbes prédicatifs, bivalents et transitifs (nous aborderons la transitivité au § 13). Par exemple *mâchouiller* :

(4) *Gino a mâchouillé le biscuit.*

La notion de protagoniste du procès naît de l'intersection entre le sujet *et* le premier argument du verbe *mâchouiller*. Regardons les détails.

D'un côté, il y a le sujet : le GN constituant immédiat de la phrase. De l'autre côté, il y a un verbe prédicatif qui prévoit des arguments dans un certain ordre : *mâchouiller* prévoit un premier argument jouant le rôle d'agent et un second argument jouant le rôle de patient. La notion de protagoniste ne se définit *ni* comme sujet, *ni* comme premier argument, mais comme : premier argument du verbe prédicatif exprimé par le sujet. En tant que constituant immédiat de la phrase, le sujet est le GN qui – d'un point de vue distributionnel – domine tous les autres GN. Par conséquent, sa position est capable de conférer à l'argument qui l'occupe une primauté telle de l'opposer à tous les autres. En (4), l'agent *Gino* est donc le protagoniste, alors que le patient *biscuit* est un personnage secondaire – le deutéragoniste – relégué à la position de COD (qui n'est pas un constituant immédiat de la phrase, mais du GV).

C'est précisément ce jeu qui permet de mettre en valeur une facette ou l'autre de la même structure conceptuelle (*cf.* § 10.2.3). Par exemple, dans *L'obscurité effraie Béatrice,* le protagoniste est le motif qui induit une émotion et le deutéragoniste est la personne qui éprouve cette émotion. En revanche, dans *Béatrice craint l'obscurité*, le protagoniste est directement la personne qui éprouve une émotion. La conséquence est que, dans un cas, la structure conceptuelle du procès prend un profil causal, et *Béatrice* apparaît comme un patient plutôt que comme un expérienceur ; dans l'autre cas, en revanche, la structure conceptuelle du procès prend le profil de quelque chose qui arrive à *Béatrice*, et *Béatrice* apparaît plutôt dans son rôle d'expérienceur. On pourrait peut-être parler, à ce propos, de « structure dramatique » de la phrase.

Quoi qu'il en soit, signalons immédiatement deux sources possibles de confusion.

Tout d'abord, le « profil » dont nous venons de parler – ou, si l'on veut, la structure dramatique – n'est pas une perspective informationnelle, communicative. Autrement dit, le fait qu'un argument soit le protagoniste ne signifie pas qu'il soit « ce dont on parle » : le thème. Par exemple, dans la phrase *Béatrice, l'obscurité l'effraie*, le GN *l'obscurité* reste toujours le protagoniste, mais la phrase est à propos de *Béatrice* (thème).

Ensuite, le fait que la position de sujet permette à un argument d'accéder au rang de protagoniste ne signifie pas que le sujet soit défini par cette fonction. Pour se justifier, on l'a vu, le sujet n'a pas besoin de la présence d'un argument à exprimer (*cf.* § 11). Une fois que ce point est acquis, cependant, rien n'empêche de constater que – lorsqu'il exprime l'argument d'un prédicat – le sujet est spontanément aligné avec le *premier.* La transformation passive décale précisément cet alignement :

(7) *Le biscuit a été mâchouillé par Gino.*

Dans la version active (4), on l'a vu, l'agent est le protagoniste et le patient est le deutéragoniste. Dans la version passive (7), c'est le patient qui est le protagoniste du procès, alors que l'agent dévient un personnage secondaire, un deutéragoniste. La différence entre *Béatrice est effrayée par l'obscurité* et *Béatrice craint l'obscurité* est que, dans le premier cas, l'alignement entre sujet et premier argument du verbe est décalé, alors que, dans le second, il est maintenu.

Le remarques que nous venons de conduire mettent en évidence trois points concernant les notions de protagoniste et deutéragoniste.

Le premier point est que ces notions ne sont pas, à leur tour, des rôles, mais une hiérarchie entre les rôles. C'est la raison pour laquelle nous avons préféré utiliser les étiquettes intuitives de « protagoniste » et « deutéragoniste » plutôt que la dénomination « macro-rôles » (*actor* et *undegoer*) employée par Foley et Van Valin (1984). Un autre exemple illustrant que les notions de protagoniste et deutéragoniste ne sont pas des rôles – car elles peuvent assumer n'importe quel rôle – est offert par la constellation de prédicats verbaux *payer*, *coûter*, *acheter*, etc. (*cf.* § 10.3). Ici, pour chaque verbe, un micro-rôle différent jouit du statut de protagoniste. Ce statut dépend donc de la variation de l'ordre des rôles à l'intérieur du prédicat verbal sur la constante de l'alignement entre sujet et premier argument. Un autre exemple bien connu (quoique marginal) est *Le jardin grouille d'enfants* vs. *Les enfants grouillent dans le jardin* : le protagoniste est le rôle locatif dans le premier cas et le rôle agent dans le second.

Le deuxième point à souligner est que s'il y a une hiérarchie – une structure dramatique – claire entre le protagoniste et les personnages secondaires, cette hiérarchie semble s'estomper à l'intérieur de ces derniers. Observons les exemples (8) :

(8a) *Paul*$_{AGENT}$ *a chargé le bois*$_{PATIENT}$ *sur le camion*$_{LOCATIF}$.
(8b) *Paul*$_{AGENT}$ *a chargé le camion*$_{LOCATIF}$ *de bois*$_{PATIENT}$.

En (8), l'agent – protagoniste – *Paul* s'oppose aux autres personnages (*le bois* et *le camion*) en bloc. Ces derniers sont en effet au même niveau hiérarchique, comme montré par l'alternance entre (8a) et (8b) qui les inverse. Ce qu'on peut remarquer, par contre, est que l'argument qui cède la place de COD passe en codage sémantique. Les verbes converses, en revanche, exhibent une équivalence hiérarchique entre le rôle d'agent exprimé par le sujet et celui de destinataire exprimé par le COS car, encore une fois, ces rôles sont en relation directe, comme montré par l'inversion en (9) :

(9a) *Paul*$_{AGENT}$ *a donné une rose*$_{PATIENT}$ *à Marie*$_{DESTINATAIRE}$.
(9b) *Marie*$_{DESTINATAIRE}$ *a reçu une rose*$_{PATIENT}$ *de (la part de) Paul*$_{AGENT}$.

Ici, il semble donc y avoir deux personnages principaux (agent et destinataire) qui s'opposent à un seul personnage secondaire (le patient). Remarquons, quand-même, une asymétrie entre l'agent et le destinataire : lorsque l'agent n'est pas le sujet, il est codé sémantiquement (*cf. de Paul* en (9b)).

Le troisième point à souligner concerne les limites d'applicabilité des notions de protagoniste et deutéragoniste. Par définition, ces notions sont pertinentes à deux conditions : lorsque le sujet exprime un argument du verbe prédicatif et lorsque le verbe prédicatif a, au moins, deux arguments. Si le sujet est impersonnel ou s'il exprime le seul argument d'un verbe monovalent, *a fortiori*, il n'y a pas de protagoniste. Dans le premier cas, il n'y a pas de protagoniste parce que le piédestal du sujet reste vide ; dans le second cas, il n'y a pas de protagoniste parce qu'il manque un deutéragoniste par rapport auquel le rôle occupant le sujet puisse être dit, justement, *principal*.

CHAPITRE 13

Constructions transitives et pronominales

13.1 LA NOTION DE TRANSITIVITÉ

13.1.1 LES TERMES DE LA QUESTION

La question de la transitivité (pour laquelle nous renvoyons à Blinkenberg (1960), Hopper et Thompson (1980), Rousseau (1998), Kittila (2002), Lazard (2002), Naess (2007) et Larjavaara (2019)) peut être synthétiquement posée comme suit.

D'un côté, il y a la structure conceptuelle (A) :

A) Un humain^{AGENT} exerce une action sur un objet^{PATIENT} en le modifiant.

De l'autre côté, il y a la structure de phrase (B) :

B) GN^{SUJET} – V – GN^{COD}

Or, faut-il définir la notion de transitivité au niveau de (A) ou au niveau de (B) ? Quelle que soit la réponse, le point essentiel est rester cohérent par rapport à la définition choisie. Examinons les options possibles.

Première option. Les étiquettes « transitif », « actif » et « passif » renvoient clairement à la structure conceptuelle (A) : intuitivement le flux de l'action va d'un agent (actif) à un patient (passif). Si nous définissons la transitivité sur la base de la structure conceptuelle (A), alors – par définition – la transitivité n'est pas une structure linguistique. Dans cette perspective, ce qui est « transitif » n'est ni un verbe, ni une construction, ni une phrase, mais un procès. Observons les exemples (1) :

(1a) *Paul a déchiré le tableau.*
(1b) *La démolition de la voiture (de la part de Monstre Joe)*
(1c) *Le tableau représente un bateau.*

Si la transitivité est identifiée avec la structure conceptuelle (A), alors il faut admettre que les procès exprimés par les exemples (1a) et (1b) sont transitifs, alors que le procès exprimé par (1c) ne l'est pas : le tableau, c'est évident, n'est pas un agent qui effectue une action sur un patient (le bateau) en l'affectant. De ce point de vue, le fait que (1a) et (1c) – à la différence de (1b) – partagent la structure (B) n'est pas pertinent. Ici, la notion de transitivité est indépendante de la notion de COD ou de la transformation passive.

Seconde option. Nous pouvons définir la transitivité comme la structure de phrase (B). Si nous faisons ce choix, ce qui est « transitif » est une construction ou une phrase de la forme SUJET – V – COD, indépendamment de toute structure conceptuelle. La transitivité finit ainsi par s'identifier à la notion même de COD. Le prix à payer pour ce choix est que l'étiquette « transitif » n'a plus rien à voir avec l'idée de transition. Dans cette perspective, les exemples (1a) et (1c) sont tous les deux transitifs – car ils ont un COD – et leur structure conceptuelle n'a aucune pertinence. L'exemple (1b), quant à lui, n'est pas une phrase : la question de sa transitivité ne se pose donc pas, même si sa structure conceptuelle est identique à celle de (1a).

Chacune des définitions précédentes – en soi – est cohérente. Ce qui est incohérent, en revanche, c'est adopter une définition de transitivité qui mélange les deux. Quel est donc notre choix ?

De prime abord, il semblerait naturel d'utiliser l'étiquette « transitivité » pour dénommer (A). À bien y réfléchir, cependant, nous disposons déjà de notions capables de définir (A) : il s'agit notamment des rôles ontologiques Agent et Patient dans le cadre de la structure conceptuelle « Quelqu'un^{AGENT} exerce une action sur quelque chose^{PATIENT} » (*cf.* 10.2.3). Cette structure n'est pas liée à une langue spécifique, mais appartient à notre équipement ontologique en tant qu'êtres humains. À partir de cette prémisse, il nous semble plus utile de disposer d'une dénomination pour identifier une structure linguistique spécifique – avec des catégories grammaticales et des propriétés autonomes – dans le but d'examiner, *a posteriori*, son interaction avec (A). La notion de transitivité nous en offre l'occasion.

Nous payerons donc le prix de vider cette notion de toute idée de transition et nous la définirons sur la base de la structure linguistique (B) : plus précisément, sur la base des paramètres de la valence et du régime de codage (*cf.* § 11.1). Certes, pour éviter tout équivoque, il vaudrait peut-être mieux faire preuve de courage et rejeter l'étiquette même de « transitivité » pour parler simplement d'« alignement accusatif ». Cependant, dans le cadre de ce livre, pour des raisons de simplicité d'exposition, nous garderons l'étiquette « transitivité ».

Nous appelons donc « transitifs » les verbes prédicatifs ayant les deux propriétés suivantes :

i) ils sont (au moins) bivalents
ii.i) le deuxième argument est codé formellement…
ii.ii) …par l'absence de préposition.

Autrement dit, « transitifs » sont les verbes prédicatifs ayant un COD (*cf.* § 11.2.1.1). Les verbes falsifiant l'une des propriétés (i) ou (ii) sont intransitifs (nous reviendrons sur l'emploi de « verbe intransitif » au § 13.1.3).

La définition de transitivité que nous adoptons est donc logiquement indépendante de la structure conceptuelle du procès et elle est ancrée au codage. Le codage est une donnée arbitraire. Cela signifie que la même structure conceptuelle, en principe, peut recevoir tout type de codage : un codage formel ou un codage sémantique, et un codage formel direct (sans préposition) ou un codage formel indirect (avec préposition sémantiquement vide). Voici quelques exemples :

(2a) *Le cortège traverse* **Ø** *Rome.*	codage **formel** à marque Ø, COD
(2b) *Marie passe* ***par*** *Rome.*	codage **sémantique**
(3a) *Marie a choisi* **Ø** *la tarte au citron.*	codage **formel** à marque Ø, COD
(3b) *Marie a opté* ***pour*** *la tarte au citron.*	codage **formel** prépositionnel, COI

La situation qui se dessine est en somme la suivante. D'un côté, il y a un ensemble de structures conceptuelles – parmi lesquelles il y a (A) – offrant des points de repères universels. De l'autre côté, il y a la construction transitive (B) qui est propre à une langue ou à un groupe de langues. L'enjeu consiste à explorer l'extension des structures conceptuelles que cette dernière peut exprimer.

13.1.2 TRANSITIVITÉ *VS.* STRUCTURE CONCEPTUELLE

Reconnaître l'indépendance de la structure conceptuelle (A) et de la structure de phrase (B) est la condition préalable pour pouvoir décrire leurs interactions.

Observons les exemples (4) :

(4a) *Le garçon a cassé la fenêtre.*	Agent, Patient
(4b) *Le vent a ouvert la porte.*	Cause, Patient
(4c) *Cette clé ouvre la porte principale.*	Instrument, Patient
(4d) *L'assassin a utilisé ces câbles électriques.*	Agent, Instrument

D'une part, ces exemples partagent tous la structure linguistique (B) : GN^{SUJET}–V–GN^{COD}. De l'autre, les exemples (4) ont une structure conceptuelle qui peut être rapportée – d'une façon plus ou moins prototypique – à (A) : un (pseudo-)agent effectue une action sur un (pseudo-) patient en le modifiant (plus ou moins). Si les précédents étaient les seules structures conceptuelles exprimées par (B), alors on pourrait envisager (B) comme une sorte d'image – de diagramme – de (A). Par là, la structure linguistique (B) se justifierait à partir de (A) car toute image de quelque chose se justifie par rapport à ce quelque chose que l'image est censée reproduire.

Mais observons maintenant les exemples (5) :

(5a) *Le cortège a traversé Rome.*	Agent, Locatif
(5b) *Le chien a entendu les voleurs.*	Expérienceur, Stimulus
(5c) *Morgane a reçu une lettre.*	Destinataire, Thème
(5d) *Le brouillard attriste Marie.*	Stimulus, Expérienceur
(5e) *Le tableau décore le mur.*	?, ?
(5f) *Le tableau représente un bateau.*	?, ?
(5g) *La route traverse le bois.*	?, ?

Les exemples (5) partagent encore la structure linguistique (B), mais leur structure conceptuelle n'a plus aucun rapport avec (A) : en (5a),

Rome – un locatif – ne semble pas pouvoir être envisagé comme un pseudo-patient ; en (5b), *Morgane* – un destinataire – ne semble pas pouvoir être envisagé comme un pseudo-agent ; etc. En (5), la construction GN^{SUJET}–V–GN^{COD} s'est affranchie de l'idée d'un agent exerçant une action sur un patient.

Si cela est vrai, alors, en (4), nous étions confrontés à une illusion d'optique analogue à celle qui se manifestait pour le COS au § 11.2.2.1. Autrement dit, dans les exemples (4), la construction transitive (B) parait fonctionner comme une image de la structure conceptuelle (A) seulement *a posteriori*, par effet d'une circonstance accidentelle. En réalité – comme les exemples (5) le montrent – la construction transitive (B) n'a aucun besoin de la structure conceptuelle (A) pour se justifier : elle en est autonome.

L'idée que la construction GN^{SUJET}–V–GN^{COD} ne puisse être l'image d'aucune structure conceptuelle, par ailleurs, découle directement des considérations conduites sous §§ 11.1.1 et 11.3. Tout d'abord, du côté du sujet, cette construction n'est même pas sensible à la présence d'un argument. Ensuite, du côté du COD, elle est sensible à la présence d'un argument, mais son caractère iconique s'arrête là, et ne concerne ni la nature, ni le rôle de cet argument. Envisager le sujet et le COD en (5) comme des pseudo-agents ou pseudo-patients ressemble beaucoup à une *petitio principii*. Cette *petitio principii* – consistant à vouloir lier des catégories grammaticales à des rôles ontologiques – rend l'entreprise même de décrire les catégories grammaticales circulaire (*cf.* §§ 10.2 et 10.4).

En revanche, reconnaître que la construction transitive est autonome par rapport à toute structure conceptuelle est compatible avec la possibilité qu'une structure conceptuelle particulière puisse manifester une affinité élective avec cette construction. Autrement dit, il n'y a pas besoin de définir la construction transitive à partir d'une structure conceptuelle spécifique pour justifier le fait (empirique et *a posteriori*) qu'une certaine structure conceptuelle puisse, éventuellement, manifester une affinité élective avec elle. En d'autres termes encore, reconnaître que la construction transitive est autonome par rapport à toute structure conceptuelle n'empêche pas d'explorer… quelles structures conceptuelles se laissent exprimer par cette construction : lesquelles se laissent exprimer par cette construction, mais également par d'autres ; et s'il y en a qui ne se laissent exprimer que par cette construction. Ce dernier cas, en particulier, ne remet nullement en cause l'autonomie de la construction transitive. Au contraire, cette autonomie est le présupposé permettant d'entamer une exploration empirique sans aucun préjugé théorique.

13.1.3 VERBES TRANSITIFS DIRECTS, INDIRECTS ET INTRANSITIFS

Certaines grammaires distinguent des verbes transitifs directs et des verbes transitifs indirects. Si nous définissons la transitivité sur la base des paramètres de la valence et du codage (*cf.* § 12.1.1), cette distinction se dissout.

Les verbes « transitifs directs » sont définis par : bivalence (au moins) et codage formel à marque Ø du deuxième argument (COD, *cf.* § 11.2.1.1). Les verbes « transitifs indirects » sont définis par : bivalence (au moins) et codage formel prépositionnel du deuxième argument (COI, *cf.*§ 11.2.1.2). Par rapport à notre définition de transitivité (*cf.* § 13.1.1), cependant, les verbes dits « transitifs directs » sont les verbes transitifs tout court. Dans ce cadre, il n'y a pas quelque chose comme une « transitivité indirecte » : au contraire, les verbes dits « transitifs indirects » sont les verbes intransitifs au sens strict. Cela met en évidence, justement, que le COD et le COI sont deux catégories grammaticales complémentaires : elles s'opposent sur la base d'un même type de codage – formel – du deuxième argument. De ce point de vue, les verbes transitifs et intransitifs s'opposent comme la vie s'oppose à la mort.

Les verbes prédicatifs dont le second argument reçoit un codage sémantique et les verbes avec moins d'un argument, en revanche, ne sont pas comparables aux précédents : les uns parce qu'ils relèvent d'un régime de codage différent, les autres parce qu'ils n'ont pas de complément. Ces verbes s'opposent donc aux verbes transitifs et intransitifs au sens strict comme la non-vie s'oppose à la vie et à la mort. On pourrait les qualifier de non-transitifs.

L'étiquette « verbes intransitifs » est alors souvent utilisée d'une façon non homogène, dans la mesure où elle regroupe les verbes strictement intransitifs et les verbes non-transitifs.

13.2 LES CONSTRUCTIONS PRONOMINALES

De manière générale, lorsqu'un pronom fait son apparition dans le GV, on peut parler de « construction pronominale ». Cette étiquette, cependant, n'englobe pas une réalité homogène.

À l'intérieur des constructions pronominales, il y a une distinction majeure :

a) le pronom renvoie au sujet
b) le pronom ne renvoie pas au sujet, mais il indique un référent autre par rapport au sujet.

Le point (b) n'est pas différent du cas où, à la place du pronom, il y a un groupe nominal quelconque. Dans ce cas, *a fortiori*, le pronom identifie un argument jouant un certain rôle.

Le point (a), en revanche, fait l'objet d'une seconde distinction :

a1) le pronom renvoie au sujet *et* il fonctionne comme un argument du prédicat verbal
a2) le pronom renvoie au sujet, *mais* il ne fournit pas un argument au prédicat verbal.

Le point (a1) identifie les constructions réfléchies (§ 13.2.2) et réciproques (§ 13.2.3) : les verbes pouvant recevoir ce type de construction sont transitifs. Le point (a2) identifie les constructions intrinsèquement pronominales : les verbes pouvant recevoir ce type de construction ne sont pas transitifs. Parmi les constructions intrinsèquement pronominales, il y a les emplois pléonastiques des pronoms et le *se* « pseudo-passif » (§ 13.2.4). Nous offrirons toute de suite des exemples.

13.2.1 RÉFÉRENT *VS.* ANTÉCÉDENT

Observons de plus près la distinction entre les constructions réfléchies et les constructions intrinsèquement pronominales.

Commençons par considérer l'exemple (6a) :

(6a) *Le garçon a trouvé une vieille cafetière italienne. Il l'a lavée, et…*

En (6a), le pronom *le* fonctionne en deux étapes. Il renvoie au GN *une vielle cafetière italienne* présent dans l'énoncé précédent : ce GN est donc son antécédent. Par là, le pronom *le* finit par pointer sur le même référent que son antécédent. Nous sommes confrontés à une anaphore.

Observons maintenant l'exemple (6b) :

(6b) *Le garçon s'est lavé.*

En (6b), le fonctionnement du pronom *se* est le même que celui de l'anaphore *le* en (6a). En (6b), le pronom *se* renvoie au GN *le garçon* – qui est son antécédent – et, par là, il finit par pointer sur le même référent que ce GN. Par rapport à (6a), cependant, le fonctionnement anaphorique de *se* reste à l'intérieur d'un même énoncé. La conséquence est double. D'une part, *se* arrive à offrir un argument au verbe prédicatif (exactement comme *le* en (6a)) ; de l'autre, cet argument s'avère identique à celui offert par le sujet. Nous sommes confrontés à un emploi réfléchi du pronom : cas (a1).

Passons à un exemple comme (6c) :

(6c) *Le garçon s'est étonné de ta réaction*

En (6c), le fonctionnement anaphorique du pronom *se* est interrompu. D'une part, ce pronom a toujours un antécédent : il renvoie bien au GN sujet *le garçon.* De l'autre, son fonctionnement s'arrête là : il ne va pas jusqu'au référent du GN *le garçon.* La conséquence est que le pronom *se,* tout en ayant un antécédent dans le sujet, n'arrive plus à offrir un argument au verbe prédicatif. Nous sommes confrontés à une construction intrinsèquement pronominale : cas (a2).

En somme, il faut dissocier le fait d'avoir un antécédent textuel du fait d'avoir un référent. Dans le cas de la construction réfléchie, le pronom renvoie à un antécédent et, à travers celui-ci, il a un référent : il peut donc offrir un argument au verbe prédicatif. Dans le cas de la construction intrinsèquement pronominale, en revanche, le pronom renvoie toujours à un antécédent, mais il n'a pas de référent : il ne peut donc pas offrir un argument au verbe prédicatif. Une conséquence est qu'il ne peut pas y avoir, en même temps, un sujet impersonnel et un pronom réfléchi, alors qu'il peut bien y avoir un sujet impersonnel et une construction intrinsèquement pronominale :

(6d) *Il se peut que mes parents déménagent en Islande.*

En (6d), le pronom *se* renvoie bien au sujet *il* – qui est donc un antécédent – mais il s'arrête là : car *il* n'a pas de référent. De ce point de vue, il n'y a pas de sens à dire que, dans les constructions intrinsèquement pronominales, le pronom soit co-réferent du sujet.

Il est intéressant de comparer la construction intrinsèquement pronominale avec la construction impersonnelle. La première est interne au GV ; la seconde, en revanche, est externe au GV et, on l'a vu, concerne le sujet. Puisque le sujet est une catégorie grammaticale indépendante de la valence, le *il* impersonnel de *il pleut* reste un sujet. En revanche, puisque les catégories grammaticales internes au GV présupposent un argument à exprimer, et puisque le pronom de la construction intrinsèquement pronominale n'exprime pas un argument, le *se* de *il s'étonne* n'est pas un COD. Il y a donc une différence de fond entre le pronom impersonnel et le pronom d'une construction intrinsèquement pronominale : le premier est une catégorie grammaticale, alors que le second non (à différence, justement, de la construction réfléchie). Cela montre, encore une fois, qu'il n'y a pas d'impersonnel à l'intérieur du GV (*cf.* § 7.3), et, par là, qu'il y a une asymétrie entre l'articulation $GN^{SUJET} \leftrightarrow GV$ et la structure interne du GV.

13.2.2 CONSTRUCTIONS RÉFLÉCHIES

Dans les constructions dites « réfléchies », un pronom co-référent du sujet sature une position argumentale du verbe prédicatif. Ce pronom peut dériver d'un COD. ou bien d'un COS.

13.2.2.1 COD co-réferent du sujet

Observons les exemples suivants :

(7a) *Le papa lave le bébé.*
(7b) *Le coiffeur rase le papa.*
(7c) *La grand-mère soigne la petite fille avec des herbes.*
(7d) *Le garçon admire la fille dans le miroir.*

Les exemples (7) contiennent des verbes bivalents transitifs. Dans ces exemples, le sujet joue le rôle d'agent et le COD de patient.

Remplaçons le COD par *lui-même* :

(7a') *Le papa lave lui-même.*
(7b') *Le coiffeur rase lui-même.*
(7c') *La grand-mère soigne elle-même avec des herbes.*
(7d') *Le garçon admire lui-même dans le miroir.*

Les exemples (7') sont maladroits, mais conceptuellement cohérents. Maintenant, remplaçons *lui-même* par *se* :

(7a'') *Le papa se lave.*
(7b'') *Le coiffeur se rase.*
(7c'') *La grand-mère se soigne avec des herbes.*
(7d'') *Le garçon s'admire dans le miroir.*

Les exemples (7'') sont bien formés et ils seront sans doute préférés à (7') : nous avons obtenu une construction réfléchie. Le pronom *se* est un argument qui joue le même rôle (patient) que le COD.

Observons les exemples (8) :

(8a) *Paul compte sur son frère.*
(8b) *Paul renonce à Marie.*

Les exemples (8) contiennent des verbes bivalents intransitifs (*cf.* § 13.1.3). Appliquons les mêmes opérations que nous avons appliquées sur (7) :

(8a') *Paul compte sur lui-même.*
(8b') *Paul renonce à lui-même.*
(8a'') **Paul se compte.*
(8b'') **Paul se renonce.*

Nous remarquons que les énoncés (8') ne sont pas absurdes, mais les énoncés (8'') sont impossibles. La raison est que la forme réfléchie – que nous obtenu en (7'') – dérive d'un COD et non d'un COI.

13.2.2.2 COS co-référent du sujet

Observons les exemples (9) :

(9a) *Le professeur a accordé une pause aux élèves.*
(9b) *Marie a offert un voyage à sa fille.*
(9c) *Paul a attribué la responsabilité à Marie.*

Dans ces exemples, nous sommes confrontés à des verbes transitifs trivalents : COD + COS. Or, nous pouvons dériver une forme réfléchie du COS :

(9a') *Le professeur a accordé une pause à lui-même.*
(9b') *Marie a offert un voyage à elle-même.*
(9c') *Paul a attribué la responsabilité à lui-même.*

(9a'') *Le professeur s'est accordé une pause.*
(9b'') *Marie s'est offert un voyage.*
(9c'') *Paul s'est attribué la responsabilité.*

S'il n'y a pas de COS, la construction est impossible :

(10a) *Le soldat a traîné le corps de son camarade vers la tranchée.*
(10a') *Le soldat a traîné le corps de son camarade vers lui-même.*
(10a'') **Le soldat s'est traîné le corps de son camarade.*

(11a) *Le soleil attire les planètes à lui-même.*
(11a') **Le soleil s'attire les planètes.*

En (11a), la préposition *à* relève en effet du codage sémantique, et nous ne sommes donc pas confrontés à un COS.

13.2.3 CONSTRUCTIONS RÉCIPROQUES

Dans les constructions réfléchies que nous venons de voir, le sujet est singulier. Si le sujet est pluriel, nous sommes confrontés à une construction réfléchie réciproque. Les constructions (réfléchies) réciproques, à leur tour, se distinguent par rapport à la distribution des rôles.

Observons les exemples suivants :

(12a) *Gino et Marianne se lavent.*
(12b) *Nos enfants se lavent.*

Intuitivement, les exemples (12) seraient interprétés comme *Gino lave lui-même et Marianne lave elle-même*, et *Chaque enfant lave lui-même.* Dans ce cas, chaque participant joue le rôle d'agent et de patient de sa propre action. Nous pourrions l'appeler construction réciproque « parallèle ».

Observons maintenant (13) :

(13a) *Gino et Marianne s'aiment.*
(13b) *Nos enfants s'aiment.*

Intuitivement, ces exemples seraient interprétés comme *Gino aime Marianne et Marianne aime Gino*, et *Chacun de nos enfants aime l'autre, et vice-versa.* Dans ce cas, chaque participant est expérient de son propre amour et patient ou objet intentionnel de celui de l'autre. Nous pourrions l'appeler construction réciproque « croisée ».

Les constructions réciproques s'appliquent également au COS, où l'on peut conduire des remarques identiques aux précédentes :

(14) *Nos amis se sont offert un voyage.*

13.2.4 CONSTRUCTIONS INTRINSÈQUEMENT PRONOMINALES

Observons l'exemple suivant :

(15a) *La maman réveille le garçon.*

Appliquons à (15a) les mêmes opérations que nous avons appliquées sous § 13.2.1.1 :

(15a') **La maman réveille elle-même.*
(15a'') *La maman se réveille.*

L'exemple (15a') est conceptuellement incohérent. L'exemple (15a'') n'est donc pas dérivé de (15a) *via* (15a'), mais il est une forme originale, intransitive. Nous sommes confronté à une construction intrinsèquement pronominale. Dans cette construction, le pronom ne fonctionne pas comme un argument.

Un exemple comme (15b") admet aussi bien la lecture réfléchie (mais sous une forte pression contextuelle) que la lecture intrinsèquement pronominale (beaucoup plus immédiate) :

(15b") *L'étudiant s'étonne.*

Dans la lecture réfléchie, le pronom *se* offre un argument (patient) au verbe et il est fonctionnellement équivalent à un COD ; l'exemple (15b") peut donc être analysé à travers (15b') et, par là, il peut être mis en relation avec (15b) :

(15b') *L'étudiant étonne lui-même.*
(15b) *L'étudiant étonne quelqu'un.*

Dans la lecture intrinsèquement pronominale, en revanche, (15b') ne fonctionne pas comme analyse de (15b"). Cette lecture peut être sélectionnée comme suit :

(15c) *L'étudiant s'étonne de la note.*

Il peut être intéressant de contraster (15c) avec (15d) :

(15d) *La note étonne l'étudiant.*

Nous retrouvons ici un cas où la structure dramatique de la phrase peut mettre en valeur des facettes différentes des rôles (*cf.* § 12.6.3). En (15c), le protagoniste du procès est *l'étudiant* : *l'étudiant* est mis en valeur en tant qu'expérienceur, et *la note* est reléguée au rang de deutéragoniste (stimulus). En (15d), en revanche, le protagoniste est *la note* (le stimulus), alors que *l'étudiant* (l'expérienceur) est relégué au rang de deutéragoniste. La conséquence est que le stimulus est mis en valeur pour sa facette causale, alors que l'expérienceur est plutôt envisagé pour son caractère passif ou patientif. Un cas intéressant est : *Je m'étonne de moi-même. Je* joue le rôle d'expérienceur ; *moi-même* joue le rôle de stimulus et il fonctionne comme réfléchi ; et *m'étonne* est intrinsèquement pronominal.

Quoi qu'il en soit, observons des couples comme *étonner* vs. *s'étonner*, *effrayer* vs. *s'effrayer*, etc. Remarquons que la version pronominale implique le rôle d'expérienceur en position de sujet : ici nous sommes confrontés à des emplois différents d'un verbe. Un couple comme *laver* et *se laver*, en revanche, partage exactement la même distribution des rôles : ici, nous sommes confrontés au même emploi du verbe.

Observons les exemples suivants :

(16a) *Il a blessé son adversaire.*
(16b) *Il s'est blessé.*

Un exemple comme (16b) peut recevoir deux interprétations. Dans la première interprétation (sollicitée), *se blesser* est un verbe non transitif, intrinsèquement pronominal et le sujet joue le rôle d'expérienceur. Dans la seconde interprétation (admise), nous sommes confrontés à une variante réfléchie de (16a) et donc transitive. Dans cette seconde interprétation, en (16b), *il* et *se* jouent exactement les mêmes rôles d'agent et patient que *il* et *son adversaire* en (16a) : la seule différence par rapport à (16a) est que *il* et *se* sont co-referents. Dans le cas de la première interprétation de (16b), en revanche, *il* est bien l'antécédent de *se*, mais *il* et *se* ne sont pas co-référents car *se* n'a pas, à son tour, un référent (*cf.* § 13.2.1).

Observons les exemples :

(10a) *Le soldat a traîné le corps de son camarade vers la tranchée.*
(17) *Le soldat s'est traîné vers la tranchée.*

L'exemple (17) n'est pas une variante réfléchie de (10a) car le *se* n'est pas interprété comme un patient. Nous sommes confrontés à une construction intrinsèquement pronominale. Dans ce type de construction, on l'a vu, le pronom renvoie au sujet, mais il n'est pas un argument et donc il ne joue aucun rôle.

Observons les couples suivantes :

(18a) *Il a versé du vin à son copain.*
(18b) *Il s'est versé du vin.*

(19a) *Il a versé du vin sur la nappe.*
(19b) *Il s'est versé du vin sur le pantalon.*

En (18b), le pronom (en emploi réfléchi) *se* non seulement renvoie au le sujet, mais il est fonctionnellement analogue à un COS et joue le rôle de destinataire. En (19b), en revanche, le pronom *se* (en emploi intrinsèquement pronominal), tout en renvoyant au sujet, ne joue pas le rôle de locatif, ce dernier étant joué justement par *sur le pantalon.*

Observons les exemples (20) :

(20a) *Je me suis acheté un livre.*
(20b) *Je me suis mangé une pizza.*

En (20a), *me* est fonctionnellement équivalent un COS et joue le rôle de destinataire. En (20b), en revanche, non. Nous sommes confrontés à un emploi pléonastique du pronom.

Observons des exemples comme (21) :

(21a) *Les œufs se cassent facilement.*
(21b) *Les jouets se rangent dans ces tiroirs.*

La construction (intrinsèquement) pronominale se charge ici d'une valeur qui concerne la 'vérité factuelle' et le 'devoir'. On parle respectivement de valeur modale aléthique et de valeur modale déontique.

Observons encore les exemples suivants :

(22a) *On ramasse les feuilles mortes avec la pelle.*
(22b) *Les feuilles mortes (ça) se ramassent avec la pelle.*
(23a) *On désigne le président à la majorité absolue.*
(23b) *Le président (ça) se désigne à la majorité absolue.*

(24a) *On change un bébé 4 fois par jour.*
(24b) *Un bébé (ça) se change 4 fois par jour.*

Les constructions pronominales (b) fonctionnent un peu comme des pseudo-passifs des constructions avec le sujet *on*. Il y a, cependant, une différence fondamentale par rapport à un véritable passif : le *se* n'est pas un argument et ne joue donc pas le rôle d'agent (complément d'agent).

CHAPITRE 14

Verbes supports et copule

Notre cadre de référence est la structure de la phrase. Dans ce cadre, les fonctions les plus importantes remplies par une forme verbale à part entière sont la fonction prédicative et la fonction support. Le pivot du GV reste toujours un verbe (*cf.* §§ 1.2, 2.1). Le fait que ce verbe remplisse une fonction prédicative plutôt qu'une fonction support dépend d'où tombe la source de la valence à l'intérieur du GV (*cf.* § 5.4).

Si la source de la valence tombe sur le verbe lui-même, alors ce verbe remplit une fonction prédicative : nous sommes confrontés à un prédicat verbal. Les chapitres §§ 7 à 13 ont été consacrés à ce cas. Si la source de la valence n'est pas le verbe – mais bien un nom, adjectif, préposition, etc. – alors le verbe remplit la fonction de support par rapport au terme source de la valence. Dans ce cas, nous sommes confrontés à un prédicat nominal. C'est le sujet du présent chapitre.

14.1 LA NOTION DE VERBE SUPPORT

Considérons l'exemple (1a) :

(1a) *Paul a fait un gâteau.*

En (1a), le prédicat est *faire* : ses arguments sont *Paul* et *gâteau*. De ce point de vue, en (1a), *faire* est fonctionnellement analogue à *cuisiner* en (1b) :

(1b) *Paul **a cuisiné** un gâteau.*

Maintenant, considérons l'exemple (2a) :

(2a) *Paul a fait un voyage.*

En (2a), la source de la valence ne tombe plus sur le verbe *faire*, mais sur le nom *voyage.* Contrastons (2a) avec (2b) :

(2b) *Paul a voyagé.*

En (2a), l'analogue fonctionnel du verbe prédicatif *voyager* en (2b) n'est pas le verbe *faire*, mais le nom *voyage.* Ce nom est donc un nom prédicatif et *Paul* est son argument. Nous sommes confrontés à un prédicat nominal.

Observons de plus près le verbe prédicatif *voyager* et la construction *faire un voyage.* D'une part, le verbe *voyager* est composé par une base (qui porte le contenu conceptuel du procès) et une conjugaison (qui porte les informations grammaticales). La construction *faire un voyage*, de l'autre, paraît distribuer ces deux types d'informations sur deux mots différents : le nom *voyage* se charge des informations qui étaient exprimées par la base, alors que le verbe *faire* se charge des informations qui étaient exprimées par la conjugaison en se vidant de tout contenu conceptuel. En (2a), *faire* fonctionne comme verbe support du nom prédicatif *voyage.* Pour la notion de verbe support, nous renvoyons à Vendler (1970), Daladier (1978), Gross (1987, 1993, 1998), Giry-Schneider (1987), De Pontonx et Gross (2004) et Cantarini (2004).

D'un point de vue grammatical, un verbe support a une conjugaison et des auxiliaires propres : il est donc une forme verbale à part entière et non un auxiliaire. Autrement dit, un auxiliaire plus un participé passé est distributionnellement équivalent à un verbe (*cf.* § 2.2), alors qu'un verbe support plus un nom est distributionnellement équivalent à un GV. D'un point de vue fonctionnel, cependant, un verbe support est au nom prédicatif ce que la conjugaison ou l'auxiliaire sont aux bases des verbes prédicatifs. Autrement dit, un verbe support met sa propre conjugaison au service du nom prédicatif en produisant – dans les faits – une sorte de conjugaison nominale (*cf.* Gross 2004).

Ce faisant, un verbe support opère à l'intérieur de la structure d'arguments du nom prédicatif : il affecte le premier argument du nom prédicatif au sujet. Un verbe support remplit donc la fonction de déployer le schéma d'arguments du nom prédicatif dans une phrase. Ce fonctionnement permet de distinguer les verbes supports des verbes d'occurrence :

(2c) *Paul a fait un voyage autour du monde.*
(2d) *Le voyage de Paul autour du monde a eu lieu en été.*

En (2c), le verbe *faire* affecte le premier argument du nom prédicatif *voyage* au sujet de la phrase : *faire* est un verbe support. En (2d), en revanche, *avoir lieu* opère à l'extérieur de la structure d'arguments du nom prédicatif *voyage*, qui est déjà complètement saturé. *Avoir lieu* n'est donc pas un verbe support comme *faire*, mais un verbe prédicatif d'occurrence prenant l'événement saturé *le voyage de Paul* comme argument (*cf.* Fasciolo 2017).

Cette remarque est importante car elle trace une limite à la notion de verbe support, et par là, au cadre où la source de la valence peut bouger. Le phénomène des verbes supports montre, d'une part, que la source de la valence peut bouger du verbe au nom et, de l'autre, qu'elle ne peut jamais tomber sur le sujet en franchissant la limite gauche du GV (*cf.* § 5.4). Ce qui témoigne, encore une fois, de la rigidité de l'articulation $GN^{SUJET} \leftrightarrow GV$ de la phrase et de combien la structure interne du GV est, en revanche, sensible à la valence (*cf.* § 11).

Voici quelques exemples de verbes utilisés comme supports :

avoir	*du courage, de l'espoir, un projet, un intérêt pour*
commettre	*un vol, un meurtre, un crime*
donner	*un ordre, un conseil, un avis, un jugement, un bisou*
faire	*une bêtise, la guerre, un bisou, une caresse, une réclamation, une objection*
jeter	*un regard, un coup d'œil*
nourrir	*un espoir*
prendre	*une décision, une résolution, une douche*
soulever	*une question, une objection*
…	

Nous soulignons immédiatement trois points.

Premièrement, un même verbe peut fonctionner en tant que verbe prédicatif et en tant que support : « support » indique bien une fonction remplie par un verbe (*cf.* § 6.3).

Deuxièmement, il y a des verbes supports très généraux (*avoir, faire, donner…*) et des verbes supports appropriés à des procès spécifiques (*commettre des crimes, nourrir un espoir...*). À ce propos, il est utile de comparer un verbe support approprié avec un verbe prédicatif approprié. Le verbe prédicatif *rédiger*, par exemple, est approprié à la classes d'objets des <textes> (*cf.* §§ 9.2.2, 9.2.3) : ici, la sélection va du verbe à la classe d'objets. Dans le cas verbes supports, en revanche, l'orientation de la sélection est inversée : une classe de prédicats nominaux (par exemple les <crimes>) sélectionne son verbe support approprié (par exemple, *commettre*). L'origine de la sélection est en somme toujours la source de la valence.

Troisièmement, dans les constructions à verbe support, les noms prédicatifs n'ont pas nécessairement un verbe prédicatif associé : *conseil / conseiller, voyage / voyager*, mais : *crime / Ø, bêtise / Ø, attention / Ø, réclamation / Ø,* etc. Ce point montre que les constructions à verbe support ne peuvent pas être étudiées à partir de structures à prédicat verbal. Autrement dit, les GV à prédicat verbal et les GV à prédicat nominal sont des structures irréductibles, qui doivent être étudiées d'une façon autonome.

14.2 LA STRUCTURE DU GV À PRÉDICAT NOMINAL

De manière générale, la structure interne du GV dépend toujours du prédicat : le terme qui abrite la source de la valence. En passant d'un prédicat verbal à un prédicat nominal, la source de la valence se déplace du verbe au nom. Si la structure interne du GV à prédicat verbal – le nombre de compléments – dépend de la valence du verbe prédicatif (*cf.* § 11.1.1), la structure interne du GV à prédicat nominal dépend de la valence du nom prédicatif.

D'un point de vue heuristique, il peut être utile de comparer l'emploi prédicatif d'un verbe avec son emploi support. Ce faisant, on peut envisager les cas de figure suivants.

i) La structure à verbe support parait imiter le GV à verbe prédicatif correspondant :

(3a) *Paul a lancé une pierre à Marie.* → *Paul a lancé un regard à Marie.*
verbe prédicatif verbe support

(3b) *Paul a donné une rose à Marie.* → *Paul a donné un bisou à Marie.*
verbe prédicatif verbe support

ii) La structure à verbe support paraît éroder le GV à verbe prédicatif correspondant :

(4) *Paul a pris une rose au fleuriste.* → *Paul a pris une décision.*
verbe prédicatif verbe support

iii) La structure à verbe support parait ajouter un complément par rapport au GV à verbe prédicatif correspondant :

(5) *Paul a soulevé sa voiture.* → *Paul a soulevé une objection contre Marie.*
verbe prédicatif verbe support

Les comparaisons que nous venons d'effectuer sont comme une échelle qu'il faut jeter après l'avoir utilisée. Leur utilité consiste à mettre en évidence que, dans le cadre d'un GV à verbe support, la présence ou l'absence d'un complément est fonction du contenu du nom prédicatif (sa valence) et non du verbe : autrement dit, les compléments sont des compléments du nom et non du verbe. La seule utilité des comparaisons précédentes est donc de montrer que, lorsqu'un verbe prédicatif est utilisé en tant que support, la valence est remise à zéro et elle est réinitialisée par le nom prédicatif. Or, une fois qu'on a compris cela, on comprend également qu'il n'y a pas de sens à comparer la valence d'une structure à verbe support avec la valence d'une structure où ce même verbe est prédicatif.

Non seulement la présence du complément dépend du contenu du nom prédicatif, mais sa forme également. Comparons les couples suivants :

(6a) *Paul respecte ses parents.* verbe prédicatif
(6b) *Paul a du respect pour ses parents.* verbe support

(7a) *Paul juge sévèrement ses parents.* verbe prédicatif
(7b) *Paul a un jugement sévère envers ses parents.* verbe support

(8a) *Paul s'intéresse aux faits divers.* verbe prédicatif
(8b) *Paul a un grand intérêt pour les faits divers.* verbe support

Les prépositions introduisant les compléments dans les exemples (b) sont sémantiquement actives : avec les termes introduits au § 11.1.2, nous sommes confrontés à un codage sémantique des arguments des noms *respect*, *jugement* et *intérêt*. En effet, les prépositions introduisant les compléments en (b) ne sont rien d'autres que celles des GN suivants : *le respect de Paul pour ses parents*, *le jugement sévère de Paul envers ses parents* et *le grand intérêt de Paul pour les faits divers*. Nous y reviendrons ci-dessous.

Le fait que la présence et la forme des compléments dépendent du nom prédicatif – et non du verbe – implique un bouleversement profond dans la structure interne du GV. Puisque les catégories grammaticales des prédicats verbaux – COD ou COS – sont des compléments du verbe (*cf.*§§ 11.2.1.1 et 11.2.2.1), ces catégories ne s'appliquent pas aux prédicats nominaux. Illustrons cet aspect en détail en considérant d'abord le COD et ensuite le COS.

Observons les exemples suivants :

(9a) *Paul a donné une rose à Marie.*
(10a) *Paul a donné un bisou à Marie.*

En (9a), le verbe *donner* est prédicatif et trivalent : *une rose* est le COD et *à Marie* est le COS. En (10a), en revanche, le verbe *donner* est un support du nom prédicatif *bisou*, qui est bivalent. En (10a), le nom prédicatif *bisou* vole la position de COD – qui en (9a) était occupée par un argument de *donner*. Cela entraîne une restructuration de la structure interne du GV.

Tout d'abord, en (10a), *un bisou* n'est plus un véritable COD :

(9a') *Une rose a été donnée à Marie (par Paul).*
(9a'') *La rose, Paul l'a donnée à Marie.*
(9a''') *Qu'est-ce que Paul a donné à Marie ? Une rose et une bague.*

(10a') ?*Un bisou a été donné à Marie (par Paul).*
(10a'') ? ?*Le bisou, Paul l'a donné à Marie.*
(10a''') **Qu'est-ce que Paul a donné à Marie ? Un bisou et un conseil.*

Certes, parfois les jugements d'acceptabilité peuvent varier, et on peut imaginer des exemples comme *Des voyages ont été faits*, *Des conseils ont été donnés*... Cependant, entre un vrai COD et le nom prédicatif pivot du prédicat nominal reste une différence cruciale : le premier est un argument du verbe et joue un certain rôle, alors que le second est directement la source de la valence et des rôles. Ce dernier ne remplit donc pas la condition préalable pour pouvoir être considéré comme un COD (*cf.* § 11.2.1.1). Un corollaire, bien entendu, est qu'on ne peut pas non plus appliquer la notion de transitivité (*cf.* § 13.1.1).

Ensuite, en (10a), *à Marie* n'est pas un COS, mais un complément du nom *bisou*. Observons en effet les manipulations suivantes :

(9a) *Paul a donné une rose à Marie.* (10a) *Paul a donné un bisou à Marie.*
(9b) *La rose que Paul a donnée à Marie.*(10b) *Le bisou que Paul a donné à Marie.*
(9c) **La rose de Paul à Marie.* (10c) *Le bisou de Paul à Marie.*

Les exemples (c) sont des nominalisations obtenues à partir des phrases (a) en passant par les relatives (b). Si on compare (9) avec (10), le constat est vite fait. L'exemple (9c) – issu d'une phrase à verbe prédicatif – est malformé. En (9a), la présence de *à Marie* – qui est un COS – dépend donc de sa relation grammaticale avec le verbe *donner* : si on efface ce verbe, le GP (Groupe Prépositionnel) perd sa fonction. En revanche, l'exemple (10c) – issu d'une phrase à verbe support – est tout-à-fait acceptable. Cela signifie qu'en (10a), la présence de *à Marie* dépend bien du nom *bisou* et non de sa relation avec le verbe *donner* : en (10a) nous ne sommes donc pas confrontés à un véritable COS. L'inapplicabilité de la catégorie du COS – qui relève du codage formel – implique que le complément d'un GV à verbe support (*cf.* (10a)) reçoit un codage sémantique et, par conséquent, qu'il s'agit du même complément que celui du GN correspondant (*cf.* (10c)).

Remarquons que les manipulations que nous venons d'effectuer prouvent également que les verbes d'occurrence ne sont pas des supports (*cf.* 14.1). Essayons en effet d'appliquer des manipulations identiques (dans la mesure du possible, *cf.* Gaatone 2004) à un verbe d'occurrence tel qu'*avoir lieu* :

(11a) *Le serment du président des États Unis a eu lieu.*
(11b) *Le serment du président des États Unis, qui a eu lieu.*
(11c) *Le serment du président des États Unis.*

Si nous comparons (11) avec (10), nous remarquons que, dans les deux cas, (c) est acceptable : dans les deux cas, il y a donc eu l'effacement d'un verbe support. Cependant, le verbe support qui a été effacé pour aboutir à (11c) n'est pas *avoir lieu*, mais *faire* : en effet, (11c) ne signifie pas (11b), mais plutôt *Le serment que le président des États Unis a fait.* Si cela est vrai, (11c) ne dérive pas de (11a), mais de *Le président des États Unis a fait un serment.*

14.3 COPULE

Le verbe *être* – dans son emploi de copule – est un cas spécial de verbe support. Tous les autres verbes supports s'appliquent exclusivement à des noms prédicatifs. La copule, en revanche, peut s'appliquer également à un adjectif (attributif ou qualificatif), à une préposition ou à un adverbe :

(12a) *Paul est beau.*
(12b) *Paul est contre cette loi.*
(12c) *Extraire soudainement une clé USB est mal.*

Cette particularité permet à la copule de s'appliquer même à des noms non-prédicatifs ou à des noms prédicatifs déjà complètement saturés. Observons les exemples (13) :

(13a) *Un tigre est un félin.*
(13b) *Bruce Wayne est Batman.*

Ces exemples sont des cas limites. D'une part, la copule n'a pas de valence. De l'autre, un nom comme *félin* ou *Batman* n'a pas de valence non plus. Ainsi, dans ces cas, la copule manifeste un comportement excentrique : elle ne fonctionne pas comme support d'une prédication (saturation d'une valence), mais comme support d'une classification (13a) ou d'une identification (13b).

Une classification et une identification sont des opérations orthogonales par rapport à une prédication. Cette différence peut être visualisée en comparant les exemples (14) :

> (14a) *Il a commis un crime.*
> (14b) *Ceci est un crime.*

Dans les deux cas, *crime* est un nom prédicatif impliquant un argument : l'humain agent du crime. Son fonctionnement par rapport au verbe, cependant, est très différent. En (14a), le verbe *commettre* relie le prédicat *crime* à son argument *il* : ce verbe fonctionne donc comme support d'une prédication. En (14b), en revanche, le verbe *être* attribue un procès spécifique (indiqué par *ceci*) à un type : la premier n'est pas un argument de *crime*, mais un membre de la classe des crimes. La copule *être* fonctionne donc comme *support* non pas d'une prédication, mais bien d'une classification. La condition préalable pour que cette classification ait lieu est que le procès contenu dans *crime* soit présupposé comme étant saturé. Autrement dit, la condition préalable pour classifier est qu'une prédication ait déjà eu lieu :

> (15a) *Ceci est un crime (que quelqu'un a commis).*
> (15b) *Il a commis un crime (*que quelqu'un a fait).*

L'exemple (14b) signifie grosso-modo (15a), mais l'exemple (14a) ne signifie pas (15b).

Quoi qu'il en soit, des exemples comme (13) ou (14b) sont intéressants pour au moins deux raisons.

La première raison est que, dans ces exemples, nous sommes confrontés à une phrase – une structure GN^{SUJET} ↔ GV – en l'absence de valence : un prédicat distributionnel en l'absence de prédicat conceptuel (*cf.* § 5.2). Des exemples de ce type montrent donc de la façon la plus extrême l'indépendance entre les notions de GV et valence (*cf.* § 5.4).

La seconde raison et que la copule met en évidence une spécificité du verbe en général (remarquée par Desclés 2009 et implicitement par Frege dans le célèbre *Uber Sinn und Bebeutung*). Grâce à la copule, le verbe est la seule partie du discours capable, dans les faits, de rendre fonctionnellement analogues à des prédicats des choses (comme *félin* ou

Batman) qui ne sont pas des prédicats. Cela, on l'a vu, ne signifie pas qu'en (13) *félin* et *Batman* acquièrent une valence, mais que le complexe « copule + GN » – lui – est fonctionnellement comparable à une prédication. Autrement dit, la copule permet de faire accéder à une position prédicative d'autres opérations que la saturation d'un procès : à savoir l'identification (typique des pronoms, des noms propres et des GN référentiels) et la classification (typique des Noms communs).

CHAPITRE 15

Verbes et constructions attributives

15.1 LES CONSTRUCTIONS ATTRIBUTIVES

Considérons l'exemple suivant :

(1) *Marianne grandit.*

L'exemple (1a) contient un verbe prédicatif monovalent, qui exprime une transformation : *Marianne* est l'argument de *grandir.* Considérons maintenant (2) :

(2) *Marianne devient grande.*

La construction *devenir grand* exprime le même procès – la même transformation – que (1). La différence entre (1) et (2) concerne la façon dont résultat de la transformation est exprimé. En (1), le résultat est implicite dans le verbe prédicatif *grandir* ; en (2), en revanche, le résultat est explicité par l'adjectif *grand.* Mais comment, en (2), cet adjectif arrive-t-il à s'appliquer au sujet ?

Au § 14.3, nous avons vu que la copule est le seul verbe support capable de conjuguer un adjectif attributif avec un sujet dans le cadre d'une phrase :

(3) *Marianne est grande.*

Si cela est vrai, alors, en (2), il doit y avoir quelque chose qui peut remplacer le fonctionnement de la copule. Or, ce quelque chose ne peut être que le verbe *devenir.* Ce verbe, cependant, ne peut pas non plus fonctionner exclusivement comme copule : *devenir grand*, en effet, n'est pas équivalent d'*être grand*, mais de *grandir* et *grandir* est un verbe prédicatif. Si cela est vrai, alors *devenir* doit également fonctionner comme verbe prédicatif.

Cette idée est corroborée par des exemples comme (4) :

(4a) *Il est rentré / parti / arrivé / sorti.... saoul.*
(4b) *Il est né... fatigué.*
(4c) *Il a vécu... / il est mort... heureux.*

Les *verbes rentrer, partir, arriver, naître, vivre* et *mourir* sont clairement prédicatifs. En (4), ces verbes ne perdent pas leur prédicativité, mais – en plus de leur fonction prédicative – ils font l'office de copules par rapport aux adjectifs *saoul*, *fatigué* et *heureux.*

Notre conclusion est que le verbe *devenir* sous (2) et les verbes *rentrer, partir, naître, vivre,* etc. sous (4) cumulent les fonctions prédicative et support. Nous sommes donc confrontés à des GV à prédicat mixte : à la fois verbal et nominal. Les verbes fonctionnant de cette manière sont dits « verbes attributifs ».

15.2 TYPES DE VERBES ATTRIBUTIFS

Un verbe attributif – un verbe remplissant une fonction attributive – est un verbe prédicatif qui offre un support à une prédication nominale ultérieure. Il y a plusieurs sortes de verbes attributifs, qui se distinguent par rapport à cette prédication nominale.

15.2.1 COMPLÉMENT ATTRIBUTIF DU SUJET ET DU COD

Un premier paramètre de distinction est offert par la portée de la prédication nominale.

Si la prédication nominale concerne le sujet, on parle de « complément attributif du sujet » : c'est le cas de *grand*, *saoul*, *fatigué* ou *heureux* dans les exemples sous § 15.1, mais également de *demeurer*+Adj, *rester*+Adj, *sembler*+Adj, *paraître*+Adj, etc.

Si la prédication nominale concerne le COD, on parle de « complément attributif de l'objet », c'est le cas de *trouver quelqu'un*+Adj., *nommer quelqu'un*+Adj, *considérer quelqu'un*+Adj, *trouver quelqu'un*+Adj, *élire quelqu'un*+Nom, *rendre quelqu'un*+Adj, etc. Si nous comparons *admirer quelqu'un* avec, par exemple, *trouver quelqu'un beau*, nous pouvons faire des remarques identiques à celles que nous avons faites pour *grandir* et *devenir grand* sous § 15.1. La seule différence est que, cette fois, la prédication nominale concerne le COD et non le sujet.

Insistons sur un point. Le complément attributif n'est pas un argument, mais il prend le sujet ou le COD comme argument : dans *Marianne devient grande*, *Marianne* est un argument de *devenir* et de *grande* ; de même, dans *Luc trouve Marie belle*, *Luc* et *Marie* sont des arguments de *trouver*, et *Marie* est également un argument de *belle*.

15.2.2 VERBES ESSENTIELLEMENT ET OCCASIONNELLEMENT ATTRIBUTIFS

Un second paramètre de classification des verbes attributifs est la nécessité de la prédication nominale.

Certains verbes prédicatifs exigent un complément attributif : *devenir*, *sembler*, *paraître*, etc. (complément attributif du sujet) et *trouver*, *nommer*, *considérer*, etc. (compléments attributifs de l'objet). Ces verbes sont dits « essentiellement attributifs ».

D'autres verbes prédicatifs, en revanche, admettent un complément attributif, mais sa présence n'est pas obligatoire : *rentrer*, *sortir*, *naître*, etc. Ces verbes sont dits « occasionnellement attributifs ».

L'existence de verbes essentiellement et occasionnellement attributifs a une justification intuitive. Dans notre expérience quotidienne, nous ne sommes pas confrontés seulement à des propriétés possédées par des entités une fois pour toutes, mais il est tout à fait normal de faire l'expérience de l'acquisition (ou de la perte) d'une propriété, ou de faire l'expérience de procès qui ne sont pas clairement séparables d'une propriété d'un de leurs participants. Pensons justement aux statuts sociaux ou aux phénomènes physiques. De ce point de vue, il paraît tout à fait raisonnable que la langue ait développé des constructions essentiellement attributives comme *nommer*+GN+Adj, *devenir*+Adj, etc. ou qu'elle puisse rendre attributifs des verbes comme *mourir* ou *vivre*. Pour un examen de ce phénomène, nous renvoyons à Strik Lievers (2012).

15.3 VERBES ATTRIBUTIFS OU VERBES COPULATIFS ?

Nous concluons ce chapitre en revenant sur le statut des verbes essentiellement attributifs. Beaucoup d'auteurs et de grammaires les appellent « copulatifs ».

Cette étiquette est sans doute utile dans la mesure où elle souligne une analogie fonctionnelle entre verbes attributifs et copule. Cependant, l'étiquette « verbes copulatifs » est trompeuse dans la mesure où elle induit à considérer les verbes copulatifs comme des sous-types de copule. Les verbes attributifs ont une nature foncièrement différente de la copule car ils sont des verbes prédicatifs : ils sont des verbes prédicatifs qui adoptent un prédicat nominal (*cf.* § 15.1).

Nous avons déjà vu que le cas de *devenir.* Observons maintenant le cas de *sembler* ou *paraître* :

(5a) *Paul paraît intelligent.*
(5b) *Paul est intelligent.*

En tant qu'essentiellement attributif, le verbe *paraître* en (5a) est prédicatif. La copule *être* en (5b), en revanche, n'est qu'un support sans valence. Pour mettre en évidence cette différence, il suffit de considérer les variantes suivantes :

(6a) *Paul me paraît intelligent.*
(6b) **Paul m'est intelligent.*

En (6a), le pronom *me* explicite un argument latent de *paraître* : si cela est vrai, alors *Paul*, tout comme *me*, était bien un argument de *paraître.* Le verbe *paraître* a donc une valence. Mais cela n'est pas vrai pour la copule *être* en (6b).

CHAPITRE 16

Constructions factitives, aspectuelles et modales

Les constructions que nous examinons dans ce chapitre ne définissent pas un type de prédicat, mais s'appliquent à un prédicat verbal ou nominal. De ce point de vue, ce n'est pas par hasard que ces constructions – à la différence des verbes prédicatifs, support et attributifs – impliquent toujours deux formes verbales : le verbe factitif, aspectuel ou modal, et le verbe du prédicat verbal ou nominal qu'elles parasitent (*cf.* § 6.2).

Voici trois exemples :

Paul tombe. → *Georges a fait tomber Paul.*	construction factitive
Paul nage. → *Paul commence à nager.*	construction aspectuelle
Paul respecte ses parents. → *Paul doit respecter ses parents.*	construction modale

16.1 CONSTRUCTIONS FACTITIVES

Observons les exemples suivants :

(1) *Gino est allé à l'école.*
(2) *Papa a amené Gino à l'école.*

Le verbe *aller* en (1) est prédicatif et bi-valent : il exprime le mouvement d'un agent (*Gino*) vers une destination (*l'école*). Le verbe *amener* en (2) est prédicatif et tri-valent. Par rapport au précédent, il ajoute un argument : un agent (*papa*) déplace un patient (*Gino*) vers une destination (*l'école*). Or, nous pouvons obtenir un résultat comparable en insérant *faire* en (1) :

(3) *Papa a fait aller Gino à l'école.*

Nous sommes confrontés à une construction dite « factitive ». Une construction factitive modifie la valence du prédicat auquel elle s'applique en l'incrémentant d'un argument.

La restructuration de (1) en (3) a les effets suivants. Premier effet : on l'a vu, il y a l'ajout d'un argument en position de sujet. À ce propos, on remarquera qu'en passant de (1) à (3), *Gino* garde le rôle d'agent, alors qu'en (2) il était patient. Second effet : le sujet de (1), *Gino*, passe en position de COD. Le fait qu'en (3), *Gino* soit un COD est suggéré par la pronominalisation, requise en cas de dislocation à gauche :

(3') *Qu'est-ce qu'il en est de Gino ?*
Gino, papa l'a fait aller à l'école. *Gino, papa l'a amené à l'école.*
**Gino, papa a fait l'aller à l'école.*

Comme Gross (1968 : 40) et Gaatone (1976 : 166) le soulignent, cela signifie que le noyau prédicatif en (3) était bien le bloc *faire aller* tout entier : c'est ce bloc qui a comme arguments *Papa*, *Gino* et *l'école*.

Les constructions factitives peuvent s'appliquer aux verbes prédicatifs de toute valence, par rapport auxquels elles ajoutent toujours un argument. Voici quelques exemples :

(4a) *Il pleut.*
(4b) *Vladimir Poutine a fait pleuvoir.*

(5a) *Georges tousse.*
(5b) *La poussière a fait tousser Georges.*

(6a) *Georges boit un verre de vinaigre.*
(6b) *Le doyen a fait boire un verre de vinaigre à Georges.*

(7a) *Georges a opté pour une Audi A6.*
(7b) *Cécile a fait opter Georges pour une Audi A6.*

(8a) *Yves a écrit une lettre au maire.*
(8b) *Antoine a fait écrire une lettre au maire à Yves / par Yves.*

Regardons les détails.

En (4a), le verbe *pleuvoir* est zéro-valent : la construction factitive (4b) se limite à ajouter un argument en position de sujet.

En (5a), le verbe *tousser* est monovalent : la construction factitive (5b) ajoute un argument en position de sujet et déplace *Georges* en position de COD. En (5b), *Georges* conserve le même rôle d'expérienceur qu'il avait en (5a).

En (6a), le verbe *boire* a un COD. Dans la version factitive (6b), ce COD reste à sa place, mais *Georges* passe en position de COS pour laisser la position de sujet libre au nouvel argument (*Paul*). En (6b) *Georges* continue à jouer le même rôle d'agent de *boire* qu'il jouait en (6a).

En (7a), le verbe *opter* a un COI. Dans la version factitive (7b), *Georges* passe en position de COD pour laisser la place au nouvel argument, et le COI *pour une Audi A6* se déplace à son tour pour accueillir le COD.

En (8a), le verbe *écrire* a un COD et un COS. Dans la version factitive (8b), ces COD et COS restent à leur place. Le sujet de (8a), *Yves*, s'ajoute après le COS en entrant en compétition avec ce dernier : c'est pourquoi, dans *Antoine a fait écrire une lettre à Yves*, on ne sait pas si *Yves* est l'agent ou le destinataire d'*écrire*. Pour éviter toute ambiguïté on peut coder sémantiquement l'agent d'*écrire* avec *par : Antoine a fait écrire une lettre par Yves.*

La construction factitive doit être distincte des verbes prédicatifs à sens causatif comme *pousser*, *induire* ou *obliger*. Comparons par exemple :

(3) *Papa a fait aller Gino à l'école.*
(9) *Papa a obligé Gino à aller à l'école.*

En (9), il y a un verbe prédicatif qui a trois arguments : *Papa,* sujet ; *Gino,* COD et à *aller à l'école,* une complétive qui occupe la place d'un COS. À l'intérieur de cette complétive, *à l'école* est un argument d'*aller*. En revanche, en (3), *à l'école* est un argument de *faire aller* au même niveau que *Gino.* Cela est la raison pour laquelle, plutôt que de « construction causative », il vaut mieux parler de construction « factitive ».

Pour la même raison, il ne faut pas confondre une construction factitive avec une construction attributive à sens résultatif ou causatif :

(10) *Paul a rendu Marie folle.*

La différence est claire : *folle* est une prédication nominale absente dans les structures factitives.

La construction factitive a un correspondant avec *laisser* :

(11) *Papa a laissé jouer les enfants.*

Le verbe *laisser*, cependant, admet également une construction à complétive objective implicite, à sens causatif, qui ne doit pas être confondue avec la structure factitive :

(12) *Papa a laissé les enfants jouer.*

Les constructions factitives concernent également les prédicats nominaux. Voici quelques exemples :

(13a) *Marianne a fait une bêtise.*
(13b) *Alice a fait faire une bêtise à Marianne.*

(14a) *Gino a donné un bisou à Georges.*
(14b) *Jeanne a fait donner (à Gino) un bisou à Georges.*

16.2 CONSTRUCTIONS ASPECTUELLES

Observons les exemples suivants :

(15) *Paul mange le tiramisu.*

(16a) *Paul a commencé à manger le tiramisu.*
(16b) *Paul a terminé de manger le tiramisu.*
(16c) *Paul est en train de manger le tiramisu.*
(16d) *Paul s'est mis à manger le tiramisu.*

Le verbe prédicatif *manger* en (15) est bi-valent : ses arguments sont *Paul* et le tiramisu. À la différence des verbes factitifs (*cf.* § 16.1), les verbes *commencer à*, *terminer de*, *être en train de* et *se mettre à*, en (16), n'interfèrent pas avec la valence de *manger*, mais ils focalisent une phase du procès. En (16) *Paul* et *le tiramisu* restent en somme des arguments de *manger*, avec les rôles prévus par ce verbe.

Remarquons la position du pronom en cas de dislocation à gauche du COD :

(17) *Le tiramisu, Paul a commencé à le manger.*

Cette position, on l'a vu, est exclue dans le cas des constructions causatives (**Gino, papa a fait l'aller à l'école*).

Le fonctionnement du passif n'est pas toujours facile à évaluer, mais il peut être intéressant de comparer, par rapport à cette transformation, les constructions aspectuelles avec les constructions factitives. Dans le cas des constructions factitives, en français, le passif est généralement bloqué : **Gino a été fait aller à l'école par son papa.* Cependant, lorsque le verbe de départ est transitif, on peut trouver des attestations : *Le pitbull a été fait tuer par le préfet.* Or, quoi qu'il en soit, si des exemples semblables existent, la passivation peut s'appliquer exclusivement au bloc « *faire* + verbe » : **Le pitbull a fait être tué par le préfet.* Dans le cas d'une construction aspectuelle, en revanche, lorsque la transformation passive est possible, elle peut bien laisser le verbe aspectuel en dehors de sa portée et affecter seulement le verbe prédicatif : *Le tiramisu a commencé à être mangé par Paul.* Cela, encore une fois, est cohérent avec l'idée que *faire tuer* fonctionne comme un bloc prédicatif à part entière, alors que dans *commencer à manger*, le seul élément prédicatif est *manger*.

On remarquera également qu'il ne faut pas confondre les verbes aspectuels avec les verbes supports (*cf.* Gross 1999) :

(18a) *L'ambassadeur entame un voyage.*
(18b) *L'ambassadeur commence un voyage.*

Des verbes comme *entamer* ou *poursuivre* sont des véritables supports qui incorporent des informations aspectuelles et ils remplacent des verbes supports plus neutres. Des verbes tels que *commencer*, *continuer*, etc., en revanche, sont des verbes aspectuels qui, éventuellement, s'ajoutent à des supports :

(18a') **L'ambassadeur entame à/de faire un voyage.*
(18b') *L'ambassadeur commence à faire un voyage.*

Les semi-auxiliaires *aller* ou *venir de* (*cf.* § 2.3) remplissent également une fonction aspectuelle. Le fait que cette fonction puisse être remplie par des types différents de verbes – auxquels il faudrait ajouter des adverbes et les temps verbaux – est un signe qu'en français, l'Aspect n'est pas codé par un dispositif grammatical unique. La même considération est vraie, on le verra, pour la modalité.

Arrêtons-nous un instant sur un exemple comme le suivant :

(19) *Paul a commencé un nouveau livre.*

L'exemple (19) a fait l'objet d'une abondante littérature : pour une excellente synthèse critique, nous renvoyons à Kleiber (1999). Dans le cadre de notre discussion, cet exemple est intéressant dans la mesure où nous venons d'affirmer que *commencer,* en tant que verbe aspectuel, n'a pas de valence. Or, en (19), le GN *un nouveau livre* n'a une valence non plus car il s'agit d'un individu. Si cela est vrai, alors nous sommes confrontés à une phrase en absence de valence : un phénomène qui rappelle celui décrit au § 14.3. Mais peut-on accepter une telle conclusion ? Le problème se pose parce que – à la différence de la copule – le verbe *commencer* a bien un contenu conceptuel : il implique un procès pouvant avoir un début.

La vraie question n'est donc pas *si* le verbe *commencer* a une composante sémantique (car, c'est évident, il en a une), mais *si* (*cf.* § 14.1) cette composante sémantique suffit pour pouvoir parler de valence. À notre avis, la réponse est négative. La preuve est que *commencer* – et les verbes aspectuels en général – ne sont pas capables de déterminer des rôles : en (19), par exemple, il ne semble correct ni d'affirmer que *Paul* soit un 'commenceur' (car cela ne veut rien dire), ni que *Paul* soit l'agent de *commencer.* Si, en (19), *Paul* est un agent, il est l'agent d'un procès – *in absentia* – comme *lire* ou *écrire (un livre).* Nous en tirerons une double conclusion.

D'un côté, la présence d'une composante sémantique ne signifie pas automatiquement la présence d'une valence car il faut encore établir si ce contenu est capable d'exprimer un procès impliquant ses propres rôles. De l'autre côté, le fait qu'un verbe aspectuel n'ait pas de valence n'implique pas qu'il n'ait pas assez de contenu sémantique pour pouvoir avoir un impact sur le GN suivant en déclenchant l'inférence d'un prédicat verbal. En (19), nous sommes donc confrontés à l'inférence d'un prédicat verbal.

16.3 VERBES MODAUX

Considérons les exemples suivants :

(20) *Paul soulève une table.*

En (20), le verbe *soulever* est bi-valent : ses arguments sont *Paul* (qui joue le rôle d'agent) et *cette table* (qui joue le rôle de patient). Insérons maintenant le verbe *pouvoir* :

(21) *Paul peut soulever une table.*

Tout comme un verbe aspectuel tel que *commencer*, le verbe *pouvoir* n'a pas une valence propre : en (21), *Paul* et une *table* restent des arguments de *soulever* avec les rôles qu'ils ont en (20). Cependant, à la différence de *commencer* – qui focalise une phase du procès – le verbe *pouvoir* n'a pas une signification également univoque. L'exemple (21) signifie-t-il que Paul a la capacité, la force, pour soulever cette table ? Ou bien que Paul a la permission de soulever cette table ? De même, considérons l'exemple (22) :

(22) *Paul peut rentrer à la maison.*

En (22), le verbe *pouvoir* signifie-t-il que Paul a la permission de rentrer, ou bien, tout simplement, que je suis en train de faire l'hypothèse qu'il peut rentrer d'un moment à l'autre ?

La seule façon pour répondre à ces questions est d'aller au-delà des phrases (21) et (22), et considérer le texte ou le discours dans lesquels ces phrases sont énoncées. Des considérations semblables sont valables pour *devoir* : *pouvoir* et *devoir* sont les verbes « modaux ».

Les principales valeurs modales assumées par ces verbes sont les suivantes :

MODALITÉ DÉONTIQUE :
(23a) *Tu dois respecter les lois.* obligation
(23b) *Vous pouvez partir après la première heure.* permission

MODALITÉ ÉPISTÉMIQUE :
(24a) *Il doit être rentré à cette heure.* certitude
(24b) *Il peut être rentré à cette heure.* hypothèse

MODALITÉ ALÉTHIQUE/ANANKASTIQUE :
(25a) *Pour se reproduire, les saumons doivent remonter les fleuves.* nécessité
(25b) *Marco peut soulever 120kg au développement couché.* capacité

La littérature sur la modalité est extrêmement vaste. Parmi toutes les références possibles, nous renvoyons, sans prétention d'exhaustivité, à : Darrault (1976), David et Kleiber (1982), Kronning (1994 et 1996), Le Querler (1996), Voegeleer, Borillo, Vuillaume et Vetters (1999), Dendale et Van der Auwera (2001), Auteurs Variés (2004), Chu (2008), Barbet et De Saussure (2012) et De Saussure (2014).

Dans ce livre nous nous concentrerons plutôt sur la délimitation de la notion de modalité.

Le désir, la croyance, la volonté – et les verbes d'intention en général – ne sont pas des modalités. Des verbes comme *vouloir*, *désirer*, etc. – à la différence de *devoir* et *pouvoir* – sont des verbes prédicatifs qui sélectionnent un premier argument nécessairement humain ou animé en leur affectant le rôle d'expérienceur. En revanche, *pouvoir* et *devoir* n'impliquent pas des restrictions sur le sujet et, si l'argument exprimé par le sujet joue un rôle, ce rôle découle du verbe prédicatif qui suit le verbe modal.

À ce propos, il peut être intéressant de considérer un verbe comme *obliger* :

(26a) *La pluie nous a obligé à rentrer.*
(26b) *Le jugé m'a obligé à payer une pension à mon ex-femme.*

En (26), nous sommes confrontés à deux acceptions d'*obliger* : dans la première acception, *la pluie* est un motif, alors que dans la seconde, *le juge* est un agent. Ces rôles découlent du verbe *obliger* : ce verbe est donc un verbe prédicatif polysémique.

Or, à la différence du verbe *obliger* (prédicatif), le verbe *pouvoir* (modal) n'est pas polysémique au même sens. Revenons à un exemple comme (22) :

(22) *Paul peut rentrer à la maison.*

En (22), le rôle joué par *Paul* est agent : ce rôle ne vient pas du verbe *pouvoir*, mais du verbe *rentrer* car, dans un exemple tel que *Paul peut mourir d'un moment à l'autre*, *Paul* serait un expérienceur. Une fois que le verbe prédicatif *rentrer* a été saturé avec des rôles, un procès se précise : la polysémie, à ce point, est résolue et la fonction de (22) en tant qu'outil pour penser (*cf.* § 1.4) est achevée. Pour achever cette fonction, la phrase (22) n'a pas besoin que la valeur modale de *pouvoir* soit déterminée : cette valeur reste donc ouverte. Ici, se termine le niveau de la phrase. Si nous insérons (22) dans un texte ou un discours concrets, le verbe *pouvoir* se colore d'une valeur modale : la phrase (22) est alors envisagée en tant qu'outil pour communiquer et nous passons au niveau de l'énoncé. Cette dimension énonciative des verbes modaux est explicitement reconnue par Neveu (2004). Autrement dit, les interprétations déontique (permis) et aléthique (capacité) n'identifient pas des véritables acceptions d'un mot (à savoir, *pouvoir* ou *devoir*) car elles se manifestent lorsque le problème du choix des acceptions des mots (notamment du verbe prédicatif) a été résolu. Le fait que les valeurs modales de *pouvoir* et *devoir* ne sont pas des traits sémantiques, par ailleurs, est cohérent avec le fait que (à la différence des verbes aspectuels), ils ne sont pas en mesure de déclencher l'inférence d'un prédicat : **pouvoir un livre* ne signifie pas pouvoir écrire ou lire un livre.

En somme, les verbes modaux tracent la limite de l'étude du verbe conduite sous le principe régulateur de la phrase (*cf.* § 1.5). À partir d'ici, un nouveau principe régulateur devient pertinent : l'énoncé. Ce principe orientera toute la troisième partie de ce livre, où il y a les modes qui – et ce n'est pas par hasard – renvoient à la notion de modalité.

TROISIÈME PARTIE

CRITÈRES TEXTUELS ET DISCURSIFS

CHAPITRE 17

Les valeurs chronologiques des temps verbaux

Considérons l'exemple suivant :

(0) *Le garçon du café se promenait avec sa copine dans la cour de l'Université.*

Pour achever sa fonction en tant qu'outil pour penser (*cf.* § 1.4), la phrase n'a pas besoin de spécifier complètement son signifié : il suffit qu'elle arrive à identifier le schéma d'un procès. En (0), lorsque nous comprenons que le *garçon du café* est l'agent et que *sa copine* est un co-participant (alors que, par exemple, *son chapeau Panama* aurait été un accessoire), le schéma du procès est dessiné. Pour comprendre ce schéma, nous n'avons besoin ni de connaître la relation entre *le garçon* et *le café*, ni de connaître la valeur chronologique du verbe *se promener*. Dans quel sens est-ce le garçon *du* café ? L'ai-je connu dans un café ? M'a-t-il offert un café ? Est-il un dégustateur de café ? S'occupe-t-il du commerce du café ? Etc. Et, en disant qu'il *se promenait* avec sa copine, suis-je en train de décrire quelque chose de passé, que j'ai vu ce matin, ou suis-je en train de raconter le déroulement d'une narration ? Ces questions restent ouvertes. Si le signifié de la phrase laisse ces lacunes, ce n'est pas parce qu'il est défaillant, mais parce que son travail est terminé : il a rempli sa fonction idéative. Ici, commence l'énoncé et la route vers le message (*cf.* § 1.5 ; Prandi 2019).

Plaçons l'exemple (0) dans deux textes :

(1) *Le garçon du café se promenait avec sa copine dans la cour de l'Université.* Je l'ai arrêté et je lui ai dit que la cafetière qu'il m'avait conseillée marche très bien. C'est pour cela que j'ai quelques minutes de retard.

(2) *Le garçon du café se promenait avec sa copine dans la cour de l'Université.* Des nuages sombres privaient silencieusement l'enclos de sa

lumière. Un coup de tonnerre éclata. À coup sûr, les gendarmes arrêteraient les deux jeunes avant la pluie.

Dans le texte (1), l'imparfait prend une valeur de passé par rapport au moment de l'énonciation : le moment où *je* parle. Dans le texte (2), en revanche, le même imparfait est fonctionnellement analogue à un présent : il est le temps de base du déroulement d'une narration. Ce qui est certain, c'est que ces valeurs ne concernent pas le signifié de la phrase, mais ils naissent de la relation qu'un temps verbal (l'imparfait *se promenait*) entretient avec d'autres temps verbaux dans un texte contingent : ils dépendent en somme d'un champ d'interprétation (Prandi 2019). Nous avons basculé du signifié de la phrase à l'énoncé. Par là, nous touchons du doigt la position stratégique du verbe : entre grammaire et communication ; et nous comprenons pourquoi son étude n'est pas achevée par les deux premières parties de ce livre (*cf.* § 1.5).

Dans ce chapitre, nous aborderons les valeurs chronologiques des temps verbaux. Dans les deux prochains chapitres, nous aborderons les valeurs aspectuelles (§ 18) et les modes (§ 19). Finalement, nous reviendrons sur les valeurs 'spéciales' des temps verbaux (§ 20). Des remarques précédentes, il s'ensuit qu'aucun de ces sujets ne peut relever, à proprement parler, de la sémantique du verbe.

17.1 ATTITUDES ÉNONCIATIVES ET RAPPORTS CHRONOLOGIQUES

Comment les temps verbaux communiquent-ils des informations chronologiques ? Par exemple : à quelles conditions les formes que nous appelons « présent indicatif » ou « passé composé indicatif » peuvent-elles acquérir les valeurs de présent ou de passé ?

Pour aborder cette problématique, il faut rappeler la distinction entre le socle morphologique d'une conjugaison temporelle d'une part, et la fonction que cette conjugaison peut remplir (*cf.* § 3.3). Ces deux niveaux, nous l'avons souligné, sont virtuellement indépendants. En anglais, leur séparation est rendue manifeste par l'opposition entre *tense* (le temps en tant que notion morphologique) et *time* (le temps en tant que dimension chronologique).

Certes – comme les noms des temps verbaux le suggèrent – il y a une affinité élective entre certaines matrices de conjugaisons (*tense*) et la fonction de communiquer des informations temporelles (*time*). Cependant, cela n'implique ni qu'entre un *tense* et un *time* il y ait une relation nécessaire et prédéterminée, ni qu'exprimer le *time* soit la seule fonction du *tense.*

Voici deux exemples. L'imparfait peut exprimer un passé (*Hier soir, je dînais quand le facteur a sonné*), mais également être l'analogue d'un présent (*Le loup guettait le petit chaperon rouge. Il s'était caché derrière un arbre*). Le futur peut exprimer un futur (*La prochaine fois, je dirai au facteur de passer avant le dîner*), mais également une supposition (*Au bureau elle ne répond pas… Elle sera à la maison*).

Cette variabilité signale justement que les informations chronologiques ne sont pas codées par une conjugaison – n'appartiennent pas au niveau du signifié de la phrase – mais il s'agit de valeurs qui se manifestent lorsque les conjugaisons verbales se trouvent dans des configurations spécifiques à l'intérieur d'un texte ou d'un discours contingents. Ces configurations forment des micro-systèmes. Les formes spécifiques assumées par ces microsystèmes – et les effets stylistiques qui en découlent – peuvent être étudiées et appréciées seulement *a posteriori*, au cas par cas. Cependant, il est possible d'indiquer des schémas généraux de configurations possibles. Sur ce point, Weinrich (1964) et Benveniste (1966b) ont donné une contribution fondamentale. Pour un modèle récent et compréhensif du fonctionnement des temps verbaux, *cf.* Gosselin (2017).

17.1.1 SYSTÈMES TEMPORELS : DISCOURS ET NARRATION

Revenons aux exemples (1) et (2) :

(1) *Le garçon du café se promenait avec sa copine dans la cour de l'Université.* Je l'ai arrêté et je lui ai dit que la cafetière qu'il m'avait conseillée marche très bien. C'est pour cela que j'ai quelques minutes de retard.

(2) *Le garçon du café se promenait avec sa copine dans la cour de l'Université.* Des nuages sombres privaient silencieusement l'enclos de sa

lumière. Un coup de tonnerre éclata. À coup sûr, les gendarmes arrêteraient les deux jeunes avant la pluie.

Intuitivement, nous percevons que les exemples (1) et (2) appartiennent à deux types textuels différents. Essayons de préciser ces intuitions.

L'exemple (1) concerne le monde et le temps de notre vie quotidienne : le présent et le passé des verbes sont effectivement les 'nôtres'. Ainsi, l'imparfait de *se promenait* nous fait envisager le fait décrit sur une ligne temporelle qui remonte les moments à rebours à partir de maintenant que nous lisons.

L'exemple (2), en revanche, décrit un événement d'une façon détachée par rapport à notre vie quotidienne. Cette fois, il ne paraît pas pertinent de dire que l'imparfait *se promenait* exprime des événements passés par rapport à ce moment où nous lisons. La question de la collocation temporelle de cet événement par rapport à nous est hors sujet. Cette fois, l'imparfait nous fait plutôt envisager l'événement décrit comme une narration dépourvue de tout engagement par rapport à la vie que nous vivons maintenant que nous lisons.

La différence que nous venons d'illustrer peut être également appréciée en contrastant les textes suivants.

(3) *Paris est histoire, d'abord. Paris, où l'on a pris la Bastille. […] Paris est une ville tantôt gallo-romaine tantôt médiévale, classique, « Napoléon III », moderne ou résolument contemporaine, et tous ces quartiers qui sortent de terre.*
Prenez le temps de découvrir Paris tel qu'il est aujourd'hui. […] La municipalité entend rééquilibrer, retisser, si cela est encore possible, le tissu urbain déchiré. […] Et ce n'est pas fini puisque de nombreux chantiers d'envergure sont en cours dans la capitale. Attention, ça bouge !

(4) *[…] la ville [Paris], sous le grand ciel pâle, s'alanguissait, d'un gris doux et tendre, piqué çà et là de verdures sombres, qui ressemblaient à de larges feuilles de nénuphars nageant sur un lac ; le soleil se couchait dans un nuage rouge, et, tandis que les fonds s'emplissaient d'une brume légère, une poussière d'or, une rosée d'or tombait sur la rive droite de la ville, du côté de la Madeleine et des Tuileries. […]*

> *Il vint un moment où le rayon qui glissait entre deux nuages fut si resplendissant, que les maisons semblèrent flamber et se fondre comme un lingot d'or dans un creuset.*

Entre les exemples (3) et (4), même sans connaître leur source, nous percevons la même différence qu'entre (1) et (2). Cette impression ne dépend pas seulement du langage figuré de (4).

Observons le passé composé de la première ligne de (3) : *Paris, où l'on a pris la Bastille.* Ce passé composé ne change pas le fait que la Bastille a été prise le 14 juillet 1879, mais il nous fait envisager cet événement comme étant placé sur une ligne temporelle qui remonte les années à rebours à partir de *maintenant.* C'est pour cela qu'il nous parait 'proche'. Cet événement est chronologiquement lié à notre vie.

Observons un imparfait et un passé simple de (4) : *la ville [Paris], sous le grand ciel pâle, s'alanguissait* ; *les maisons semblèrent flamber et se fondre.* Est-ce que cet imparfait et ce passé simple placent les événements décrits dans le passé par rapport à maintenant que nous lisons ? Certes, dans l'absolu, rien ne nous empêche de penser qu'il s'agit effectivement d'événements passés ; cependant, le point n'est pas là. Cet imparfait et ce passé simple coupent toute connexion avec notre ligne temporelle : ils nous font envisager les événements décrits comme dépourvus de tout engagement, par rapport à *maintenant.* C'est pour cela qu'ils nous paraissent 'lointains', et non parce qu'ils sont passés.

Les exemples (1) et (3), et les exemples (2) et (4) sont dominés par deux 'airs' ou 'attitudes' énonciatives différentes. Les exemples (1) et (3) sont dominés par une attitude qu'on pourrait qualifier de « discursive » : (3), en particulier, est un extrait de la *Guide du Routard* de Paris. Les exemples (2) et (4), en revanche, sont dominés par une attitude qu'on pourrait qualifier de « narrative » : (4) est en effet un passage de *La Curée* de E. Zola.

Or, Weinrich (1964) remarque que ces deux attitudes énonciatives sont produites par deux configurations – deux systèmes – de temps verbaux. À l'intérieur de chaque système, on peut identifier un temps de base, et d'autres temps exprimant l'antériorité ou la postériorité par rapport à ce temps de base.

Si l'attitude est discursive, le récit du texte est envisagé du point de vue du moment – actuel – de l'acte de parole ancré au *je* et au *tu.* Dans ce cadre, le temps de base est offert par le présent (dit « déictique »), l'antériorité est exprimée par le passé composé ou par l'imparfait (dit « anaphorique ») et la postériorité est exprimée par le futur (qu'on devrait alors appeler « cataphorique ») :

T-	T0	T+
Passé composé	Présent	Futur
Imparfait		

Voici un exemple très simple :

(5) *Je suis fâché*^{T0} *contre moi-même. Ce matin, pendant que je venais*$^{T-}$ *à la fac, je me suis arrêté*$^{T-}$ *pour regarder une vitrine et je suis arrivé*$^{T-}$ *en retard. Demain, je ferai*$^{T+}$ *plus attention.*

Si l'attitude est narrative, le récit du texte perd son ancrage à l'acte de parole. Dans ce cadre, les temps de base est l'imparfait (dit « narratif ») ou le passé simple ; l'antériorité est exprimée par le plus-que-parfait ou le passé antérieur ; et la postériorité est exprimée par le conditionnel.

T-	T0	T+
Plus-que-parfait	Imparfait « narratif »	Conditionnel
Passé antérieur	Passé simple	

Voici un autre exemple très simple :

(6) *Une fois descendu de la montagne, il prit*^{T0} *un petit chemin jusqu'à la vieille église. De là, il aurait rejoint*$^{T+}$ *sa maison juste à temps pour assister à l'accident.*

17.1.2 QUELQUES REMARQUES

Les exemples (1) à (6) nous permettent de faire un certain nombre de remarques.

Première remarque. On voit bien que les valeurs chronologiques des temps se justifient d'une façon relationnelle. Les informations chronologiques sont, justement, des valeurs qui émergent dans le texte suite aux relations entre plusieurs formes verbales. Un passé plus-que-parfait ou un conditionnel, par exemple, n'expriment pas l'antériorité ou la postériorité en eux-mêmes, mais bien par rapport à un passé simple ou un imparfait fonctionnant comme temps de base dans le cadre d'une certaine attitude énonciative.

Deuxième remarque. Une fois que nous avons repéré le temps de base – et l'antériorité ou la postériorité par rapport à celui-ci – la succession des événements est une inférence ultérieure sur la base d'autres paramètres comme le contenu des procès, la présence de circonstanciels ou de connecteurs, et l'ordre linéaire. Considérons par exemple (7) :

> (7) *Marco regardait*^{T0} *avec fierté son Nintendo 8-bit. Il avait passé*$^{T-}$ *trois mois à économiser et, avec cet argent, il s'était offert*$^{T-}$ *sa première console de jeux vidéos.*

En (7), *avait passé* et *s'était offert* sont tous des plus-que-parfaits signalant une antériorité par rapport au temps de base. Cependant, le second procès suit le premier. Il serait évidemment absurde de penser que la langue doive prévoir une forme verbale différente pour chaque moment différent !

Troisième remarque. Certaines valeurs chronologiques sont exprimées par plusieurs temps : l'imparfait, par exemple, peut alterner soit avec le passé composé pour exprimer l'antériorité (dans le système dominé par l'attitude discursive), soit avec le passé simple pour exprimer le temps de base (dans le système dominé par l'attitude narrative). Le choix entre un temps ou l'autre ne concerne pas la chronologie, mais un autre niveau : l'Aspect. Nous y reviendrons sous § 18.

Quatrième remarque. Dans le cadre de l'attitude narrative, le passé simple et l'imparfait sont fonctionnellement équivalents au présent dans l'attitude discursive. Le passé simple et le passé composé, en particulier, ne doivent pas être opposés car ils appartiennent à deux systèmes relevant d'attitudes énonciatives différentes. S'il y a des effets de rapprochement ou d'éloignement induits par le passé composé et le passé simple, ces effets n'ont pas à voir avec le degré de passé d'un événement – sur lequel un temps verbal n'a aucun pouvoir – mais plutôt avec combien cet événement nous concerne maintenant, combien nous nous sentons engagés par rapport à cet événement.

Plus un événement nous concerne, plus il peut être sensé d'en parler en le liant au moment où nous parlons. Notre attitude énonciative sera alors discursive, avec le choix de temps qu'elle implique. Souvent, les événements qui nous concernent le plus sont ceux chronologiquement plus proches de nous, mais ce n'est pas cette proximité chronologique, en soi, qui justifie le passé composé. Vice-versa, moins un événement nous 'concerne', moins il est sensé d'en parler en le liant à notre acte de parole. Typiquement, les événements qui nous concernent le moins sont ceux qui remontent à trop longtemps ou qui sont fictifs. Dans ces cas, notre attitude énonciative sera narrative, avec le choix de temps qu'elle implique.

Par exemple, si je suis en train de discuter avec un négationniste de la Shoah, je peux lui dire : *Tais-toi ! Les Nazis ont tué plusieurs millions de personnes !* exactement comme, pour justifier mon retard au travail aujourd'hui, je peux dire : *Je suis en retard car ce matin j'ai raté le bus.* Dans les deux cas, le passé composé fonctionne de la même façon : il fixe une antériorité par rapport au moment de l'acte de parole. La distance chronologique entre l'événement décrit et l'acte de parole n'est pas neutralisée : elle n'est tout simplement pas pertinente. L'ancrage à l'acte de parole ne rapproche pas chronologiquement l'événement, mais il le lie, justement, à ma vie actuelle. Il s'agit d'un discours, d'un dialogue.

En revanche, dans un livre d'histoire, il est beaucoup plus probable de trouver quelque chose comme : *Les Nazis tuèrent plusieurs millions de personnes* exactement comme, dans un roman, on peut trouver : *Les soldats des Lannisters exterminèrent la maison Stark.* Le passé simple ne fixe pas une antériorité par rapport à l'acte de parole, mais il coupe toute référence à l'acte de parole. Ce que le passé simple reproduit n'est ni le fait que la Shoah est chronologiquement beaucoup 'plus antérieur' par rapport à ce qui m'est arrivé ce matin, ni le fait que les histoires du *Trône de Fer* sont fictives, mais plutôt le fait que (pour des raisons différentes) la description de tous ces événements n'est pas censée être liée à la vie que je vis au moment où je parle. Il s'agit justement d'une narration, ou d'un compte rendu historique.

17.2 ATTITUDE ÉNONCIATIVE ET STATUT ONTOLOGIQUE DES FAITS EXPRIMÉS

Les attitudes énonciatives distinguées sous § 17.1 ne sont pas une prison. Pour éclaircir ce point, il convient de séparer clairement l'attitude énonciative du statut ontologique des procès décrits. Ces deux niveaux sont indépendants et ils sont libres de se superposer ou de diverger.

Nous avons illustré la notion d'attitude énonciative sous § 17.1. La notion de statut ontologique, quant à elle, nécessite d'être précisée. Nous avons déjà parlé d'ontologie en trois sens : au sens de la classe à laquelle une entité ou un procès appartiennent (*cf.* § 9.2), au sens des structures conceptuelles des rôles généraux (§ 10.2) et au sens de l'Aktionsart d'un procès (*cf.* § 9.3). Par exemple, une gifle est une <action> impliquant un agent et un patient et son Aktionsart est instantané. Mais l'ontologie a également une autre dimension : un objet ou un procès peuvent être réels ou fictifs ; un procès peut être un fait historique ou un fait divers ; et s'il est un fait historique, un événement peut être plus ou moins sensible (pensons à la Shoah de la deuxième guerre mondiale par rapport à la capture des femmes sabines par les Romains). C'est à cette autre dimension que nous nous référons, maintenant, en parlant de « statut ontologique des procès ».

La conquête des Gaules par César est un fait réel et historique. La manifestation des gilets jaunes ce matin, tout en étant un fait réel comme le précédent, est un fait divers qui concerne ma journée. La défaite du Joker contre Batman, finalement, est un fait fictif. Il ne s'agit pas de données linguistiques, mais des présupposés de notre vie. Or, nous tendons à adopter une attitude énonciative différente selon le statut ontologique des procès exprimés.

L'attitude discursive est typique vis-à-vis des procès réels ayant un impact direct sur notre vie quotidienne. L'attitude narrative, en revanche, est typique vis-à-vis de la fiction ou des faits qui, tout en étant réels, n'ont aucun impact sur notre vie quotidienne (comme, justement, l'histoire ancienne). Des exemples du premier cas sont (3) ou (5). Des exemples du second cas sont (4) ou les suivants :

(8a) *Braves et passionnés comme ils l'étaient, les peuples de la race italique ne manquèrent pas d'entrer fréquemment en lutte, soit entre eux, soit avec leurs voisins. Puis, le pays devenant plus riche, et la civilisation progressant tous les jours, les querelles firent place à de véritables guerres ; le pillage se changea en conquêtes ; et bientôt naquirent de plus puissants États.* (Th. Mommsen, *Histoire Romaine*)

(8b) *Daril inclina l'avant du Sirius de manière à pointer le vaisseau vers le centre de la planète. Il activa ensuite les propulseurs arrière à leur capacité maximum. Le Sirius plongea dans l'atmosphère de S – 417b* [...] (T. Valure, *Neptune ne répond plus*)

Dans ces exemples il y a donc une convergence entre l'attitude énonciative d'une part et le statut ontologique des procès exprimés de l'autre. Mais rien n'empêche que ces niveaux divergent en créant une riche palette d'effets de distanciation ou de rapprochement. L'évaluation de ces effets est cruciale pour l'analyse du texte.

Par exemple, nous pouvons adopter une attitude discursive pour parler d'un événement complètement déconnecté de notre vie quotidienne (qu'il soit historique ou fictif) :

(9a) *César lance l'assaut, et les troupes romaines trouvent une faiblesse dans les remparts. Cependant, les cavaliers gaulois lancent une contre-attaque qui balaie les légionnaires qui se débandent. Les romains laissent des centaines de soldats sur le terrain. Écœuré, César lève le siège.*

(9b) *Daril incline l'avant du Sirius de manière à pointer le vaisseau vers centre de la planète. Il active ensuite les propulseurs arrière à leur capacité maximum. Le Sirius plonge dans l'atmosphère de S – 417b* [...] (T. Valure, *Neptune de répond plus*) [modifié]

Nous trouvons ici les emplois du présent dits « historique » et « narratif » (*cf.* § 20). À ce propos, considérons le discours direct :

(10) *La Génisse, la Chèvre et la patiente Brebis firent dans les bois société avec le Lion. Ils prirent un cerf d'une grosseur prodigieuse ; les parts faites, le Lion parla ainsi : « Je prends la première ; parce que je m'appelle Lion ; la seconde, vous me la céderez, parce que je suis*

vaillant ; la troisième m'appartient, parce que je suis le plus fort ; quant à la quatrième, malheur à qui la touche ! » C'est ainsi que, par sa mauvaise foi, il resta seul maître du butin (Phèdre).

L'emploi du discours direct est très fréquent dans les narrations : en (10), le présent utilisé par le lion se réfère aux mêmes moments que ceux décrits par le narrateur au passé simple.

Mais nous pouvons également adopter une attitude narrative pour parler de ce qui est lié à notre vie quotidienne :

(11) *[...] Ma mère avait laissé des romans. Nous nous mîmes à les lire après souper, mon père et moi. Il n'était question d'abord que de m'exercer à la lecture par des livres amusants ; mais bien-tôt l'intérêt devint si vif, que nous lisions tour à tour sans relâche, et passions les nuits à cette occupation.* [...](J. J. Rousseau, *Les confessions*)

Souvent, une attitude énonciative ne reste pas immuable pendant tout un texte, mais elle change. Par exemple, des faits liés à notre vie quotidienne (ou pas) peuvent être racontés en alternant les deux attitudes. Voici quelques exemples :

(12a) *Regarde : le petit Gino est en train de construire un château de Duplo ! Ce sont les Duplos que Mamie lui a offerts pour son anniversaire. Elle m'avait bien dit qu'elle lui ferait un beau cadeau. Je me demande ce qu'elle lui offrira pour le prochain anniversaire.*

(12b) *Monsieur l'inspecteur, ce matin le remord m'étranglait. J'avoue. Hier soir, j'avais décidé de rentrer chez-moi. Mais je la vis à la sortie du travail. Elle portait une robe noire et regardait une vitrine. Je m'approchai. Deux minutes après, nous serions montés dans ma voiture. La voiture que vous avez retrouvée dans le lac.*

(12c) *Le fait romain, parfois qualifié de « miracle romain », consiste en ceci : une simple bourgade du Latium commence par dominer les autres bourgades latines, puis établit son autorité sur la péninsule italienne, avant de s'imposer à l'univers connu pour huit siècles au moins. De toutes les questions que pose le destin historique de Rome se détache immédiatement celle de ses origines.* (Le Glay, Voisin, Le Bohec, *Histoire romaine*)

Arrêtons-nous sur les présents de l'exemple (12c). D'un côté, *consiste*, *pose* et *se détache* expriment des propositions censées être vraies toujours avec une attitude discursive. Exprimer une vérité générale avec attitude discursive est tout-à-fait cohérent : le présent, dans ce cas spécifique, déclenche l'effet de « présent a-temporel ». De l'autre côté, *commence* et *établit* décrivent des faits de l'histoire ancienne avec une attitude discursive. Ici, il y a une divergence entre attitude énonciative et statut ontologique des procès : le présent déclenche l'effet de « présent historique ». Dans l'exemple (12c), nous sommes donc confrontés à un bloc 'narratif', au présent historique, entouré par un cadre discursif (au présent a-temporel).

Observons encore l'exemple suivant :

(13) *Une grande part de la conversation autour de la table roulait sur les affrontements qui auraient lieu le lendemain. Barséna Cheveux-noirs allait se mesurer à un sanglier, défenses contre poignard. Khrazz disputerait un combat singulier, de même que le Félin moucheté. Et au cours du dernier affrontement de la journée, Goghor le Géant se mesurerait à Belaquo Briseur-d'os. Avant le coucher du soleil, l'un des deux serait mort.*
Aucune reine n'a les mains nettes, se répétait Daenerys. *Elle songea à Doreah, à Quaro, à Eroeh… à une petite fille qu'elle n'avait jamais rencontrée et qui se nommait* Hazzéa.
Mieux vaut que quelques-uns périssent dans l'arène, plutôt que des milliers devant les portes. Tel est le prix de la paix. Je l'acquitte volontiers. […]
(G. R. R. Martin, *Le Trône de Fer,* 15).

L'imparfait *roulait* exprime le temps de base de la narration. Les conditionnels *aurait lieu*, *se mesurerait* et *serait mort* expriment la postériorité par rapport à ce temps de base. L'imparfait *allait*, quant à lui, est également le temps de base de la narration, mais il est fonctionnellement équivalent à l'expression d'une postérité (*cf.* § 17.1.2), et donc au conditionnel. Au deuxième paragraphe, avec le verbe *avoir* (*Aucune reine n'a les mains nettes*), il y a une rupture dans l'attitude énonciative : ce présent est le temps de base du discours de Daenerys. Nous sommes donc dans un cas de discours direct. Il s'ensuit que les imparfaits *se répétait, se nommait* et le passé simple *songea* sont à nouveau des temps de base de la narration, par rapport auxquels le plus-que-parfait *avait rencontré* exprime une antériorité. À ce point, si nous revenons à l'attitude narrative qui domine le premier paragraphe, nous remarquons que *se répétait* et *songea* relèvent exclusivement de la voix de l'auteur (qui n'est pas un personnage), alors *qu'aurait lieu, disputerait, se mesurerait*, etc. paraissent reproduire également les pensées de Daenerys à propos du lendemain. Au troisième paragraphe, après *se nommait*, il y a une autre rupture : les présents *vaut*, *périssent*, est et *acquitte* sont, encore une fois, des temps de base du discours de Daenerys. Cet extrait présente donc deux voix – celle de la narration et celle d'un personnage – qui s'unissent, divergent et se croisent. Ce n'est pas par hasard que cet extrait appartient à un chapitre intitulé *Daenerys.*

CHAPITRE 18

L'Aspect des temps verbaux

Sous § 17.1, nous avons distingué deux systèmes – discursif et narratif – où les temps verbaux acquièrent des valeurs chronologiques. Nous avons remarqué que, dans ces systèmes, deux temps verbaux peuvent être en compétition pour exprimer la même valeur chronologique. Dans ce chapitre nous nous intéressons aux implications de ces alternatives.

Pour ce faire, il faut séparer l'*Aktionsart* du procès de l'Aspect. L'Aktionsart concerne le type de procès et relève de l'ontologie : par exemple, un procès peut être duratif ou instantané (*cf.* § 9.3). L'Aspect – comme son nom l'indique – concerne le formatage imposé par un certain temps verbal et relève de la mise en forme linguistique : par exemple, rien n'empêche d'exprimer un procès instantané avec une forme verbale particulièrement adaptée à exprimer la durée, ou vice-versa. Décrire l'Aspect verbal signifie décrire les types de formatage liés à chaque temps. L'alternative entre deux temps verbaux pour exprimer la même valeur chronologique se justifie notamment par une différence concernant l'Aspect.

Certaines grammaires parlent d'« Aspect interne » ou d'« Aspect lexical » pour l'Aktionsart et d'« Aspect externe » ou « Aspect grammatical » pour les caractéristiques des temps verbaux. Nous préférons garder les dénominations « Aktionsart » *vs.* « Aspect » pour séparer clairement ces notions. Cette séparation est la condition préalable pour pouvoir examiner leurs interactions. Par ailleurs, cela permet de prendre au sérieux la notion même d'Aspect en l'envisageant, justement, comme l'*aspect que l'on donne à quelque chose d'autre* : à savoir l'Aktionsart. Qualifier l'Aktionsart de lexical, par ailleurs, est trompeur parce que les caractéristiques du procès qu'il concerne (durativité, instantanéité, etc.) sont trop générales pour relever d'un lexique d'une langue donnée : elles relèvent plutôt de l'ontologie. Comme les rôles ontologiques, c'est parce que l'*Aktionsart* n'est pas linguistique – mais ontologique – qu'il est partagé par toutes les langues.

18.1 AKTIONSART : LES TYPES DE PROCÈS

Nous avons déjà abordé la notion d'Aktionsart (§ 9.3). Rappelons que cette notion n'est pas issue d'un choix du locuteur, mais il s'agit d'une propriété intrinsèque au procès. En tant que telle, elle s'applique aux verbes prédicatifs saturés par leurs arguments. Les verbes supports (*cf.* § 14.1), n'exprimant aucun un procès, n'ont pas d'Aktionsart. C'est pourquoi, en ce qui concerne le verbe, l'Aktionsart est un paramètre pertinent exclusivement pour classer les verbes prédicatifs.

La meilleure façon d'étudier l'Aktionsart d'un verbe prédicatif consiste à tester comment il réagit aux sollicitations induites par des expressions temporelles, qui en focalisent la durée, le déroulement, la phase initiale, finale, etc. Comme toujours, les cas les plus révélateurs sont offerts par les divergences et les effets de coercition (*cf.* Pustejovsky 1995) : par exemple, l'insertion d'une expression de durée sur un procès instantané, etc.

Étudier l'Aktionsart est une tâche délicate – et fascinante – pour au moins deux raisons. Tout d'abord, l'Aktionsart est sensible à la nature ontologique des arguments et donc du procès en général : action humaine, événement naturel, propriété, etc. Ce fait multiplie les variables à considérer. Ensuite, pour accéder à l'Aktionsart, il faut passer à travers le formatage linguistique du procès – c'est-à-dire l'Aspect – qui peut entraîner des effets de déformation. Ce fait produit un enchevêtrement entre Aktionsart et Aspect, qu'il faut démêler avec soin.

Quoi qu'il en soit, il y a plusieurs classifications possibles des Aktionsart et plusieurs batteries de tests proposés. Parmi les auteurs qui ont étudié ces classifications, nous rappelons Ryle (1949 : ch. v), Kenny (1963), Vendler (1957), Davidson (1967), Mourelatos (1978), Dowty (1979), Bach (1986), Bertinetto (1986), Verkuyl (1989), Parsons (1990), Krifka (1998), Recanati & Recanati (1999), Rothstein (2004) et Van De Velde (2007), entre autres.

Nous utiliserons le schéma suivant :

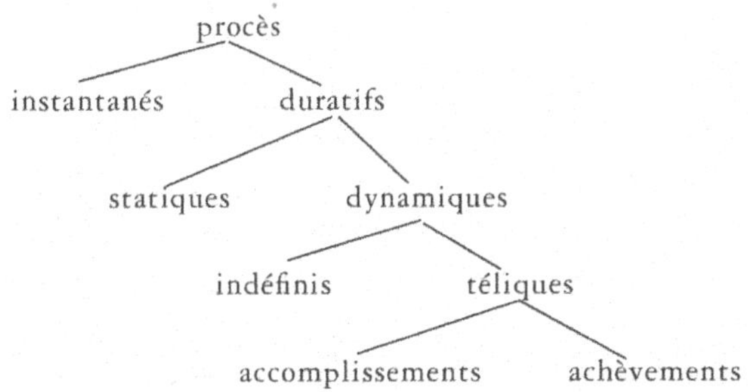

18.1.1 INSTANTANÉS

Dans les procès instantanés, le début et la fin coïncident. Exemples : *une bombe a explosé, il a manqué le train, il a éternué,* etc. Ce caractère instantané peut être mis en valeur comme suit :

(1) *La bombe a éclaté entre 14h et 16h.*

Intuitivement, l'exemple (1) serait interprété comme pointant à un certain instant dans l'intervalle spécifié. Le fait que le procès en jeu soit instantané implique qu'il ne peut pas être facilement saisi au présent. Le temps présent acquiert donc une interprétation de futur :

(2) *La bombe éclate entre 14h et 16h.* (*éclate = va éclater*)

Considérons l'exemple suivant :

(3) *Il a éternué pendant 3 heures.*

L'acceptabilité de cet exemple ne prouve pas que le procès d'*éternuer* n'est pas instantané. Cet exemple, en effet, ne serait pas interprété comme un seul éternuement d'une durée de 3 heures, mais comme une répétition de plusieurs épisodes instantanés. L'exemple (3) est donc une preuve indirecte de l'Aktionsart instantané d'*éternuer.* Des considérations semblables peuvent être conduites pour *commencer à, terminer de*, etc.

De même, considérons un exemple comme :

(4) *Il est en train de manquer le train.*

Encore une fois, l'acceptabilité de (4) ne montre pas que *manquer le train* n'est pas instantané. Cet exemple, à bien y regarder, est interprété comme une hypothèse sur la réalisation d'un certain événement qui – lui – reste instantané : *S'il continue comme ça… il va manquer le train.* Pour une raison semblable, un exemple tel que *Tu manques le train* serait interprété comme *Tu vas manquer le train* (*cf.* Exemple (3)).

Le point à retenir est méthodologique. Les manipulations ne doivent pas être conçues (seulement) comme des tests donnant des résultats binaires : acceptable/inacceptable. Le plus souvent, en effet, les exemples produits par ces manipulations sont acceptables. L'enjeu est plutôt de dégager les présupposés sur lesquels on s'appuie pour aboutir à différentes interprétations, et de voir si ces présupposés s'avèrent cohérents, ou pas, par rapport à nos hypothèses concernant l'Aktionsart du procès étudié.

18.1.2 DURATIFS-STATIQUES

Les procès duratifs statiques ont une extension temporelle : le point initial et terminal ne coïncident pas. Cette extension, cependant, n'a pas de déroulement : il n'y a aucun véritable changement, aucun dynamisme interne, et chaque moment se répète identique aux autres. En termes Aristotéliciens, il n'y a pas un récit articulé dans un début, un milieu et une fin. Voici quelques exemples : *La maison a trois salles de bains, Ce bâtiment repose sur des fondations solides, Marco habite près de la Basilique de Saint-Denis, Gino aime le chocolat, La vallée s'étend jusqu'à la mer,* etc.

L'absence de déroulement – le caractère statique – est signalée par le fait que ces procès ne sont pas compatibles avec une tournure comme *être en train de* :

(5) **Cette maison est en train d'avoir trois salles de bain.*

Avec ces procès, le temps présent est souvent interprété comme a-temporel : *Cette maison a trois salles de bains.* Cet emploi du présent, comme celui orienté au futur du § 18.1.1, ne dépendent donc pas du temps verbal lui-même, mais de son interaction avec l'Aktionsart.

Un procès statique a une durée, qui, dans les faits, a des bornes et peut être envisagée comme une période :

(6) *Tu te rappelles quand Marianne voulait aller en colonie ?*

Cette durée, cependant, n'a pas un déroulent interne :

(7) **Pendant que Marie voulait aller en colonie…*

De même, un procès statique peut être envisagé comme une période révolue ou à venir, mais non comme une période dans son déroulement :

(8a) *Marco a habité à Paris pendant trois ans.*
(8b) *Marco habitera à Paris pendant trois ans.*
(8c) *Marco habite à Paris depuis trois ans.*
(8d) **Marco habite à Paris pendant trois ans.*

18.1.3 DURATIFS-DYNAMIQUES-INDÉFINIS

Comme les précédents, les procès duratifs dynamiques indéfinis ont une durée. Cette durée, cependant, implique un début, un déroulement et une fin. Chacune de ces phases peut être clairement focalisée. Des exemples de procès duratifs, dynamiques, indéfinis sont : *il nage, il court, il pleut,* etc. :

(9a) *Marco commence à nager à 15h.*
(9b) *Marco est en train de nager.*
(9c) *Marco finit de nager à 16h.*

Remarquons que (9a) et (9b) n'impliquent nullement l'idée d'itération : le procès est comme une ligne uniforme (une demi-droite) qui part d'un point en (9a) ou qui s'arrête à un point en (9c). Dans les exemples suivants, le procès de nager est comme un segment uniforme s'étendant entre deux points et il peut être envisagé dans son déroulement :

(10a) *Marco a nagé de 15h à 16h.*
(10b) *Marco a nagé entre 15h et 16h.*
(10c) *Jeanne faisait les courses pendant que Marco nageait.*

Remarquons que, dans ces exemples, l'interprétation privilégiée n'est pas que Marco a nagé plusieurs fois (*cf.* 18.1.1).

Observons encore les exemples (11), où le verbe est au présent :

(11a) *Marco nage de 15h à 16h*
(11b) *Marco nage entre 15h à 16h*

Ici, le présent prend un sens habituel : ces exemples paraissent décrire une activité habituelle de Marco. Pour les valeurs habituelle et atemporelle du présent, nous renvoyons à Kleiber (1987).

18.1.4 DURATIFS-DYNAMIQUES-TÉLIQUES : ACCOMPLISSEMENTS ET ACHÈVEMENTS

Les procès duratifs dynamiques indéfinis s'opposent aux procès duratifs dynamiques téliques. Ces derniers, à la différence des précédents, impliquent un but. Les procès duratifs indéfinis et les procès duratifs téliques divergent ainsi par rapport à leur fin.

Quand un procès duratif indéfini se finit, il s'arrête tout simplement. Par exemple, *finir de nager* ou de *courir* signifie *s'arrêter de nager* et de *courir*. En revanche, quand un procès duratif télique se finit, c'est parce que son but a été atteint. Par exemple, *finir de traduire un poème* ne signifie pas tout simplement s'arrêter de traduire, mais avoir terminé la traduction. Nous remarquerons en passant que le verbe aspectuel *terminer* se distingue de *finir* car il introduit l'idée d'un but ou d'un programme à atteindre ou à compléter : et donc, dans les faits, une télicité.

Quoi qu'il en soit, la présence du but dans les procès téliques peut être mise en valeur à travers une interprétation particulière de l'adverbial *en X temps*.

(12a) *Il a traduit le poème en 5 heures.*
(12b) *Il a atteint le sommet en 5 heures.*

Ces exemples signifient qu'il a employé 5 heures pour aboutir à la traduction du poème ou pour arriver au sommet de la montagne. L'adverbial *en X temps* mesure la durée de ces procès, c'est-à-dire le temps employé pour réaliser le but.

Il est intéressant de comparer l'interprétation de l'adverbial *en X temps* avec les procès téliques (qui sont duratifs) et avec les procès instantanés (qui ne sont pas duratifs) :

(13) *La boite est bien, mais le crochet que tu m'as installé s'est cassé en deux minutes.*
Il m'a provoqué. Je suis sorti. Il s'est barré en deux minutes.

Les exemples (13) seront interprétés comme : *le crochet s'est cassé après un laps de temps de 2 minutes d'usage* ou *il s'est barré après un laps de temps de 2 minutes à partir de quand je suis sorti.* Or, ce laps de temps n'est pas encore le procès de *se casser* ou de *se barrer.* Cela signifie que, ici, l'adverbial *en X temps* ne mesure pas la durée du procès (car il n'a pas de durée), mais le temps que le procès a mis pour se déclencher.

Il y a deux sortes de procès téliques : les accomplissements et les achèvements. Des exemples d'accomplissements sont : *manger un sandwich, construire une maison, écrire une thèse, laver une voiture.* Des exemples d'achèvements sont : *tuer quelqu'un, nettoyer une voiture, convaincre quelqu'un, atteindre le sommet*, etc. (et en général tous les verbes d'actes perlocutoires). Les accomplissements et les achèvements se différencient par rapport à la place du but dans le procès.

Dans les accomplissements, la réalisation du but n'est pas nécessaire : le procès est défini par l'intention d'accomplir le but. C'est pourquoi, expliciter le but est sans doute redondant, mais ce n'est pas une tautologie, c'est-à-dire une forme de contradiction communicative : *Paul a lavé sa voiture dans le but qu'elle soit propre.* Il s'ensuit que les accomplissements peuvent être interrompus et repris, et même rater leur but :

(14a) *Il est en train de traduire le poème.*
(14b) *J'arrête de traduire le poème. Je reprends demain matin.*
(14c) *J'ai traduit ce poème pendant trois heures. Je continue plus tard.*

Remarquons que l'exemple (14a), en soi, n'implique nullement que le poème sera complètement traduit. L' énoncé (14a'), en effet, n'est pas contradictoire :

(14a') *Il est en train de traduire le poème, mais il n'y arrivera jamais.*

Dans les achèvements, en revanche, c'est la réalisation du but qui définit le procès : l'intention ne suffit pas. Expliciter le but produit donc bel et bien une tautologie : **Paul a nettoyé sa voiture dans le but qu'elle soit propre*. Par conséquent, les achèvements ne peuvent pas être vraiment interrompus et repris (et ni rater leur but) :

(15a) *Il est en train d'atteindre le sommet.*
(15b) **J'arrête d'atteindre le sommet. Je reprends demain matin.*
(15c) **J'ai atteint le sommet pendant trois heures, mais je n'ai pas encore terminé.*

En énonçant (15a), en particulier, un locuteur met une hypothèque très forte sur l'idée que le sujet réussira à atteindre le sommet. L'exemple (15a') est affecté par une sorte de contradiction :

(15a') **Il est en train d'atteindre le sommet, mais il n'y arrivera jamais.*

Pour la même raison, un exemple comme : *Il était en train d'atteindre le sommet, mais il s'est arrêté*, projette un état de chose qui *aurait pu* se vérifier. Cet effet contrefactuel s'atténue sensiblement avec un accomplissement : *Il était en train de traduire le poème, mais il s'est arrêté.*

Il peut être intéressant de comparer les procès indéfinis, les accomplissements et les achèvements par rapport à ce qui se passe si on les 'arrête'. Si j'arrête de nager (indéfini) et que, deux heures après, je recommence à nager, je continue à accomplir le même type d'action, d'activité. Si j'arrête de traduire un poème (accomplissement) et que, deux heures après, je reprends, je continue à accomplir la même action individuelle de traduire ce poème : la même traduction. Si je m'arrête pendant que je suis en train d'étrangler mon collègue (achèvement), et que, après deux heures, je recommence à l'étrangler, j'entame une autre tentative d'étranglement, une *autre* action individuelle (quoique du même type). Cette fois, à la différence des accomplissements, je ne peux pas reprendre et continuer mon action précédente car cette action n'a pas été accomplie (même pas un peu !) (*cf.* Fasciolo 2007).

Soulignons encore deux points à propos des achèvements.

Tout d'abord, le fait que la réalisation de leur but – et donc leur fin – soit impliquée, entraîne une sorte de déformation de leur durée, qui supporte mal des adverbiaux comme *pendant X temps* :

(16) **Il a atteint le sommet pendant 3 heures.*

Ce fait peut induire à rapprocher les achèvements des procès instantanés. Ce rapprochement, cependant, est faux car les achèvements ont bien une durée. Revenons à des exemples comme (17) :

(17a) *Il s'est barré en 2 minutes.*
(17b) *Il s'est noyé en 5 minutes.*

Dans un exemple tel que (17a), on l'a vu, l'adverbial *en X temps* ne mesure pas la durée de l'action de se barrer. Ce qui se passe dans ces 2 minutes n'est pas encore l'acte de se barrer. En (17b), en revanche, l'action qui se passe dans ces 5 minutes est précisément le procès de se noyer. Ce procès dure 5 minutes.

Ensuite, dans ce qui précède, nous avons affirmé que les achèvements, à la différence des accomplissements, ne peuvent pas être interrompus car leur but doit être réalisé et non seulement envisagé. Or, nous avons également opposé *laver la voiture* et *nettoyer la voiture* comme étant, respectivement, un accomplissement et un achèvement. Mais observons les exemples suivants :

(18a) *J'ai a lavé ta voiture pendant trois heures. Maintenant j'arrête et je reprendrai demain.*
(18b) *J'ai nettoyé ta voiture pendant trois heures. Maintenant j'arrête et je reprendrai demain.*

Le procès de *nettoyer la voiture* paraît donc pouvoir être interrompu, tout comme *laver*. Ce constat neutralise-t-il la différence entre *nettoyer* (achèvement) et *laver* (accomplissement) ? Remarquons qu'une voiture est un objet tridimensionnel : il est donc tout à fait possible que j'aie nettoyé seulement certaines parties de cet objet, et non l'objet tout entier. Or, c'est précisément cette situation qui est décrite par (18b). Le point crucial, cependant, est que les parties nettoyées – si elles ont étés *nettoyées* – ne sont plus sales. En revanche, je peux laver et laver une partie de la voiture sans jamais arriver à la rendre propre (= à la nettoyer). Le procès de *nettoyer* reste donc un achèvement, comme il est montré également par la différente acceptabilité de :

(19a) *Il est train de laver sa voiture, mais il n'arrivera pas à la rendre propre.*

(19b) ? ?*Il est train de nettoyer sa voiture, mais il n'arrivera pas à la rendre propre.*

Face à (19b), on pourra toujours dire que, s'il n'arrive pas à rendre propre la voiture, le mot *nettoyer* est mal employé.

18.2 INTERACTION ENTRE *AKTIONSART* ET ASPECT

Notre objet d'étude est le verbe. Par rapport à cet objet, l'Aspect peut être pensé comme une veste linguistique qu'un certain temps fait endosser à l'Aktionsart d'un verbe prédicatif. Puisque le temps peut être choisi, à la différence de l'Aktionsart, l'Aspect est un choix du locuteur. Or, de même qu'une veste peut adhérer ou pas aux formes du corps, de même, un Aspect peut adhérer ou pas à un Aktionsart. Tout l'enjeu consiste à examiner les effets de leur convergence ou divergence. Avant de développer ce point, deux remarques s'imposent.

Première remarque. L'Aspect est une fonction remplie par les temps verbaux, mais pas seulement. Par exemple, au § 16.2, nous avons vu qu'il y a des constructions (dites justement « aspectuelles ») consacrées à manipuler l'Aspect.

Seconde remarque. Le verbes supports n'ont pas d'Aktionsart car ils n'expriment pas un procès, mais, en tant que verbes, ils ont bien des temps. S'ils ont des temps, ils ont un Aspect. Dans le cas des verbes prédicatifs, Aspect et Aktionsart sont portés par le même mot. Dans le cas des verbes supports, en revanche, Aspect et Aktionsart se distribuent sur des mots différents : le verbe et le nom. Dans le cas des verbes supports, par ailleurs, la situation est complexifiée par le fait que l'Aspect du procès dépend non seulement du temps du verbe, mais également du déterminant qui précède le nom et du nombre du nom.

Dans la suite, nous nous concentrerons sur les interactions entre Aspect et Aktionsart par rapport aux verbes prédicatifs.

18.2.1 PERFECTIF ET IMPERFECTIF

Nous distinguons deux types d'Aspects : perfectif et imperfectif.

En filant la métaphore de la veste et du corps, on peut affirmer que l'Aspect imperfectif *va très bien* aux procès duratifs, itératifs ou habituels. En Français, en ce qui concerne les formes verbales, cet Aspect est donné par l'imparfait et le présent.

L'Aspect perfectif, en revanche, *va très bien* aux procès instantanés, aux téliques et à leur résultat. En Français, cet Aspect est donné par le passé composé, le passe simple, le futur et les temps composés en général.

Remarquons que la distinction entre Aspect perfectif et imperfectif n'est pas isomorphe à la distinction entre procès instantanés et duratifs. L'Aspect imperfectif n'est ni exclusif des procès duratifs, ni adapté à tous les procès duratifs : d'un côté, s'il y a itération, l'Aspect imperfectif est tout à fait naturel avec les procès instantanés (car l'itération répète des procès instantanés) ; de l'autre côté, l'Aspect imperfectif n'est pas le meilleur pour mettre en valeur le résultat des achèvements, qui sont pourtant des procès duratifs. L'Aspect perfectif, en revanche, s'adapte bien pour exprimer les procès instantanés, mais il est également capable de mettre en valeur le but des téliques – et notamment des achèvements – qui ne sont pas pour autant instantanés.

Rappelons qu'à la différence de l'Aktionsart, l'Aspect – véhiculé par le temps verbal – est un choix du locuteur (ou de l'écrivain). Or, reconnaître les affinités électives entre Aspect et Aktionsart est la condition préalable pour apprécier la liberté des choix possibles. Considérons quelques exemples.

(20a) *Des gens arrivaient hors d'haleine ; des barriques, des câbles, des corbeilles de linge gênaient la circulation ; les matelots ne répondaient à personne ; on se heurtait ; les colis montaient entre les deux tambours, et le tapage s'absorbait dans le bruissement de la vapeur, qui, s'échappant par des plaques de tôle, enveloppait tout d'une nuée blanchâtre, tandis que la cloche, à l'avant, tintait sans discontinuer.*
Enfin le navire partit ; et les deux berges, peuplées de magasins, de chantiers et d'usines, filèrent comme deux larges rubans que l'on déroule. (G. Flaubert, *l'Éducation sentimentale*, Michel Lévy frères : Paris, 1869).

Commençons par collecter les faits. *Partir* est un verbe prédicatif exprimant un procès instantané ; dans notre exemple, *partir* est au passé simple : l'Aspect est perfectif. Nous constatons donc une convergence entre Aktionsart et Aspect. Passons à *filer*. Dans l'emploi en jeu, *filer* est un verbe prédicatif exprimant un procès duratif indéfini ; son Aspect est imperfectif car il est à l'imparfait. Cette fois, il y a donc une divergence entre Aktionsart et Aspect. Cette divergence est un fait – issu d'un choix de l'auteur – qui appelle une justification. D'une part, *partit* semble marquer une césure par rapport à la durée du processus d'embarquement et à la multitude des préparatifs. De l'autre, *filèrent* semble suggérer la rapidité avec laquelle le bateau s'éloigne du port, qui contraste, encore une fois, avec la scène précédente. Pour tester cette hypothèse, observons ce qui se passe en modifiant les Aspects :

(20b) *Enfin le navire partait ; et les deux berges, peuplées de magasins, de chantiers et d'usines, filaient comme deux larges rubans que l'on déroule.* (G. Flaubert, *l'Éducation sentimentale*, cit., modifié)

Dans la variante (20b), les effets de césure et de rapidité mentionnés *supra* sont neutralisés : le départ du bateau et son éloignement du port sont présentés comme une extension, sans solution de continuité, de la scène précédente. Observons encore l'exemple suivant :

(21a) *La côte de Surville apparut, les deux ponts se rapprochaient, on longea une corderie, ensuite une rangée de maisons basses ; il y avait, en dessous, des marmites de goudron, des éclats de bois ; et des gamins couraient sur le sable, en faisant la roue.* (G. Flaubert, *l'Éducation sentimentale,* Michel Lévy frères : Paris, 1869)

Apparaître désigne un procès instantané, mis en valeur par l'Aspect perfectif : cela est cohérent avec la perception soudaine et claire de la côte (peut-être due au beau temps). Si nous observons les autres verbes, nous remarquons que, d'une part, l'Aktiosart des procès est toujours durative et que, de l'autre, l'Aspect varie : imperfectif (*rapprochaient*), perfectif (*longea*) et encore imperfectif (*il y avait, couraient*). Ce jeu d'alternance aspectuelle sur la constante de l'Aktionsart des procès exprimés imprime un certain dynamisme à la narration : les ponts semblent se rapprocher progressivement, la corderie parait longée tout d'un coup et, ensuite, on s'arrête sur ce qui se passe du côté de la rangée de maisons. Cette variation de vitesse peut être interprétée comme reproduisant le mouvement du regard et le focus de l'attention du protagoniste penché sur le pont du bateau. Cet effet serait détruit en inversant les Aspects :

(21b) *La côte de Surville apparaissait, les deux ponts se rapprochèrent, on longeait une corderie, ensuite une rangée de maisons basses ; il y avait, en dessous, des marmites de goudron, des éclats de bois ; et des gamins coururent sur le sable, en faisant la roue* (Flaubert, *l'Éducation sentimentale*, cit., modifié).

18.2.2 ASPECT ET PERSPECTIVE

L'Aspect et l'Aktionsart collaborent avec la subordination non-complétive, la coordination et la juxtaposition à la perspective informative de l'énoncé et, par-là, à la cohésion textuelle. Ce point a été mis en évidence par Weinrich (1964). Essayons de dégager les principaux facteurs en jeu.

Observons l'exemple suivant :

(22) *Pendant que Marco lisait, quelqu'un sonna à la porte.*

En (22), la proposition subordonnée est à gauche de la proposition principale et séparée de cette dernière par une pause (marquée par la virgule). Nous dirons que la subordonnée occupe une position de « *setting* antéposé » ou d'« arrière-plan ». La principale, quant à elle, occupe une position de premier plan. La perspective globale rappelle celle d'un grand tableau.

Maintenant, contrastons (22) avec (23) :

(23) *Marco lisait et quelqu'un sonna à la porte.*

En (23), l'effet d'arrière-plan / premier-plan de (22) est perdu et la perspective globale rassemble à celle – plate – d'un bas-relief. Nous venons d'observer les effets de l'opposition entre subordination et coordination. Remarquons que la subordination permet non seulement de donner une perspective arrière-plan / premier-plan aux procès exprimés, mais également de la manipuler :

(22a) *Quelqu'un sonna à la porte, pendant que Marco lisait.*

En (22a), à la différence de (22), la subordonnée occupe une position de *setting* post-posé. La possibilité de bouger la subordonnée est intéressante aussi bien pour manipuler la perspective interne de l'énoncé que pour organiser l'enchaînement des autres énoncés dans le texte. Quoi qu'il en soit, une position de *setting* ou arrière-plan est particulièrement adaptée à l'expression de procès qui – thématiquement – sont des cadres, alors que la position de premier-plan est particulièrement adaptée à l'expression de l'action principale.

Or, à ce niveau, l'Aspect et l'Aktionsart entrent également en jeu.

L'Aspect imperfectif a la même vocation communicative que la subordonnée : l'expression d'un cadre, cohérent avec une position d'arrière-plan. L'Aspect perfectif, en revanche, a la même vocation communicative qu'une proposition principale : l'expression d'un procès qui se détache d'un cadre, cohérent avec une position de premier plan.

Des remarques semblables s'appliquent à l'Aktionsart. Un procès duratif indéfini a une vocation naturelle à fonctionner comme un cadre où quelque chose se passe. Inversement, des procès instantanés ou des achèvements ont une vocation naturelle à fonctionner comme des événements ponctuels qui se situent dans le cadre précédent.

Le point crucial est le suivant. D'un côté, toutes ces affinités électives sont bien réelles ; de l'autre côté, l'expression à travers une subordination plutôt qu'une coordination et l'expression à travers un temps imperfectif plutôt qu'un temps perfectif sont des choix libres. Cela ouvre une combinatoire très riche d'effets possibles. Revenons à l'exemple (22) :

(22) *Pendant que Marco lisait, quelqu'un sonna à la porte.*

Dans cet exemple, tous les facteurs convergent : la subordonnée est en position d'arrière-plan, l'Aktionsart de son procès est duratif indéfini et l'Aspect du verbe est imperfectif. Des remarques semblables s'appliquent pour la proposition principale. Or, chacun de ces facteurs est un paramètre virtuellement indépendant des autres : ils peuvent converger ou diverger librement.

(22c) *Quelqu'un sonnait à la porte pendant que Marco lisait.*
(22d) ?*Marco lut, pendant que quelqu'un sonna à la porte.*

(22e) ?*Pendant que Marco lut, quelqu'un sonnait à la porte.*

...

Chaque variation des paramètres ci-dessus mentionnés produit un effet de perspective, de mise en relief, imprévisible, qui peut conduire jusqu'à l'anomalie. Les lecteurs ou les lectrices peuvent s'amuser à analyser les différents effets de perspective dans les exemples suivants :

(24a) *Claude passait devant l'Hôtel-de-Ville, et deux heures du matin sonnaient à l'horloge, quand l'orage éclata.* (E. Zola, *L'œuvre*)

(24b) *L'orage éclatait, quand Claude passa devant l'Hôtel-de-Ville, et deux heures du matin sonnèrent à l'horloge.* (E. Zola, *L'œuvre,* modifié)

(24c) *Quand l'orage éclatait, Claude passa devant l'Hôtel-de-Ville, et deux heures du matin sonnèrent à l'horloge.* (E. Zola, *L'œuvre*, modifié)

(24d) *Quand Claude passait devant l'Hôtel-de-Ville, et deux heures du matin sonnaient à l'horloge, l'orage éclata.* (E. Zola, *L'œuvre,* modifié)

...

Nous en tirerons la conclusion suivante. Il ne faut pas hésiter à manipuler le texte pour dégager d'autres effets, et isoler ainsi les facteurs qui les provoquent. Il y a une raison épistémologique profonde pour ça. Lorsqu'on étudie l'Aspect (comme les attitudes énonciatives), nous sommes dans le cadre des choix du locuteur ou de l'écrivain. Mais si cela est vrai, alors manipuler le texte revient à imaginer les choix que l'auteur (neutre générique !) aurait pu faire et donc à comprendre les motifs des choix qu'il, ou elle, ont faits.

Il peut être intéressant d'observer encore, rapidement, l'exemple suivant :

(24)*Dans la plaine rase, sous la nuit sans étoiles, d'une obscurité et d'une épaisseur d'encre, un homme suivait seul la grand-route de Marchiennes à Montsou, dix kilomètres de pavé, coupant tout droit, à travers les champs de betteraves. Devant lui, il ne voyait même pas le sol noir, et il n'avait la sensation de l'immense horizon plat que par les souffles du vent de mars, des rafales larges comme sur une mer, glacées d'avoir*

> *balayé des lieues de marais et de terres nues. Aucune ombre d'arbre ne tachait le ciel, le pavé se déroulait avec la rectitude d'une jetée, au milieu de l'embrun aveuglant des ténèbres.*
> *L'homme était parti de Marchiennes vers deux heures. Il marchait d'un pas allongé, grelottant sous le coton aminci de sa veste et de son pantalon de velours. Un petit paquet, noué dans un mouchoir à carreaux, le gênait beaucoup ; et il le serrait contre ses flancs, tantôt d'un coude, tantôt de l'autre, pour glisser au fond de ses poches les deux mains à la fois, des mains gourdes que les lanières du vent d'Est faisaient saigner. Une seule idée occupait sa tête vide d'ouvrier sans travail et sans gîte, l'espoir que le froid serait moins vif après le lever du jour. Depuis une heure, il avançait ainsi, lorsque sur la gauche, à deux kilomètres de Montsou, il aperçut des feux rouges, trois brasiers brûlant au plein air, et comme suspendus. D'abord, il hésita, pris de crainte ; puis, il ne put résister au besoin douloureux de se chauffer un instant les mains.*
> *Un chemin creux s'enfonçait. Tout disparut. L'homme avait à droite une palissade, quelque mur de grosses planches fermant une voie ferrée ; tandis qu'un talus d'herbe s'élevait à gauche, surmonté de pignons confus, d'une vision de village aux toitures basses et uniformes. Il fit environ deux cents pas. Brusquement, à un coude du chemin, les feux reparurent près de lui, sans qu'il comprit davantage comment ils brûlaient si haut dans le ciel mort, pareils à des lunes fumeuses.*
> (E. Zola, *Germinal*, Charpentier : Paris 1885)

Dans ce long extrait, il faut attendre presque la fin du deuxième paragraphe pour rencontrer le premier temps imperfectif : *il aperçut*. Regardons de plus près. On peut identifier une première portion textuelle à l'Aspect imperfectif : *suivait, se déroulait, marchait, gênait, serrait, occupait, avançait,* etc. Dans tous ces verbes, il y a une convergence entre Aspect et Aktionsart : il s'agit de procès dynamiques indéfinis ou statiques. Parmi ces procès, *suivait, marchait, avançait,* etc. désignent des actions du personnage, alors que *se déroulait* désigne un trait du paysage. Ce dernier verbe, en effet, a ici un emploi statique (et non dynamique) car il exprime une propriété de la route. L'effet global est donc celui d'un grand arrière-plan où le dynamisme des actions s'estompe en s'amalgamant à l'uniformité de la route. Dans ce cadre, un événement ponctuel se découpe : la perception de deux feux rouges. Dans la forme *il aperçut*, l'Aspect perfectif et l'Aktionsart instantané convergent en émergeant du précédent arrière-plan. À partir de maintenant, un dynamisme, une vie, entrent dans la narration. L'Aspect perfectif commence à marquer les procès mentaux du personnage et les actions qui en suivent : contrastons, par exemple, *il hésita* avec *une idée occupait sa tête*. L'Aspect imperfectif de *s'enfonçait* (cohérent avec le caractère statique du chemin devant les yeux de personnage) s'oppose à *disparut*, qui est perfectif et instantané. Dans le passage de l'un à l'autre de ces verbes, il y a le passage de l'observation à l'acte : après *disparut*, le personnage s'est effectivement enfoncé dans le chemin qu'il voyait et il a débouché quelque part. On comprend donc le retour des imperfectifs qui décrivent le nouveau paysage qui apparaît (*avait à droite une palissade*, *un talus d'herbe s'élevait*, etc.) en marquant une autre pause d'observation. Ensuite, les perfectifs *il fit deux cents pas* et *les feux reparurent* marquent la reprise du mouvement. Etc.

Nous nous sommes arrêtés sur cet extrait pour offrir un exemple concret de la valorisation stylistique du jeu entre l'Aspect et l'Aktionsart.

18.3 LINGUISTIQUE ET LITTÉRATURE

L'enjeu entre Aktionsart et Aspect nous offre l'occasion de toucher à une problématique plus générale : le rapport entre grammaire ou linguistique et littérature ou stylistique. Certes, les auteurs ayant saisi la connexion intime entre ces disciplines ne manquent pas (*cf.*, par exemple, Weinrich 1964, Maingueneau 1986, Vuillaume 1990, Manzotti 2013). Cependant, dans les départements universitaires de lettres et de français, on constate souvent une division : d'un côté, il y a les linguistes ; de l'autre côté, il y a les stylisticiens. La perspective que nous avons présentée aux §§ 17 et 18 milite contre cette rupture.

Repérer les lieux textuels où une attitude énonciative cède la place à l'autre, et s'interroger sur la convergence ou divergence entre Aktionsart et Aspect pour chaque forme verbale peuvent paraître des exercices scolaires. Et pourtant ils sont une étape fondamentale car ils nous permettent de collecter des faits textuels. Une fois sous nos yeux, ces faits textuels suscitent des questions : *Pourquoi l'auteur a-t-il effectué ces ruptures dans l'attitude énonciative ? Qu'est-ce qu'elles veulent dire ? Qu'est-ce qu'elles reproduisent ? Pourquoi l'auteur a-t-il choisi cette distribution des Aspects verbaux, plutôt que cette autre ? Qu'est-ce qu'elle reproduit par rapport au récit ?* Etc. Répondre à ces questions signifie interpréter le texte, c'est-à-dire faire une critique littéraire ou stylistique. Mais ces questions ne peuvent pas être posées sans l'analyse grammaticale ou linguistique.

La linguistique met en avant des faits textuels ; la stylistique interprète, d'une façon créative et imprévisible, ces faits. Les faits textuels sans une interprétation sont muets, mais toute interprétation sans faits textuels est sans objet.

CHAPITRE 19

Les modes verbaux

Dans ce chapitre, nous revenons sur la question laissée en suspens au § 3.4 : si un mode est un regroupement de temps, quels critères justifient les regroupements traditionnellement adoptés par les grammaires ?

Nous nous intéressons spécifiquement à la triade indicatif, subjonctif et conditionnel. Dans un premier temps, nous abordons la *vexata quæstio* de l'opposition indicatif/subjonctif (§ 19.1) ; ensuite, nous touchons rapidement au conditionnel (§ 19.2). Cela nous permettra, dans la troisième partie de ce chapitre, d'identifier quelques critères pour saisir ces objets de frontière – entre grammaire et message – que sont les modes.

19.1 SUBJONCTIF *VS.* INDICATIF

19.1.1 LES TERMES DE LA QUESTION

Une question incontournable de toute la littérature à propos du subjonctif (*cf.* Soutet 2000 et Lagerqvis 2009) est de savoir si l'opposition entre subjonctif et indicatif est isomorphe à l'opposition entre la modalité de la réalité ou vérité et la modalité de la non-réalité et/ou possibilité.

L'étape préliminaire consiste à distinguer quatre cas de figure, selon la distribution du subjonctif.

i) Le subjonctif se manifeste **en tant que verbe principal** d'une phrase simple en isolation : *Qu'ils viennent ! (Et nous saurons les affronter)*, *Que la lumière soit ! (Et la lumière fut)*. Dans ce cas, le subjonctif communique une exhortation, un ordre ou un souhait.

ii) Le subjonctif **sature la valence d'un prédicat verbal en position de sujet**. Nous sommes confrontés à une phrase complexe : *Que ton mari soit là nous a rassurés beaucoup, Que ton mari vienne nous étonnerait.* Dans ce cas, le subjonctif est une forme fixe du sujet phrastique, comme le GN est la forme fixe du sujet non-phrastique. Autrement dit, la forme GN et le subjonctif sont des marques du codage formel du sujet.

iii) Le subjonctif **sature la valence d'un prédicat verbal en position de COD** : *Je veux qu'elle reconnaisse sa dette envers moi, Je regrette qu'elle soit partie*. Comme dans (ii), nous sommes dans le cadre de la phrase complexe. Cependant, à la différence de (ii), nous sommes à l'intérieur du GV : du côté des compléments du verbe prédicatif.

iv) Le subjonctif **sature la valence d'une conjonction de subordination** : *Je sors bien qu'il pleuve, Elle l'a frappé sans qu'il ne puisse régir.* Dans ce cas, nous sommes dans le cadre de l'expression des relations transphrastiques – en l'absence de catégories grammaticales – et nous sommes confrontés à une subordination.

Les points (i) et (ii) ne posent pas de problèmes particuliers. Dans le premier cas, le subjonctif code effectivement une modalité autre que la réalité ; dans le second, en revanche, le subjonctif est imposé *a priori* par la position de sujet de la phrase, indépendamment de la réalisation du procès exprimé. Nous nous intéresserons donc plutôt aux points (iii) et (iv). Le point (iii), en particulier, est très débattu : *cf.* Huot (1986), Kupferman (1996), Vet (1998), Korzen, H. (2003), entre autres.

À propos de (iii), on peut déjà faire une spéculation. Si le subjonctif remplace un COD, et si le COD est une catégorie grammaticale – en régime de codage formel donc – alors il est raisonnable de s'attendre à ce que le subjonctif soit imposé *a priori* d'une façon analogue à ce qui se passe pour le sujet (*cf.* point (i)). Nous y reviendrons au § 19.1.2.2.

Quoi qu'il en soit, la distinction entre les cas de figure (i) à (iv) est certes indispensable, mais elle reste une étape préliminaire. L'étape suivante consiste à poser les termes de la question. Considérons l'exemple suivant :

(1) *Je souhaite que tu sois présente à mon mariage.*

En (1), la proposition complétive est au mode subjonctif et elle exprime un souhait. Cela est un fait. Ce fait, cependant, laisse une question ouverte : est-ce que cette valeur de possibilité est impliquée par le subjonctif lui-même, ou bien est-elle impliquée par le verbe *souhaiter* et le subjonctif se limite-t-il à s'y conformer *a posteriori* ?

En ce qui concerne le rapport entre un mode verbal et une modalité, le vrai enjeu ne consiste pas à voir si tel mode reproduit telle modalité, mais à discerner si cette modalité est effectivement impliquée par ce mode verbal, ou si, en revanche, le mode verbal s'avère conforme – *a posteriori* – à une modalité impliquée par un autre élément.

Or, la majorité des travaux sur le subjonctif nous semble se limiter essentiellement à la première alternative. Par-là, le débat se réduit à l'exercice d'affecter un quelconque type de modalité à toute occurrence de subjonctif. Cet exercice n'est pas dépourvu d'intérêt – car il invite à décomposer finement la notion de modalité – mais il laisse de côté la question centrale : d'où vient la modalité ?

Les arguments que nous développons dans la suite sont appliqués à l'italien par Prandi (2002 et 2010). Pour une démarche similaire (mais toujours à propos de l'italien), nous renvoyons également à Sgroi (2013).

19.1.2 SATURATION D'UN PRÉDICAT VERBAL EN POSITION DE COD

Commençons par considérer les exemples suivants :

(1) *Je souhaite que Myriam* ***vende*** *son appartement.*

(2) *Je sais que Myriam* ***a vendu*** *son appartement.*

En (1) et (2), l'alternance subjonctif/indicatif reproduit parfaitement l'opposition « suspension de la réalité *vs.* réalité ». Face à ces exemples, nous avons l'impression que le subjonctif code la modalité du possible, alors que l'indicatif code la réalité. Cette impression est une illusion d'optique semblable à celle qui pousse à croire que la préposition *à* du COS code l'idée de direction (*cf.* § 11.2.2.1).

Dans un exemple tel que *Paul a donné une rose à Marie*, on l'a vu, la préposition *à* paraît reproduire la direction impliquée par le verbe. Mais il s'agit d'un hasard car cette direction ne découle pas de *à*. Pour s'en rendre compte, il suffit d'observer d'autres exemples de COS n'impliquant aucune orientation : *Paul a comparé Marie à un rose*, etc.

Or, en (1) et en (2), la réalité et la possibilité des propositions complétives ne découlent pas du mode de la proposition complétive – indicatif ou subjonctif – mais bien du verbe prédicatif régissant. En (1) et (2), tout simplement, l'indicatif et le subjonctif se distribuent conformément aux modalités impliquées par les verbes régissants, *a posteriori*.

19.1.2.1 Quand l'indicatif et le subjonctif n'impliquent pas la modalité 'attendue'

L'indicatif ne garantit pas la réalité. Considérons (3) :

(3) *Toutes les nuits, je rêve que mon père* ***vient*** *me voir danser.*

En (3), le constat est vite fait. Le procès exprimé par la complétive objective est irréel, et, pourtant, il y a bien l'indicatif. La présence de l'indicatif, en soi, ne garantit donc pas la modalité du réel.

Le subjonctif ne garantit pas la non-réalité. Ce point – archi-connu, mais trop souvent minimisé – peut être montré en examinant deux types de verbes prédicatifs : les verbes « factifs » (Kiparsky & Kiparsky 1973) et les verbes « implicatifs » (Karttunen 1971).

Si le verbe régissant est un verbe factif, la vérité de la proposition complétive est présupposée. Cela signifie que la proposition complétive reste vraie – elle reste un fait –, que le verbe soit affirmé ou nié. Voici un exemple :

(4a) *Je regrette qu'elle soit partie.*
(4b) *Je ne regrette pas qu'elle soit partie.*

En (4), *qu'elle soit partie* est présenté comme un fait – un présupposé – et donc sous la modalité du réel *a fortiori*. Cependant, dans les deux cas, le verbe de la complétive est au subjonctif et non à l'indicatif. Prédicats tels qu'*être content que* ou *s'étonner que* fonctionnent comme *regretter*.

Si le verbe régissant est un verbe implicatif, la vérité de la proposition complétive est directement sensible à son affirmation ou à sa négation. Autrement dit, la complétive est vraie si le verbe est affirmé, et elle est fausse si le verbe est nié. Voici un exemple :

(5a) *J'ai obtenu que Marianne **finisse** sa soupe.*
(5b) *Je n'ai pas obtenu que Marianne **finisse** sa soupe.*

En (5a), la vérité de la proposition complétive est impliquée par le verbe *obtenir* : sa modalité est donc la réalité. Pourtant, il y a bien un subjonctif. Si cela est vrai, alors le fait qu'en (5b) le mode subjonctif s'accompagne à l'irréalité de la complétive est accidentel : l'irréalité ne découle pas du subjonctif, mais bien de la négation du verbe implicatif *obtenir*. Il s'agit, toutes proportions gardées, du même type d'illusion que celle qui est à l'œuvre dans le cas du COS (*cf.* § 11.2.2.1).

Les observations précédentes sont simples, mais elles suggèrent une conclusion claire. Dans les exemples considérés, la modalité de la proposition complétive ne dépend pas du mode de son verbe, mais bien du verbe prédicatif dont la complétive sature un argument.

19.1.2.2 Quand une variation de mode est juste… une faute

La conclusion précédente peut être appuyée en observant les effets des violations des contraintes que le verbe régissant exerce sur le mode du verbe de la complétive. Revenons aux exemples (3), (4a) et (5a) :

(3) *Toutes les nuits, je rêve que mon père **vient** me voir danser.*
(4a) *Je regrette qu'elle **soit** partie.*
(5a) *J'ai obtenu que Marianne **finisse** sa soupe.*

Si nous remplaçons le subjonctif par l'indicatif, nous obtenons :

(3') **Toutes les nuits je rêve que mon père **vienne** me voir danser.*
(4a') **Je regrette qu'elle **est** déjà partie.*
(5a') **J'ai obtenu que Marianne **finit** sa soupe.*

Bien entendu, l'exemple (3') peut recevoir une autre lecture (nous y reviendrons toute de suite *cf.* § 19.1.2.3.). Par rapport à l'emploi du verbe ici pertinent, cependant, cette manipulation n'a pas produit des variations de modalité, mais des fautes grammaticales. Ce résultat n'est pas cohérent avec l'idée que le subjonctif code une modalité, mais avec l'idée qu'il est une marque formelle vide. Autrement dit, le résultat de l'inversion entre subjonctif et indicatif est analogue, *mutatis mutandis*, à une faute concernant la préposition d'un COI en régime de codage formel (*cf.* §§ 11.1.2 et 11.2.1.2) :

(6a) *Il a renoncé aux vacances.*
(6b) **Il a renoncé des vacances.*

Cela renforce notre conclusion. Si on considère qu'en (3), (4a) et (5a) les propositions complétives occupent la place du COD, il est clair que l'opposition indicatif/subjonctif ne fonctionne pas comme une marque de modalité, mais comme une marque de codage formel d'un COD phrastique. Nous donc retrouvons ici – confirmée – l'hypothèse avancée aux § 19.1.1.

19.1.2.3 Conclusion

De même que le codage formel peut se manifester à travers une préposition vide (lorsque le complément est nominal), de même, il peut se manifester à travers un mode verbal (lorsque le complément est phrastique).

Voici quelques cas de figure.

- Les verbes de jugement, volonté ou état d'âme veulent souvent le subjonctif.
  (7a) *Je crains qu'il ne soit pas en encore rentré.*
  (7b) *Je souhaite qu'il reçoive mon invitation à temps.*
  (7c) *Je me réjouis que tu aies gagné le concours.*
  (7d) *Je m'étonne qu'il ait accepté ma proposition.*
  Mais on remarquera : *J'espère qu'il reçoit (*reçoive) l'invitation.*
- Les verbes d'hypothèse préfèrent le subjonctif et admettent l'indicatif en baissant le niveau de langue :
  (8a) *Supposons / Admettons que Paul ait gagné.*
  (8b) *Supposons / Admettons que Paul a gagné.*
- Certains verbes admettent une alternance entre subjonctif et indicatif quand ils sont niés. Observons le cas de *se souvenir* :
  (9a) *Je ne me souviens pas que Paul a téléphoné.*
  (9b) *Je ne me souviens pas que Paul ait téléphoné.*

(9c) *Il ne se souvient pas que le présidant a déclaré le couvre-feu.*
(9d) *Il ne se souvient pas que le président ait déclaré le couvre-feu.*

Dans ces cas, l'alternance indicatif/subjonctif se charge effectivement d'une nuance modale : en (9a), par exemple, la présence de l'indicatif envisage la possibilité que ce soit vrai malgré mon oubli, alors qu'en (9b) je remets en doute le fait dont je n'ai pas de souvenir.

Quoi qu'il en soit, globalement, les faits semblent suggérer que la modalité de la proposition complétive n'est pas fonction du mode de son verbe, mais – essentiellement – du verbe prédicatif régissant. Ce dernier utilise l'opposition subjonctif/indicatif dans la proposition complétive comme une marque du codage formel du COD, dépourvue de toute valeur modale intrinsèque.

Or, pour l'étude du subjonctif, il est crucial de bien comprendre ce que cette conclusion n'implique pas. Cette conclusion n'implique pas que l'opposition indicatif/subjonctif ne puisse, dans les faits, reproduire la distinction modale réalité/possibilité ou tracer d'autres distinctions plus fines. La seule chose que la conclusion précédente implique est que l'alternance indicatif/subjonctif dans la complétive n'a besoin de se fonder sur aucune opposition modale préalable. Autrement dit, elle est arbitraire.

Nous avons déjà vu le cas de (1) et (2) :

(1) *Je souhaite que Myriam* ***vende*** *son appartement.*
(2) *Je sais que Myriam* ***a vendu*** *son appartement.*

Ici, l'alternance subjonctif/indicatif reproduit la distinction entre irréalité/réalité.

Revenons, maintenant, à l'exemple (3a) et contrastons-le avec (10) :

(3a) *Toutes les nuits, je rêve que mon père* ***vient*** *me voir danser.*
(10) *Je rêve / Je souhaite que mon père* ***vienne*** *me voir danser.*

Cette fois, l'alternance indicatif/subjonctif n'est plus au service de l'opposition irréalité/réalité, mais d'une opposition plus fine, à l'intérieur du domaine de la non-réalité : une vision (exprimant une 'réalité' dans le cadre de la fiction (3a)) *vs.* un souhait (exprimant une possibilité dans le cadre de la réalité). Ces deux sens, par ailleurs, correspondent à deux emplois différents du verbe *rêver.*

Revenons à nouveau à l'exemple (2), mettant en jeu le verbe factif *savoir*, et comparons-le avec (11), mettant en jeu le verbe factif *regretter* :

(11) J*e regrette que Myriam* ***ait*** *vendu son appartement*.

Dans le couple (2) *vs*. (11), l'opposition indicatif/subjonctif reproduit une nouvelle distinction : en (11) on envisage la possibilité d'un cours d'événements alternatif, alors que cela n'est pas pertinent pour (2). La nuance contrefactuelle de (11), par ailleurs, ne vient pas du subjonctif, mais du sens du verbe *regretter* : le subjonctif ne fait rien d'autre que s'y adapter *a posteriori*.

Le point crucial est que toutes ces observations sont certes intéressantes (*cf.* Martin 1983a, 1983b et Gosselin 2016), mais elles ne remettent nullement en cause l'idée que l'opposition subjonctif/indicatif, pour se justifier, n'a besoin d'aucune opposition modale préalable. Nous sommes confrontés à une situation analogue à celle de la transitivité (*cf.* §§ 13.1.1 et 13.1.2). D'une part, la construction transitive, en tant que telle, n'a pas besoin de se fonder sur la structure conceptuelle Agent-Patient. De l'autre, rien n'empêche que cette construction – autonome – ne puisse être exploitée pour exprimer, entre autres, la structure conceptuelle Agent-Patient. De même, la distinction indicatif/subjonctif n'a besoin de se fonder sur aucune opposition modale : elle est virtuellement autonome. Cela n'empêche que la langue puisse exploiter cette distinction librement, pour reproduire parfois l'opposition réalité/possibilité ou tracer d'autres sous distinctions plus subtiles.

Du point de vu du linguiste, cela signifie que, quelles que soient les issues d'une telle exploitation, ces issues ne sont pas prévisibles à partir d'une valeur modale, plus ou moins abstraite, de départ : leur description – et leur richesse – est une question d'exploration empirique *a posteriori*.

Du point de vue de l'apprenant, cela signifie que, dans les faits, il faudra apprendre par cœur quel verbe prédicatif régit quel mode dans la complétive. Faire cela, cependant, n'implique pas nécessairement une mémorisation chaotique, mais une mémorisation supportée, au moins en partie, par une motivation en termes de modalité.

En ce qui concerne le choix du mode de la complétive, en somme, il ne s'agit ni de sous-estimer l'extension de la motivation modale, ni d'éviter de s'en servir pour l'apprentissage, mais de comprendre que cette motivation n'implique pas que la distinction subjonctif/indicatif doit coder une opposition modale préalable. C'est en ce sens qu'elle est, justement, *arbitraire.*

19.1.3 SATURATION D'UNE CONJONCTION OU PRÉPOSITION SUBORDINATIVE

Il est un fait que la distribution de l'opposition indicatif/subjonctif reproduit souvent des distinctions modales. L'idée que l'opposition indicatif/subjonctif code une distinction modale préalable, en revanche, n'est pas un fait, mais un présupposé dépourvu de toute justification. Ce présupposé confère aux emplois du subjonctif un aspect capricieux car, parfois, ils reproduisent des valeurs modales claires et, d'autres fois, non. Cette situation chaotique pousse les auteurs à envisager des explications laborieuses pour rattacher tout emploi du subjonctif à une valeur modale abstraite, qui semble rester, finalement, insaisissable.

Supprimer le présupposé mentionné *supra* est, selon nous, la seule façon de restituer aux emplois du subjonctif un aspect non contradictoire et la condition préalable pour en entamer une exploration empirique libre de tout préjugé. Dans la suite, nous ferons quelques pas dans cette direction à propos des conjonctions de subordination.

19.1.3.1 Extension de la motivation

Observons les cas suivants :

(12) *Nous sommes partis après que le maire a parlé*^{INDICATIF}.
(13) *Nous sommes partis avant que la maire ne parle*$^{\text{SUBJONCTIF + NEGATION}}$.
(14) *Je t'ai raconté cet épisode pour que tu comprennes*^{SUBJONCTIF} *sa réaction.*
(15) *Je lui ai envoyé un texto afin qu'il se souvienne de notre rdv*^{SUBJONCTIF}.
(16) *Je te suggère de commencer à t'entraîner, à moins que tu ne veuilles*-$^{\text{SUBJONCTIF + NEGATION}}$ *renoncer au match.*

...

Dans tous ces cas, on peut constater que la distribution des modes se conforme, à chaque fois, au statut de vérité de la subordonnée (indicatif, réalité ; subjonctif, non-réalité). Ce constat, bien entendu, est *a posteriori* car c'est bien le sens de l'expression prépositionnelle qui contrôle la réalité de la proposition : le mode s'y adapte. Ici, la distribution indicatif/subjonctif s'avère donc motivée par la distinction entre réalité et irréalité.

19.1.3.2 Les limites de la motivation : le cas de la concession

Le cas de *même si* et *bien que*, qui expriment la concession, trace une limite à la motivation précédente. D'un point de vue logique, la concession, comme la cause, implique la vérité des deux procès en jeu. Or, ce fait est indépendant du mode prévu par la conjonction concessive :

(17a) *Nous sortirons même s'il y a*^INDICATIF *le Covid.*
(18a) *Nous sortirons bien qu'il y ait*^SUBJONCTIF *le Covid.*

Aussi bien l'exemple (17) que (18) expriment une concession. En modifiant les modes des subordonnées, par ailleurs, nous obtenons des fautes grammaticales :

(17b) **Nous sortirons même s'il y ait le Covid.*
(18b) **Nous sortirons bien qu'il y a le Covid.*

Remarquons que *bien que* (qui régit le subjonctif) implique la vérité de la proposition subordonnée d'une façon plus forte que *même si* (qui régit l'indicatif) :

(17c) *Nous sortirons même s'il y a le Covid. Mais je crois qu'il n'est plus en circulation.*
(18c) ?*Nous sortirons bien qu'il y ait le Covid. Mais je crois qu'il n'est plus en circulation.*

19.1.3.3 Conclusion

Notre conclusion répète celle du § 19.1.2. D'un côté, il y a l'opposition subjonctif/indicatif. De l'autre côté, cette opposition ne se justifie sur la base d'aucune distinction modale, mais la langue est libre de l'exploiter comme elle veut. Dans les exemples (12) à (16), la langue affecte l'indicatif à la réalité et le subjonctif à la non-réalité. Dans le cas des exemples (17) et (18), en revanche, cette affectation est inversée : lorsque la réalité de la subordonnée est seulement suggérée, il y a l'indicatif ; lorsque la réalité de la subordonnée est fortement impliquée, il y a le subjonctif.

19.1.4 UN INTRUS : LA PÉRIODE HYPOTHÉTIQUE

En français, le subjonctif ne joue pas un rôle de premier plan dans la période hypothétique ; en italien, en revanche, oui. La période hypothétique peut donc aider à comprendre, par opposition par rapport à l'italien, le fonctionnement du subjonctif en français.

En italien, dans la période hypothétique, le subjonctif est en relation avec le conditionnel, et en alternance avec l'indicatif, pour exprimer différents degrés de probabilité :

(19a) *Se prendono*[INDICATIF_PRÉSENT] *il TGV delle 6 e 30 alla Gare de Lyon, arrivano*[INDICATIF_PRÉSENT] *a Torino verso le 10.*
(20a) *Se prendessero*[SUBJONCTIF_PRÉSENT] *il TGV delle 6 e 30 alla Gare de Lyon, arriverebbero*[CONDITIONNEL_PRÉSENT] *a Torino verso le 10.*
(21a) *Se avessero preso*[SUBJONCTIF_PASSÉ] *il TGV delle 6 e 30 alla Gare de Lyon, sarebbero arrivati*[CONDITIONNEL_PASSÉ] *a Torino verso le 10.*

Si nous traduisons ces exemples en français, le subjonctif est remplacé par l'indicatif :

(19b) *S'ils prennent*[INDICATIF_PRÉSENT] *le TGV de 6h30 à la Gare de Lyon, ils arrivent*[INDICATIF_PRÉSENT] *à Turin vers 10h.*
(20b) *S'ils prenaient*[INDICATIF_IMPARFAIT] *le TGV de 6h30 à la Gare de Lyon, ils arriveraient*[CONDITIONNEL_PRÉSENT] *à Turin vers 10h.*
(21b) *S'ils avaient pris*[INDICATIF_PLUS-QUE-PARFAIT] *le TGV de 6h30 à la Gare de Lyon, ils seraient arrivés*[CONDITIONNEL_PASSÉ] *à Turin vers 10h.*

Les formes de période hypothétique précédentes se distinguent par rapport au degré de probabilité de la réalisation du procès exprimé par la subordonnée. Les exemples (19) suggèrent une probabilité très élevée (*S'ils prennent le TGV de 6h30 à la Gare de Lyon, ils arrivent à Turin vers 10h : mais on ne sait jamais avec toutes ces grèves)* ; les exemples (20) suggèrent une probabilité neutre (une simple possibilité) ; et les exemples (21) suggèrent une probabilité très faible (*S'ils avaient pris le TGV de 6h30 à la Gare de Lyon, ils seraient arrivés à Turin vers le 10h :*

demandons à Marco, qui les a récupérés). De ce point de vue, si l'étiquette « possibilité », pour la construction (20), est adéquate, les étiquettes « réalité » et « irréalité », pour les constructions (19) et (21), ne le sont pas complètement. Quoi qu'il en soit, ces différents degrés de probabilité sont communiqués à travers les différentes configurations des temps verbaux entre la subordonnée et la principale.

Or, en comparant le français avec l'italien, on constate que l'indicatif imparfait et plus-que-parfait du français sont fonctionnellement équivalents au subjonctif présent et passé de l'italien. Il s'ensuit qu'en italien, dans le cas de la période hypothétique, le subjonctif se charge effectivement de l'expression d'une modalité, alors qu'en français, cette fonction est absorbée par l'indicatif. En français, le subjonctif s'avère donc, une fois de plus, vidé de toute modalité.

19.2 LE CONDITIONNEL

À la différence du subjonctif, le conditionnel a une valeur modale propre. La meilleure preuve est offerte notamment par son fonctionnement à l'intérieur d'une proposition complétive COD. Si l'opposition indicatif/subjonctif est une marque du codage formel et dépend du verbe régissant, l'alternance indicatif/conditionnel, en revanche, a un impact effectif sur la modalité. Dans les exemples suivants, en aucun cas, le changement du mode de la proposition complétive n'implique une faute grammaticale :

(22a) *Je crois que Luis <u>court</u> le marathon de Paris.*
(22b) *Je crois que Luis <u>courrait</u> le marathon de Paris (si tu le lui proposais).*

(23a) *Ils m'ont assuré qu'Armand nous <u>construira</u> la balançoire.*
(23a) *Ils m'ont assuré qu'Armand nous <u>construirait</u> la balançoire (il aurait déjà dû le faire).*

(24a) *Ils disent que Georges <u>a volé</u> à la bibliothèque.*
(24b) *Ils disent que Georges <u>aurait volé</u> à la bibliothèque.*

Dans le premier couple d'exemples, l'alternance entre indicatif et conditionnel implique l'introduction d'une nuance hypothétique – conditionnelle, justement – en (22b). Dans les faits, en (22b), le conditionnel pousse à inférer une période hypothétique (*cf.* § 19.1.4.).

Dans le deuxième couple d'exemples, l'alternance entre indicatif et conditionnel implique un décalage dans l'expression de la chronologie. Le futur indicatif de (23a) pointe à un moment postérieur par rapport au moment où on parle ; le présent conditionnel de (23b), en revanche, pointe à un moment postérieur par rapport au moment *dont* on parle (= quand la construction de la balançoire aurait du avoir lieu), mais antérieur (et donc passé) par rapport au moment *où* on parle.

Dans le troisième couple d'exemples, l'alternance entre indicatif et conditionnel permet une prise de distance du locuteur par rapport au discours rapporté. L'exemple (24b) manifeste une polyphonie (voix du locuteur *vs.* voix des autres) beaucoup plus marquée que (24a).

On ajoutera encore le couple (25) :

(25a) *Je veux une bière.*
(25b) *Je voudrais une bière.*

En (25), c'est évident, l'alternance indicatif/conditionnel n'a pas un impact sur la force illocutoire de requête – qui reste la même – mais sur le ton : le conditionnel atténue la requête, en remplissant ainsi une fonction interpersonnelle (Halliday 1970). Dans ce cas, le conditionnel présent entre en compétition non seulement avec le présent indicatif, mais aussi avec l'imparfait indicatif (*Je veux une bière*, *Je voulais une bière*). Nous y reviendrons au § 20.

Pour une étude détaillée du conditionnel et de ses valeurs, nous renvoyons à Dendale & Tasmowski (2001), Haillet (2002, 2003), Bres (2004), Kronning (2005, 2009, 2012) Azzopardi (2011) et Bres, Azzopardi & Sarrazin (2012).

Dans le cadre de ce travail, nous en tirerons la conclusion suivante. S'il est vrai que le conditionnel peut faire système avec les temps de l'indicatif pour signaler la postériorité dans l'attitude énonciative narrative (§ 17.1.1) en se vidant d'une valeur modale propre pour exprimer une réalité dans la narration, il est également vrai qu'il s'oppose à l'indicatif en nuançant activement la modalité.

19.3 QU'EST-CE QU'UN MODE ?

Au § 3.4, nous avons souligné une asymétrie entre les notions de temps et de mode. Si un temps verbal peut être *compris* – et donc décrit exhaustivement – en examinant les valeurs chronologiques ou aspectuelles qu'il acquiert dans un texte ou un discours, il peut quand même être univoquement *identifié* au niveau de la morphologie. Les objets qu'on appelle « modes verbaux », en revanche, non seulement doivent être décrits en examinant les valeurs modales qu'ils acquièrent dans un texte et un discours, mais de plus, ils ne peuvent être identifiés sur aucune base morphologique univoque (*cf.* § 4.1.2). C'est notamment ce statut fluctuant qui soulève la question : *Comment justifier les regroupements de temps que la tradition grammaticale nous transmet sous le nom de « modes » ?*

Sur la base des remarques conduites aux §§ 4.1.2 et 19.1, 19.2, nous suggérons deux paramètres, deux dimensions – comme des axes d'un diagramme cartésien – pour saisir les modes :

i) paramètre grammatical : il concerne l'homogénéité morphologique d'une certaine famille de temps verbaux au sens du § 4.1.2 ;

ii) paramètre fonctionnel : il concerne notamment les valeurs modales que nous avons vu se manifester (ou pas) aux §§ 19.1 et 19.2.

Les objets que nous appelons « modes » se définissent par des valeurs différentes au niveau de ces paramètres.

Commençons par considérer le mode dit « indicatif ». D'une part, on l'a vu au § 4.1.2, il y a une famille morphologique de temps plutôt claire : présent, imparfait, futur, passé simple (nous nous limitons, par simplicité, aux temps simples). De l'autre, on l'a vu au § 19.1, dans les configurations relevant des attitudes discursive et narrative, ces temps expriment des valeurs chronologiques relevant de la modalité du réel. Certes, parfois, l'imparfait ou le présent peuvent acquérir une valeur de suspension de réalité (*cf.* la période hypothétique, § 19.1.4) ; cependant, ces faits restent marginaux et ne remettent pas en cause que les temps ci-dessus sont le territoire privilégié où la modalité du réel se manifeste.

Nous en concluons que le mode indicatif se définit par une identité robuste aussi bien du point de vue grammatical que fonctionnel.

Passons, maintenant, au mode dit « subjonctif ». Comme les temps de l'indicatif, les temps qu'on range traditionnellement sous cette étiquette constituent une famille morphologique compacte (*cf.* § 4.1.2). Cette famille, cependant, ne semble pas remplir une fonction modale propre comme les temps de l'indicatif (*cf.* §§ 19.1.1 et 19.1.2). D'une part, on l'a vu, pour une grande partie de ses emplois, le subjonctif se vide de toute modalité propre, à tel point que le subjonctif est exclu de la période hypothétique ; de l'autre, l'espace laissé à l'expression de la suspension de réalité se réduit aux cas où le subjonctif est le verbe principal d'une phrase indépendante. Nous en conclurons qu'en français, le mode subjonctif se définit par un déséquilibre : il a une identité grammaticale forte, mais une identité fonctionnelle faible.

Nous arrivons finalement au mode dit « conditionnel ». Les formes temporelles attribuées à ce mode sont essentiellement utilisées pour communiquer une suspension de réalité (*cf.* § 19.2). Certes, ces mêmes formes peuvent être au service de la modalité du réel (lorsqu'elles expriment la postériorité dans l'attitude narrative en relation avec l'imparfait ou le passé simple). Ces emplois, par ailleurs, sont loin d'être rares. Cependant, l'identité fonctionnelle du conditionnel – liée à une suspension ou modulation de la réalité – reste quand-même robuste : sous cet aspect, à la différence du subjonctif (*cf.* § 19.2), le conditionnel est une alternative effective à l'indicatif. Le problème du conditionnel concerne plutôt la dimension grammaticale : morphologiquement, le conditionnel est le *pivot* de la même famille de temps que l'indicatif (*cf.* § 4.1.2). Si cela est vrai, le mode conditionnel, en français, se définit par un déséquilibre inverse par rapport au subjonctif : il a une forte identité fonctionnelle, mais une faible identité grammaticale. En italien, en revanche, le subjonctif et le conditionnel ont tous les deux une identité grammaticale forte, mais ils partagent la même fonction modale (nulle surprise qu'ils fassent donc système dans la période hypothétique).

Quoi qu'il en soit, le type particulier de déséquilibre qui définit le conditionnel peut susciter une perplexité : si le conditionnel n'a pas une identité morphologique propre, existe-t-il vraiment ? Plusieurs auteurs penchent en effet pour une réponse négative : le conditionnel est alors privé du statut de mode et rangé à l'intérieur de l'indicatif, à côté de l'imparfait et du futur. Cette conclusion serait justifiée si un mode était un objet linguistique identifié exclusivement au niveau de la morphologie (*cf.* § 3.4). À la différence d'un temps, cependant, un mode est un objet linguistique qui s'identifie – se constitue – sur la base deux paramètres : grammatical *et* fonctionnel. De ce point de vue, il n'y a aucune contradiction à envisager un mode sans identité grammaticale propre (de même qu'il n'y a aucune contradiction à envisager un mode – le subjonctif – sans identité fonctionnelle, modale, propre).

Comparons l'indicatif et le conditionnel en observant les formes du verbe *courir* :

cours	courais	courrai	courrais
cours	courais	courras	courrais
court	courait	courra	courrait
courons	courions	courrons	courrions
courez	couriez	courrez	courriez
courent	couraient	courront	courraient

Le cadre externe circonscrit une famille de temps au sens du § 4.1.2. Or, il n'y a aucun doute que, pour s'exprimer, la modalité de la réalité exploite essentiellement *des* temps de cette famille. En ce sens, nous pouvons dire que les temps ci-dessus encadrés constituent un territoire grammatical propre à la modalité de la réalité. Ce que nous appelons « mode indicatif » est défini par un sous-groupe de temps de ce territoire (en gris), circonscrit sur la base d'un critère fonctionnel.

La modalité de la suspension de la réalité, en revanche, n'a pas un territoire grammatical propre au sens précédent. Le subjonctif pourrait bien lui offrir un tel territoire, car il a une bonne identité grammaticale, mais, malheureusement, le subjonctif est fonctionnellement pauvre et il laisse à la modalité un espace d'expression très limité et *a posteriori*. La modalité de suspension de la réalité s'approprie alors un des temps de la même famille, du même territoire, que l'indicatif. Le « mode conditionnel » n'est donc rien d'autre que la fonction modale de suspension (ou modulation) de la réalité qui s'approprie un temps de cette famille. De ce point de vue, le mode conditionnel n'a pas une identité morphologique propre, mais il n'est pas moins réel que les autres.

Comparons l'imparfait indicatif avec le présent conditionnel. D'un côté, parfois, l'indicatif prête son imparfait pour exprimer une modalité autre que la réalité (la même chose arrive pour le futur, nous y reviendrons au § 20) ; mais l'imparfait reste bien un temps de l'indicatif et ne devient pas un mode ! De l'autre côté, le conditionnel peut prêter son présent pour exprimer la modalité du réel (la postériorité dans l'attitude énonciative narrative) ; mais il n'y a aucune raison que cela implique que ce temps bascule du côté du mode indicatif, au contraire !

Lorsque le présent conditionnel est employé dans l'attitude narrative pour exprimer la postériorité (sous la modalité du réel donc), il *implique* les temps de l'indicatif (imparfait ou passé simple). Dans ce cas, cependant, le conditionnel est vidé de sa fonction modale, alors que l'indicatif garde la sienne. Lorsque le conditionnel est employé dans la période hypothétique, il *implique* encore un temps de l'indicatif (l'imparfait). Dans ce cas, c'est l'indicatif qui suspend sa modalité élective (la réalité), alors que le conditionnel garde la propre. Lorsque le présent conditionnel et le présent de l'indicatif gardent tous les deux leurs modalités, ils *s'excluent*. Dans un exemple comme *Il viendrait*, le conditionnel est employé dans l'attitude discursive pour exprimer un présent sous condition et il est en alternative avec l'indicatif (*Il vient*), qui exprime la certitude.

En somme, le panorama qui apparaît est le suivant : le conditionnel peut entrer dans l'orbite modale des temps de l'indicatif, en abdiquant à sa modalité ; le conditionnel peut attirer dans sa propre orbite modale un temps de l'indicatif (l'imparfait) en le faisant abdiquer à l'expression de la réalité ; le conditionnel et l'indicatif peuvent se repousser sur la base, notamment, de leurs modalités. Ce panorama justifie, nous semble-t-il, le statut de « mode » du conditionnel.

CHAPITRE 20

Les valeurs 'spéciales' des temps verbaux

Dans les grammaires, dans les sections consacrées à chaque temps verbal, on introduit une palette extrêmement riche de valeurs 'spéciales' : le présent dit « historique », plutôt qu'« a-temporel », l'imparfait de « perspective », le futur d'« atténuation », etc. Aux §§ 17.2, 18.1.1, 18.1.2 et 19.2, nous en avons rencontré certaines. Le traitement de ces nuances se heurte, nous semble-t-il, à deux difficultés majeures. D'une part, ces nuances sont tellement riches que leur description – qui est pourtant cruciale pour la critique littéraire – risque de se réduire à une sorte d'anecdotique textuelle. D'autre part, leur liste ressemble souvent à un inventaire.

La première difficulté est inévitable car elle a une raison épistémologique profonde. Toutes les valeurs chronologiques, aspectuelles et modales se manifestent dans un champ d'interprétation (Prandi 2019) : elles ne sont pas des traits sémantiques codés *a priori* au niveau du signifié de la phrase, mais des valeurs dont les temps se chargent dans le cadre de configurations textuelles et discursives contingentes et issues de choix. Ces nuances sont donc – intrinsèquement – variées et non prévisibles d'une façon systématique (ce qui constitue leur intérêt pour la critique littéraire).

La seconde difficulté, en revanche, n'a pas une aussi bonne excuse. Dans ce chapitre, nous suggérons quelques lignes-guide qui pourraient donner à l'étude des valeurs verbales un aspect plus organique.

Un *leitmotiv* des chapitres §§ 17, 18 et 19 a été la distinction entre deux niveaux virtuellement distincts. Le premier niveau est extralinguistique : par exemple, le statut ontologique des procès et leur Aktionsart. Le second niveau est linguistique : par exemple, les systèmes temporels des différentes attitudes énonciatives et la distinction entre temps perfectifs et imperfectifs. Nous avons bien souligné que ces deux niveaux peuvent interagir librement, en convergeant ou en divergeant.

Nous proposons d'interpréter le caractère 'spécial' – ou marqué – des valeurs des temps verbaux comme l'effet d'une divergence, ou conflit, entre les structures ci-dessus mentionnées. Par exemple, certaines valeurs spéciales peuvent naître de la divergence entre Aspect et Aktionsart ; d'autres valeurs peuvent naître du transfert d'un temps appartenant à une attitude énonciative sur une autre ; d'autres valeurs encore naissent d'un déplacement à l'intérieur d'une même attitude énonciative, de sorte que plusieurs temps verbaux entrent en compétition pour une même position, etc.

Dans les paragraphes suivants, sur la base de cette idée, nous reviendrons sur certaines des valeurs temporelles les plus 'remarquables'. Notre démarche est loin d'être exhaustive et son but est plutôt d'attirer l'attention sur deux exigences épistémologiques. La première exigence est la décomposition : à savoir, réduire les « effets de sens » ou les nuances dont les temps verbaux se chargent à la combinaison de plusieurs facteurs discrets, ancrés aux structures étudiées aux §§ 17, 18 et 19. La seconde exigence est l'heuristique : la possibilité d'imaginer – et tester – la génération d'autres valeurs et d'autres effets en manipulant la combinaison des facteurs isolés.

20.1 PRÉSENT INDICATIF

Le présent est le temps de base de l'attitude discursive (*cf.* § 17.1.1). Le système temporel de l'attitude discursive peut être transféré sur des faits fictifs ou historiques (*cf.* § 17.2). Cette torsion charge les temps d'une valeur dite « narrative » ou « historique ». Nous avons vu le cas du présent, mais, en principe, des remarques identiques s'appliquent à tous les autres temps :

(1) *César a lancé l'assaut. Les troupes romaines trouvent une faiblesse dans les remparts. Cependant, les cavaliers gaulois lanceront une contre-attaque qui balaiera les légionnaires. Les romains laissent des centaines de soldats sur le terrain. Écœuré, César lève le siège.*

En (1), si *trouvent*, *laissent* et *lève* sont des présents historiques, *a lancé*, *lanceront* et *balaiera* sont un passé composé et des futurs historiques.

Le présent indicatif a un Aspect imperfectif. L'Aspect imperfectif du présent peut être transféré sur un Aktionsart instantané. Dans ce cas, l'instant du procès est tellement insaisissable que l'Aspect imperfectif finit par orienter vers le passé ou le futur :

(2a) *Le train part.* → *Le train va partir.*
(2b) *Je sors.* → *Je viens de sortir. / Je m'apprête à sortir, je vais sortir.*

Un effet identique peut être obtenu avec les achèvements, par rapport au moment de la réalisation du but. L'achèvement, en soi, n'est pas instantané, mais le moment de la réalisation du but, lui, oui :

(2c) *Il atteint le sommet.* → *Il va atteindre le sommet.*

Si l'Aspect imperfectif du présent est transféré sur un procès ayant un Aktionsart instantané, mais potentiellement répétable (comme *se coucher*), on déclenche l'effet d'une répétition :

(3) *Il se couche tôt.* → *Il est quelqu'un qui se couche tôt.*

Nous obtenons le même effet avec l'imparfait : *Il se couchait tôt (maintenant il n'a plus l'habitude).* Avec un passé composé, qui a un Aspect perfectif, cet effet disparaît : *Je me suis couché tôt.* Pour le déclencher à nouveau, il faut un adverbe : *Longtemps, je me suis couché de bonne heure* (Proust).

L'Aspect imperfectif du présent peut être appliqué également à des procès ayant un Aktionsart duratif indéfini. Dans ce cas, il n'y pas une discordance, mais il y a quand même des effets répertoriés par la tradition :

(4a) *Il nage (tous les jours).* → *Il fait de la natation.*
(4b) *Il court (tous les jours).* → *Il pratique la course.*

En (4), nous sommes confrontés au présent dit d'« habitude ». Cet effet est estompé dans un achèvement où le COD est au singulier : *Il répare le téléphone.* Mais il redevient évident avec le pluriel : *Il répare les téléphones*. L'Aspect imperfectif du présent projeté sur un procès duratif indéfini peut également susciter un effet appelé « présent étendu » : *Les chercheurs travaillent à un vaccin contre le Covid*. Par rapport au présent habituel, la différence est que *travailler au vaccin* n'est pas une pratique, une habitude, comme la natation ou la course. On voit donc bien que ces effets surgissent de l'interaction entre l'Aspect d'une part et des caractéristiques conceptuelles du procès en jeu de l'autre.

L'Aspect imperfectif du présent peut être appliqué à des procès ayant un Aktionsart duratif non-dynamique ou statique : *avoir trois côté*, *être un mammifère*. Dans ce cas, le présent prend une nuance « *sub specie aeternitatis* » : *le triangle a trois côtés, une vache est un mammifère*. Nous sommes confrontés au présent dit a-temporel. Comme dans le cas précédent, cet effet ne découle ni du présent, ni des caractéristiques conceptuelles du procès, mais de l'interaction entre les deux.

En tant que temps de base de l'attitude discursive, le présent indicatif a une affinité élective avec la modalité de la réalité. Cela n'empêche que sous la pression de certaines conjonctions ou du contexte, une autre modalité peut s'imposer :

(5a) *Si ta mère passe chez nous demain, il faut qu'on lave les rideaux.*
(5b) *Tu bois ça et tu meurs.*

En (5a), la conjonction de subordination *si* suspend la modalité du réel du présent en l'envisageant comme une possibilité. En (5b), le même effet est obtenu par inférence.

Pour un approfondissement à propos du présent indicatif, nous renvoyons à Serbat (1980 et 1988), Revaz (1998 et 2002) et Le Goffic (2001).

20.2 IMPARFAIT INDICATIF

À la différence du présent, l'imparfait indicatif appartient aux deux attitudes énonciatives : discursive et narrative. Si le présent historique ou narratif peut donc être considéré une valeur spéciale du présent, l'imparfait « narratif » est tout-à-fait normal ou non-marqué.

L'imparfait narratif peut quand-même être transféré du côté de l'attitude discursive. Considérons l'exemple :

(6a) *Vous êtes les trois petit cochons.* [pendant un jeu d'enfants]
Moi, je suis le loup.

En (6a) le verbe *être,* au présent indicatif, est employé dans un acte performatif qui attribue des rôles à des personnes. À la place du présent, il peut y avoir un imparfait :

(6b) *Vous étiez les trois petit cochons. Moi, j'étais le loup.*

En (6b), l'imparfait *étiez* est fonctionnellement équivalent au présent performatif en (6a) : cet imparfait est transféré de l'attitude narrative au discours ancré à l'acte de parole. Nous sommes confrontés à l'emploi de l'imparfait dit « ludique ». Il faut quand-même remarquer que cet 'imparfait' est fossilisé dans les grammaires, alors qu'il est en concurrence avec d'autres formes que les mêmes grammaires considéreraient, peut-être, comme fautives (*On disait que vous étiez les trois petits cochons et que moi, j'étais le loup ; On dirait que vous seriez les trois petits cochons et que moi, je serais le loup*).

À l'intérieur de l'attitude discursive, l'imparfait peut être transféré de l'expression de l'antériorité à l'expression du temps de base. Dans ce cas, il prend une valeur modale d'atténuation. Pour illustrer ce point observons les exemples suivants :

(7a) *Je veux une pinte de Guinness.* [à un serveur dans un pub]
(7b) *Je voulais une pinte de Guinness.*

En (7b), l'imparfait n'exprime pas l'antériorité par rapport au moment de parole, mais il fonctionne en tant que temps de base du discours comme le présent en (7a). L'imparfait abdique donc à l'expression du passé, pour remplir une fonction interpersonnelle (Halliday 1970) en compétition avec le présent : nous sommes confrontés à l'emploi de l'imparfait dit d'« atténuation » ou de « courtoisie ». Le même effet peut être obtenu avec un présent conditionnel :

(7c) *Je voudrais une pinte de Guinness.*

De même qu'en (7c) le conditionnel est interprété à partir du présupposé que la volonté est bien réelle, de même, en (7b), l'imparfait est interprété à partir du présupposé que la volonté est bien actuelle.

Nous avons déjà mentionné quelques effets des interactions entre l'Aspect imperfectif de l'imparfait et l'Aktionsart duratif des procès (*cf.* § 18.2.2). Un autre cas intéressant, et répertorié par la tradition, est le suivant :

(8a) *Paul et Marie se rencontrèrent à un colloque. Une semaine plus tard, ils se seraient mariés.*
(8b) *Paul et Marie se rencontrèrent à un colloque. Une semaine plus tard, ils se marièrent.*
(8c) *Paul et Marie se rencontrèrent à un colloque. Une semaine plus tard, ils se mariaient.*

Dans les exemples (8), nous sommes dans le cadre de l'attitude narrative : le temps de base est offert par le passé simple *rencontrèrent.* La différence concerne la façon d'exprimer la postériorité par rapport à ce temps de base. En (8a), le conditionnel exploite le système de relations temporelles de l'attitude narrative. En (8b) et (8c), en revanche, il faut une inférence, car aussi bien le passé simple que l'imparfait sont des temps de base (*cf.* § 17.1.2). La différence entre (8b) et (8c) est purement aspectuelle : l'Aspect imperfectif de *mariaient* produit l'effet dit de « perspective ».

En tant que temps de l'indicatif – qui exprime l'antériorité par rapport au moment de parole – l'imparfait a par défaut une valeur modale de réalité. Cependant, on l' vu, il peut faire système avec le conditionnel et indiquer la suspension de la réalité : *Si ta maman passait chez nous, elle se fâcherait.* Dans ce cas, il perd toute valeur chronologique.

Pour un approfondissement à propos de l'imparfait et de ses valeurs, nous renvoyons à Le Goffic (1986), Berthonneau & Kleiber (1993), Bres (1999, 2005 et 2007), Caudal, Vetters & Roussarie (2003), Kleiber (2003), Mellet (2003), Desclés (2003), Anscombre (2004) et Larrivée & Labeau (2005), entre autres.

20.3 FUTUR INDICATIF

Le futur exprime la postériorité dans le cadre de l'attitude discursive (*cf.* § 17.1.1). À l'intérieur de ce système, cependant, il peut être transféré au niveau du temps de base, en entrant en compétition avec le présent. Cela arrive surtout avec les verbes de parole en emploi performatif :

(9a) *Je vous fais remarquer que ces dépenses ont été déjà approuvées.*
(9b) *Je vous ferai remarquer que ces dépenses ont été déjà approuvées.*

En (9b), le futur *ferai* est fonctionnellement équivalent à un présent et il remplit une fonction interpersonnelle comparable à l'emploi de l'imparfait en (7b) : nous sommes confrontés à un futur d'« atténuation » ou de « courtoisie ».

Le futur indicatif, dans le système discursif, exprime la postériorité par rapport à l'acte de parole. Or, cela peut entrer en conflit avec le statut ontologique du procès :

(10a) *Marie a 40 ans.*
(10b) *Marie aura 40 ans (à mon avis).*

En (10b), dans la lecture pertinente, le futur *aura* est interprété à partir du présupposé que Marie a bien 40 ans *maintenant*. La conséquence est que ce verbe perd toute valeur temporelle et se charge d'une valeur modale épistémique, de supposition. On peut obtenir le même effet avec *doit*, ou avec un présent accompagné de *peut-être* : *Elle doit avoir 40 ans. Elle a peut-être 40 ans.*

À propos du futur, signalons encore les exemples suivants :

(11a) *Dans 10 minutes, tu termineras ce livre.*
(11b) *Dans 10 minutes, tu auras terminé ce livre.*
(11c) *Dans 10 minutes, tu as terminé ce livre.*

Dans le cadre de l'attitude discursive, le passé composé est censé exprimer l'antériorité, alors que le futur est censé exprimer la postériorité.

Or, en (11c), le passé composé est transféré à l'expression de la postériorité et il est en compétition avec le futur composé (ou antérieur).

Pour une analyse des valeurs du futur, nous renvoyons à Vet & Kampers-Manhe (2001), Borillo (2005), Celle (2005), Morency (2010) et De Saussure & Morency (2012), entre autres.

CHAPITRE 21

Conclusion.
Qu'est-ce qu'une *grammaire philosophique* ?

L'idée de « grammaire philosophique », à laquelle le titre de cet ouvrage fait référence, a été explicitement formulée par Prandi (1992 et 2004) :

> [...] l'échafaudage structurel du signifié des expressions complexes est le résultat de l'interaction entre deux principes autonomes – une grammaire de formes et une grammaire de concepts cohérents – dont l'équilibre varie en accord avec la topographie de la structure de la phrase. (Prandi 2017 : 278, notre traduction)

Cette idée est illustrée par la typologie à géométrie variable des GV à verbe prédicatif, que nous avons esquissée au § 11. La grammaire de « concepts cohérents » est le contenu prédicatif – la valence – du verbe ; la « grammaire des formes » est l'ensemble des catégories grammaticales du codage formel. Ainsi formulée, l'idée de grammaire philosophique est centrée sur le noyau de la phrase. Cette idée, cependant, est beaucoup plus générale.

Le trait authentiquement « philosophique » d'une grammaire philosophique est la reconnaissance du fait que si la langue est une forme imposée sur un contenu (au sens de L. Hjelmslev), ce contenu – lui – n'est pas nécessairement dépourvu d'une forme propre. Pour reprendre une image de M. Prandi, de même qu'un sculpteur peut travailler sur un bloc de marbre informe ou sur du marbre déjà sculpté, de même, la langue peut mettre en forme un contenu amorphe ou un contenu déjà intrinsèquement structuré. Reconnaître une structuration préalable du contenu signifie reconnaître une ontologie naturelle partagée, en amont de toute langue.

Dans cette perspective, le but de la grammaire consiste à délimiter les lieux où les structures formelles et conceptuelles se superposent et ceux où, en revanche, elles divergent. En divergeant, en particulier, ces structures produisent les conflits qui permettent de les révéler. Ces conflits se manifestent certainement de la façon la plus claire dans l'incohérence conceptuelle au niveau du noyau de la phrase : ici, les structures grammaticales relèvent de catégories comme sujet ou COD, alors que les structures conceptuelles relèvent de l'ontologie « matérielle–relationnelle ». Cette dernière est la dimension de l'ontologie qui établit, par exemple, que les êtres humains éprouvent des sentiments, alors que les pierres sont inanimées : il s'agit des hyper-classes et des rôles généraux, mentionnés aux §§ 9.2. et 10.2. Mais il y a d'autres dimensions de l'ontologie et d'autres dimensions de la grammaire.

Il y a, par exemple, une dimension « matérielle–ponctuelle » de l'ontologie, qui légifère à propos de l'existence ou de la réalité : quels événements sont réels et lesquels, en revanche, sont fictifs ; et, à l'intérieur des premiers, quels événements sont historiques, actuels, personnels, etc. Cette dimension interagit avec les configurations textuelles des temps verbaux (*cf.* § 17). Il y a, ensuite, une dimension « formelle » de l'ontologie, qui relève du type de profil d'un procès (Aktionsart) : instantané, duratif, télique, etc. Cette dimension interagit avec la forme perfective ou imperfective des temps verbaux : l'Aspect (*cf.* § 18). Dans les deux cas, la dimension ontologique et la dimension formelle de la langue peuvent converger ou diverger : décrire le fonctionnement global de la langue signifie décrire les équilibres possibles entre les deux.

Loin de ranger tous les phénomènes conflictuels sous une étiquette comme celle de « coercition » (Pustejovsky 1995) – qui risque de poser une pierre tombale sur l'analyse – une grammaire philosophique valorise la dimension ontologique *et* la dimension grammaticale : elle reconnaît leur autonomie réciproque pour pouvoir décrire les issues de leur interaction.

Par là, nous pouvons revenir à l'adjectif « raisonnable » que nous avons associé à « grammaire » dans l'Avant Propos. Cette qualification a deux implications. Tout d'abord, une grammaire est raisonnable si elle fait appel aux intuitions du sens commun, pré-théoriques. Ensuite, une grammaire est raisonnable – pour nous – si elle décompose les phénomènes en identifiant les différents paramètres dont ils sont le résultat. Or, sens commun et décomposition sont des ingrédients essentiels du style philosophique appelé « philosophie analytique ». Une grammaire philosophique se présente donc également comme une grammaire ou une linguistique analytique. Cela, par ailleurs, n'est pas surprenant car un grand nombre de philosophes analytiques ont été d'excellents linguistes : pensons à Z. Vendler, J. L. Austin, P. H. Grice, M. Black, etc.

Quoi qu'il en soit, cette importance accordée à la notion d'analyse pousse à préciser le sens du mot « paramètre », que nous avons utilisé à plusieurs reprises. Tout d'abord, un paramètre peut être envisagé comme un facteur, une composante, qui concourt à la production d'un phénomène : en ce sens, les paramètres auxquels nous pensons sont notamment les dimensions ontologiques et les dimensions grammaticales exemplifiées *supra*. Ensuite, un paramètre peut être envisagé comme une variable ayant une palette de valeurs possibles : c'est le sens mis en avant par Chomsky (1981). En ce sens, l'interaction entre les dimensions ontologique et grammaticale peut fonctionner – elle-même – comme un paramètre typologique, dont les différents équilibres possibles sont les valeurs.

RÉFÉRENCES BIBLIOGRAPHIQUES

Auteurs Variés, 2004, : *Revue belge de philologie et d'histoire – La modalité dans tous ses états*, 82, 3.

Anscombre Jean-Claude, 2004, « L'imparfait d'atténuation : quand parler à l'imparfait, c'est faire », *Langue française*, 142, 75-99.

Azzopardi Sophie, 2011, *Le futur et le conditionnel : valeur en langue et effets de sens en discours. Analyse contrastive espagnol/français*, Thèse de doctorat Université Paul-Valéry Montpellier III.

Bach Emmon, 1986, « The algebra of Events », *Linguistics and Philosophy*, 9, p. 5-16.

Barbet Cécile & De Saussure Louis (dir.), 2012, *Modalité et évidentialité en français*, Langages, 173, 1.

Benninger Céline, 1999, *De la quantité aux substantifs quantificateurs*, Paris Klincksieck.

Benveniste Émile, 1966a, « La nature des pronoms », dans : Benveniste Émile, *Problèmes de linguistique générale*, Paris Gallimard, p. 251-257.

Benveniste Émile, 1966b, « Les relations de temps dans le verbe français », dans : Benveniste Émile, *Problèmes de linguistique générale*, Gallimard Paris, p. 237-250.

Bertinetto Pier Marco M., 1986, *Tempo, aspetto e azione nel verbo italiano. Il sistema dell'indicativo*, Firenze Accademia della Crusca.

Berthonneau Anne-Marie & Kleiber Georges, 1993, « Pour une nouvelle approche de l'imparfait : l'imparfait, un temps anaphorique méronomique », *Langages*, 112, p. 55-73.

Blinkenberg Andreas, 1960, *Le problème de la transitivité en français moderne : essai syntactico-sémantique*, Copenhague Ed. Kovenhavn.

Bloomfield Leonard, [1933] 1970, *Le langage*, Payot Paris.

Bonami Oivier & Boyé Gilles, 2003, « Supplétion et classes flexionnelles », *Langages*, 37, 152, p. 102-126.

Borillo Andrée, 2005, « Parmi les valeurs énonciatives du futur, le futur conjectural », dans : Lambert Frédrick & Nølke Henning (dir.), *La syntaxe au cœur de la grammaire. Mélanges Cl. Muller*, Rennes Presses Universitaires de Rennes, p. 35-44.

Boyé Gilles, 2011, *Régularités et classes flexionnelles dans la conjugaison du français, dans :* Roché Michel, Boyé Gilles, Hathout Nabil, Lignon Stéphanie & Plénat Marc (*dir.*), *Des unités morphologiques au lexique*, Paris Hermes-Lavoisier, p. 41-68.

Bres Jacques (dir.), 1999, *Cahiers de praxématique – L'imparfait dit narratif, Langue, discours*, 32.

Bres Jacques (dir.), 2004, *Langue française – Du conditionnel*, 4, 200.

Bres Jacques, 2005, *L'imparfait dit* narratif. Paris : CNRS éditions.

Bres Jacques, 2007, « Sémantique de l'imparfait : dépasser l'aporie de la poule aspectuelle et de l'œuf anaphorique ? Éléments pour avancer », *Cahiers Chronos*, 7, Amsterdam Rodopi, p. 23-46.

Bres Jacques (dir.), 2020, *Langue française* – Ce : *syntaxe et sémantique*, 1, 205.

Bres Jacques & Labeau Emmanuelle, 2013, « Aller et venir : des verbes de déplacement aux auxiliaires aspectuels-temporels-modaux », *Langue française*, 179, 3, p. 13-28.

Bres Jacques & Labeau Emmanuelle, 2018, « Des constructions en aller et venir grammaticalisés en auxiliaires », *Syntaxe et Sémantique*, 19, p. 49-86.

Bres Jacques, Azzopardi Sophie & Sarrazin Sophie (dir.), 2012, *Faits de langues – Ultériorité dans le passé, valeurs modales, conditionnel*, 40.

Cantarini Sibilla, 2004, *Costrutti con Verbo Supporto. Italiano e Tedesco a confronto*, Bologna Pàtron.

Carlier Anne, 2004, « Ce sont des anglais : un accord avec l'attribut ? Première partie », *L'Information Grammaticale*, 103, p. 13-18.

Carlier Anne, 2005, « Ce sont des anglais : un accord avec l'attribut ? Seconde partie », *L'Information Grammaticale*, 104, p. 4-14.

Caudal Patrick, Vetters Carl & Roussarie Laurent, 2003, « L'imparfait, un temps inconséquent », *Langue française*, 138, p. 61-74.

Celle Agnès, 2005, « The French future tense and English *will* as markers of epistemic modality », *Languages in Contrast*, 5, p. 181-218.

Chafe Wallace, 1970, *Meaning and the strcuture of language*, Chicago Chigago University Press.

Chomsky Noam, 1957, *Syntactic Structures*, Berlin Mouton – De Gruyter.

Chomsky Noam, 1965, *Aspects of the Theory of Syntax*, Cambridge – Mass. M.I.T. Press.

Chomsky Noam, 1981, *Lectures on Governement and Binding*, Berlin – New York Mouton de Gruyter.

Chu Xiaoquan, 2008, *Les verbes modaux du français*, Paris Ophrys.

Creissels Denis, 2006, *Syntaxe générale. Une introduction typologique 1. Catégories et constructions*, Paris, Lavoisier.

Croft William, 1995, « Autonomy and Functionalist Linguistics », *Language*, 71, 3, p. 490-532.

Croft William & Cruse Alan, 2004, *Cognitive Linguistics*, Cambridge CUP.

Daladier Anne, 1978, *Problèmes d'analyse d'un type de nominalisation en français et de certains groupes nominaux complexes*, Thèse de doctorat, Université Paris VII L.A.D.L.

Daneš František (dir.), 1974, *Papers on Functional Sentence Perspective*, Berlin – New York Mouton de Gruyter.

Darnell Michael, Moravcsik Edith A., Noonan Michael, Newmeyer Frederick & Wheatley Kathleene (dir.), 1999, *Functionalism and Formalism in Linguistics I : General papers*, Amsterdam – Philadelphia John Benjamins.

Darrault Ivan (dir.), 1976, *Langages – Modalités : logique, linguistique, sémiotique*, 43.

David Jean & Kleiber Georges (dir.), 1982, *La notion sémantico-logique de modalité*, Paris Klincksieck.

Daviet-Taylor Françoise & Bottineau Didier, 2010, *L'impersonnel : le verbe, la personne, la voix*, Rennes Presses Universitaires de Rennes.

Davidson Doland, 1967, « The Logical Form of Action Sentences », dans : Rescher Nicholas (dir.), *The Logic of Decision and Action*, Pittsburgh PA, University of Pittsburgh Press, p. 81-95.

De Pontonx Sophie et Gross Gaston (dir.), 2004, Verbes supports. Nouvel état des lieux, *Lingvisticæ Investigationes*, 27, 2.

Dendale Patrick & Van der Auwera Johan (dir.), 2001, *Les verbes modaux*, *Cahiers Chronos*, 8, Amsterdam Rodopi.

Dendale Patrick & Tasmowski Liliane (dir.), 2001, *Le conditionnel en français*, Metz Université de Metz.

Desclés Jean-Pierre, 1985, « Représentation des connaissances. Archétypes cognitifs, schèmes conceptuels et schémas grammaticaux », *Actes sémiotiques*, p. 69-70.

Desclés Jean-Pierre, 2003, « Imparfait narratif et imparfait de nouvel état en français », dans : *Études linguistiques romans-slaves offertes à Stanislaw Karolak*. Cracovie. p. 131-155.

Desclés Jean-Pierre, 2009, « Prédication en logique et en linguistique, une approche cognitive et formelle », dans : Ibrahim, Amr Helmy (dir.), *Prédicats, prédications et structures prédicatives*, Paris CRL, p. 82-111.

De Saussure Louis, 2014, « Verbes modaux et enrichissement pragmatique », *Langages*, 1, p. 113-126.

De Saussure Laurence & Morency Patrick, 2012, « A cognitive pragmatic view of the French epistemic Future », *Journal of French Language Studies*, 22, p. 207-223.

Dik Simon, 1997, *The Theory of Functional Grammar 1 & 2*, Berlin – New York De Gruyter.

Dowty David [1979] 1991, *Word Meaning in Montague Grammar*. 2ème ed., Dordrecht Kluwer.

Dubois Jean, 1968, *Grammaire structurale du français : le verbe*, Paris, Larousse.

Fasciolo Marco, 2007, « Telicity revisited : Le phénomene de la télicité a travers la théorie des actes de langage », *ANALELE Universitatii Bucuresti*, 56, p. 117-135.

Fasciolo Marco, 2015, « Prédicat vs. Schéma d'arguments », *Cahiers de lexicologie*, 107, 2, p. 171-184.

Fasciolo Marco, 2017, « Les verbes d'occurrence sont-ils des supports des noms d'événements ? », *Éla. Études de linguistique appliquée*, 186, 2, p. 197-210.

Fasciolo Marco, 2018, « Les noms du fonds, ou la fonction des noms dits "sommitaux" », *6e Congrès Mondial de Linguistique Française*, Paris Institut de Linguistique Française SHS Web Conf. 46.

Fasciolo Marco & Neveu Franck, 2019, « Le conflit conceptuel : De la grammaire aux métaphores », *Langue française*, 204, 4, p. 7-19.

Feuillet Jack, 1980, « Les fonctions sémantiques profondes », *Bulletin de la Société de Linguistique de Paris*, 75, p. 1-37.

Fillmore Charles, 1968, *The case for case*, dans : Emmon Bach & Harms Robert (dir.), *Universals in Linguistic Theory*, New York Holt Rinehart & Winston, p. 1-88.

Fillmore Charles, 1977, *The case for case reopened.* In : Cole Peter & Sadock Jerrold (dir.), *Syntax and Semantics. 8 : Grammatical Relations*, New York – San Francisco – London Academic Press, p. 59-81.

Firbas Jan, 1993, *Functional Sentence Perspective in Written and Spoken Language*, Cambridge CUP.

Foley William & Van Valin Robert, 1984, *Functional syntax and universal grammar.* Cambridge CUP.

Forsgren Mats, Jonasson Kerstin & Kronning Hans (dir.), 1998, *Prédication, assertion, information*, Uppsala Acta Universitatis Upsaliensis.

François Jacques, 2003, *La prédication verbale et les cadres prédicatifs*, Louvain-Paris Peeters Éditions.

Gaatone David, 1976, « Les pronoms conjoints dans la construction factitive », *Revue de Linguistique Romane*, 40, p. 167-182.

Gaatone David, 1998, *Le passif en français*, Bruxelles Duculot.

Gaatone David, 2004, « Ces insupportables verbes supports : le cas des verbes événementiels », *Lingvisticae Investigationes*, 27, 2, p. 239-251.

Giry-Schneider Jacqueline, 1987, *Les prédicats nominaux en français. Les phrases simples à verbe support*, Genève Droz.

Givón Talmy, 1983, *Topic Continuity in DiscourseQuantitative Cross-Linguistic Study*, Amsterdam/Philadelphie John Benjamins.

Givón Talmy, 2001, *Syntax I & II*, Amsterdam/Philadelphie John Benjamins.

Gosselin Laurent, 2016, « Les modes expriment-ils des modalités ? L'alternance indicatif/subjonctif dans les complétives objet ». *Lingvisticae Investigationes*, 39-1, p. 145-192.

Gosselin Laurent, 2017, « Les temps verbaux du français : du système au modèle », *Verbum*, 1, p. 31-69.

Gross Maurice, 1968, *Grammaire transformationnelle du français : Syntaxe du verbe*, Paris Larousse.

Gross Maurice, 1999, « Sur la définition d'auxiliaire du verbe », *Langages*, 135, p. 8-21.

Gross Maurice, 1981, « *Les bases empiriques de la notion de prédicat sémantique* », *Langages*, 63, p. 7-52.

Gross Gaston, 1987, *Les constructions converses du français*, Genève Droz.

Gross Gaston, 1993, « Trois applications de la notion de verbe support », *L'information grammaticale*, 59, p. 16-23.

Gross Gaston, 1994, « Classes d'objets et description des verbes », *Langages*, 28, p. 115, 15-30.

Gross Gaston, 1998, « Pour une typologie des predicats nominaux », dans : Forsgren Mats, Jonasson Kerstin & Kronning Hans (dir.), *Prédication, assertion, information*, Uppsala Acta Universitatis Upsaliensis, p. 221-230.

Gross Gaston, 2004, « Pour un Bescherelle des prédicats nominaux », *Linguisticae Investigationes*, 27/2, p. 343-358.

Gross Gaston, 2012, *Manuel d'analyse linguistique*, Villeneuve-d'Ascq Presses universitaires du Septentrion.

Hagège Claude, 1987, *Le français et les siècles*, Paris Odile Jacob.

Haillet Pierre Patrick, 2002, *Le conditionnel en français : une approche polyphonique*, Paris Ophrys.

Haillet Pierre Patrick, 2003, « Représentations discursives, point(s) de vue et signifié unique du conditionnel ». *Langue française*, 138, p. 35-47.

Halliday Michael, 1970, « Linguistic Structure and Linguistic Function », dans : Lyons John (dir.), *New Horizons in Linguistics*, Harmondsworth Penguin Books, p. 140-165.

Halliday Michael, 1978, *Language as Social Semiotic*, Arnold, London.

Halliday Michael, 1985, *Language, context, and text : aspects of language in a social-semiotic perspective*, Oxford University Press, Oxford.

Harris Zellig, [1946] 1968, « Du morpheme à l'expression », *Langages*, 9, p. 23-50.

Harris Zellig, 1970, *Papers in Structural and Transformational Linguistics*, Dordrecht Reidel.

Haspelmath Martin, 2009, « Pourquoi la typologie des langues est-elle possible ? », *Bulletin de la société de linguistique de Paris*, CIV, 1, p. 17-38.

Haspelmath Martin, 2010, « Comparative concepts and descriptive categories in crosslinguistic studies », *Language*, 86, 3, p. 663-687.

Hockett Charles, 1958, *A Course in Modern Linguistics*, New York McMillan.

Hopper Paul et Thompson Sandra, 1980, « Transitivity in grammar and discourse », *Language*, 56, p. 251-299.

Huot Hélène, 1986, « Le subjonctif dans les complétives », dans : Ronat Mitsou (dir.), *La grammaire modulaire*, Paris Éditions de Minuit, p. 81-112.

Karttunen Lauri, 1971, « Implicative verbs », *Language*, 47, 2, p. 273-291.

Kenny Anthony, 1963, *Action, Emotion and Will*, London Routledge.

Kittilä Seppo, 2002, *Transitivity : towards a comprehensive typology*, Thèse de doctorat.

Kleiber Georges, 1987, *Les phrases habituelles*, Berne Peter Lang.

Kleiber Georges, 1999, *Problèmes de sémantique, la polysémie en questions*, Villeneuve d'Ascq Presses Universitaires Septentrion.

Kleiber Georges, 2003, « Entre les deux mon cœur balance ou L'imparfait entre aspect et anaphore », *Langue française*, 138, p. 8-19.

Korzen Hanne, 2003, « Subjonctif, indicatif et assertion ou : comment expliquer le mode dans les subordonnées complétives ? », dans : Birkelund Merete, Boysen Gerhard & Søren Kjaersgaard Poul (dir.), *Aspects de la modalité*. Tübingen Niemeyer, p. 113-129.

Krifka Manfred, 1998, « The Origins of Telicity », dans : Rothstein Susan (dir.), *Events and Grammar*, Dordrecht Kluwer, p. 197-235.

Kronning Hans, 1994, « Modalité et temps : *devoir* + infinitif périphrase du futur », dans : *XIIe Congrès des Romanistes scandinaves*, Aalborg Aalborg Universitetsforlag, p. 283-295.

Kronning Hans, 1996, *Modalité, cognition et polysémie : sémantique du verbe modal devoir*, Uppsala, Acta Universitatis Upsaliensis.

Kronning Hans, 2005, « Polyphonie, médiation et modalisation : le cas du conditionnel épistémique », dans : Bres Jacques (dir.) : *Dialogisme et polyphonie : approches linguistiques*, Bruxelles De Boeck / Duculot, p. 297-312.

Kronning Hans, 2009, « Constructions conditionnelles et attitude épistémique en français, en italien et en espagnol », *Syntaxe et sémantique*, 10, p. 13-32.

Kronning Hans, 2012, « Le conditionnel épistémique : propriétés et fonctions discursives », *Langue française* 173, p. 83-97.

Kiparsky Carol & Kiparsky Paul, 1973, « Fact », dans : Bierwisch Manfred & Heidolph Karl (dir.), *Progress in Linguistics*, Berlin The Hague Mouton, p. 143-173.

Kupferman Lucien, 1996, « Observations sur le subjonctif dans les complétives », dans : Muller Claude (dir.), *Dépendance et intégration syntaxique*, Tübingen Niemeyer, p. 141-151.

Lagerqvis Hans, 2009, *Le subjonctif en français moderne. Esquisse d'une théorie modale*. Paris PUPS.

Langacker Ronald, 198, *Foundations of Cognitive Grammar I : Theoretical Prerequisites*, Stanford / Cal Stanford University Press.
Larjavaara Meri, 2019, *La transitivité verbale en français*, Paris Ophrys.
Larrivée Pierre & Labeau Emmanuelle (dir.), 2005, *Nouveaux développements de l'imparfait*, Cahiers Chronos, 14, Amsterdam Rodopi.
Lazard Gilbert, 1994, *L'actance*, Paris PUF.
Lazard Gilbert, 2001, « Y a-t-il des catégories interlangagières ? », dans : Lazard Gilbert, *Études de linguistique générale – Typologie grammaticale*, Leuven – Paris Peeters, p. 56-64.
Lazard Gilbert, 2002, « Transitivity revisited as an example of a more strict approach in typological research », *Folia Linguistica*, 36, p. 141–190.
Le Goffic Pierre (dir.), 1986, *Points de vue sur l'imparfait*, Caen Université de Caen.
Le Goffic Pierre, 1997, *Les formes conjuguées du verbe français (oral et écrit)*, Paris Ophrys.
Le Goffic Pierre (dir.), 2001, *Le présent en français*, *Cahiers Chronos*, 7, Amsterdam Rodopi.
Le Querler Nicole, 1996, *Typologie des modalités*, Caen Presses universitaires de Caen.
Le Pesant Denis & Mathieu-Colas Michel, 1998, « Introduction aux classes d'objets », *Langages*, 32, 131, p. 6-33.
Lyons John, 1977a, *Semantics 1*, Cambridge CUP.
Lyons John, 1977b, *Semantics 2*, Cambridge CUP.
Maingueneau Dominique, [1986] 2007, *Linguistique pour le texte littéraire*, Paris Arman-Colin.
Manzotti Emilio, 2013, *Scritti di linguistica, letteratura e didattica*, Genève Slatkine.
Mathesius Vilem, [1928] 1964, « On linguistic characterology with illustration from modern English », dans : Vachek Josef (dir.), *A Prague School Reader in Linguistics*, Bloomington Indiana University Press, p. 59-67.
Martin Robert, 1983a, *Pour une logique du sens*, Paris PUF.
Martin Robert, 1983b, « L'opérateur intensionnel "savoir" », dans : Nef Frédéric (dir.), *Histoire, épistémologie, langage : la sémantique logique. Problèmes d'histoire et de méthode*, Lille Presses Universitaires de Lille, p. 213-227.
Martinet André, 1985, *Syntaxe générale*, Paris Armand-Colin.
Mel'čuk Igor, 2012, *Semantics – From Meaning to Text, vol. I*, Amsterdam – Philadelphia John Benjamins.
Mellet Sylvie (2003) : « Imparfaits en contexte : les conditions de la causalité inférée », *Langue française*, 138, p. 86-96.
Merle Jean-Marie (dir.), 2008, *Faits de langue – La prédication.*
Morency Patrick, 2010, « Enrichissement épistémique du futur », *Cahiers Chronos*, 21, Amsterdam Rodopi, p. 197-214.

Mourelatos Alexander, 1978, « Events, Processes, and States », *Linguistics and Philosophy*, 2, p. 415-434.

Muller Claude, 2013, « Le prédicat, entre (méta)catégorie et fonction », *Cahiers de lexicologie*, 102, p. 51-65.

Naess Åshild, 2007, *Prototypical transitivity*, Amsterdam – New York John Benjamins.

Neveu Franck, 2004, *Dictionnaire des sciences du langage*, Paris Armand Colin.

Parsons Terence, 1990, *Events in the Semantics of English*. Cambridge Mass. MIT Press.

Pinchon Jacqueline & Coute Bernard, 1981, *Le système verbal du français : Description et applications pédagogiques*, Paris Nathan.

Prandi Michele, 1992, *Grammaire philosophique des tropes : mise en forme linguistique et interprétation discursive des conflits conceptuels*, Paris Les Éditions de Minuit.

Prandi Michele, 1998, « Contraintes conceptuelles sur la distribution : réflexions sur la notion de classe d'objets », *Langages*, 32, 131, p. 34-44.

Prandi Michele, 2002, « C'è un valore per il congiuntivo ? », dans : Schena Leo, Prandi Michele & Mazzoleni Marco (dir.), *Intorno al congiuntivo*, Bologne CLUEB, p. 29-44.

Prandi Michele, 2004, *The building blocks of meaning*, Amsterdam–Philadelphia, John Benjamins.

Prandi Michele, 2007, « Les fondements méthodologiques d'une grammaire descriptive de l'italien », *Langages*, 3, 167, p. 70-84.

Prandi Michele, 2008, « Un tournant philosophique en linguistique : l'idée de grammaire philosophique », in Durand Jacques, Habert Benoît & Laks Bernard (dir.), *Congrès Mondial de Linguistique Français*, Paris Institut de Linguistique Française, p. 1083-1091.

Prandi Michele, 2010, « Congiuntivo », *Enciclopedia dell'Italiano*, Torino Treccani.

Prandi Michele, 2017, *Conceptual Conflicts in Metaphors and Figurative Language*, New York Routledge.

Prandi Michele, 2019, « Phrase et énoncé : de l'ordre symbolique à indexical », dans : Neveu Franck (dir.), *Proposition, phrase, énoncé*, London ISTE, p. 131-154.

Prandi Michele, 2020, « Roles and grammatical relations in synchrony and diachrony : the case of the indirect object », dans : Fedriani Chiara & Napoli Maria (dir.), *The Diachrony of Ditransitives*, Berlin Mouton de Gruyter, p. 19-58.

Pustejovsky James, 1995, *The generative lexicon*, Cambridge Mass. MIT Press.

Recanati Catherine & Recanati François, 1999, « La classification de Vendler revue et corrigée ». dans : Voegeleer Svetlana, Borillo Andrée, Vuillaume Marcel & Vetters Carl (dir.), *La modalité sous tous ses aspects*, *Cahiers Chronos*, 4, Amsterdam Rodopi, p. 167-184.

Revaz Françoise, 1998, « Variétés du présent dans le discours des historiens », *Pratiques*, 100, p. 43-61.
Revaz Françoise, 2002, « Le présent et le futur "historiques" : des intrus parmi les temps du passé ? », *Le français aujourd'hui*, 4, 139, p. 87-96.
Roig Audrey, 2018, « Nous allons à Mons. Du régime à l'Adjet », *6e Congrès Mondial de Linguistique Française*, Paris Institut de Linguistique Française SHS Web Conf. 46.
Roig Audrey, 2019, « Entre l'actant et le circonstant, l'adjet ». *L'héritage de Lucien Tesnière, 60 ans après la parution des Éléments de syntaxe structurale*, Paris à paraître.
Rothstein Susan, 2004, *Structuring Events Study in the Semantics of Aspect*, London Blackwell.
Rousseau André (dir.), 1998, *La transitivité*, Villeneuve d'Ascq, Presses Universitaires du Septentrion.
Ruwet Nicolas, 1968, *Introduction à la grammaire générative*, Paris Plon.
Ruwet Nicolas, 1990, « Des expressions météorologiques », *Le français moderne*, 58, p. 43-97.
Ryle Gilbert, 1949, *The Concept of Mind*, London Hutchinson.
Serbat Guy, 1980, « La place du présent de l'indicatif dans le système des temps », L'Information Grammaticale, 7, p. 36-39.
Serbat Guy, 1988, « Le prétendu "présent" de l'indicatif : une forme non déictique du verbe », *L'Information Grammaticale*, 38, p. 32-35.
Sgroi Salvatore, 2013, *Dove va il congiuntivo ? Ovvero il congiuntivo da nove punti di vista*, Torino UTET.
Soutet Olivier, 2002, *Le subjonctif en français*, Paris Ophrys.
Steinitz Renate, 1969, *Adverbial-Syntax*, Berlin Akademie Verlag.
Strik Lievers Francesca, 2012, *Sembra, ma non è. Studio semantico-lessicale sui verbi con complemento predicativo*, Florence Accademia della Crusca.
Tesnière Lucien, [1959] 1966, *Éléments de syntaxe structurale*, 2 ed., Paris Klincksieck.
Thomas Margaret, 2020, *Formalism and functionalisms in linguistics*, New York Roufledge.
Van De Velde Danièle, 2007, *Grammaire des événements*, Villeneuve d'Ascq Presses Universitaires du Septentrion.
Vendler Zeno, 1967, « Verbs and Times », dans : Vendler Zeno, *Linguistics in Philosophy*, Ithaca / N.Y. Cornell University Press, p. 97-12.
Vendler Zeno, 1970, « Say what you think », dans : Cowan Joseph (dir.), *Studies in Thought and Language*, Tucson, The University of Arizona Press, p. 79-97.
Verkuyl Henk, 1989, « Aspectual Classes and Aspectual Composition », *Linguistics and Philosophy*, 12, p. 39-94.

Vet Co, 1998, « Les sources de l'emploi du subjonctif dans les complétives »,dans : Forsgren Mats, Jonasson Kerstin & Kronning Hans (dir.), *Prédication, assertion, information*, Uppsala Acta Universitatis Upsaliensis, p. 587-594.

Vet Co & Kampers-Manhe Brigitte, 2001, « Futur simple et futur du passé : leurs emplois temporels et modaux », dans : Dendale Patrick & Tasmowski Liliane (dir.), *Le conditionnel en français*, Metz Université de Metz, p. 89-104.

Viguier Marie-Hélène, 2017, « Critères et degrés de grammaticalisation à l'exemple de six verbes dits semi-auxiliaires en Français contemporain », *Études de Linguistique Appliquées*, 187, o. 211-253.

Voegeleer Svetlana, Borillo Andrée, Vuillaume Marcel & Vetters Carl (dir.), *La modalité sous tous ses aspects*, *Cahiers Chronos*, 4, Amsterdam Rodopi.

Vuillaume Marcel, 1990, *Grammaire temporelle des récits*, Paris Éditions de Minuit.

Weinrich Harald, [1964] 1973, *Le temps*, Paris Éditions du Seuil.

Wells Rulon, 1947, « Immediate constituents », *Language*, 23, p. 81-117.

INDEX DES NOTIONS

TABLE DES MATIÈRES

DEUXIÈME PARTIE

CRITÈRES CONCEPTUELS

TROISIÈME PARTIE

CRITÈRES TEXTUELS ET DISCURSIFS

Achevé d'imprimer par Corlet Numéric,
Z.A. Charles Tellier, Condé-en-Normandie (Calvados), en juin 2021
N° d'impression : 172007 - dépôt légal : juin 2021
Imprimé en France